Das Kapital

Karl Marx

新　版

資本論 4

第一巻　第四分冊

カール・マルクス

日本共産党中央委員会社会科学研究所　監修

新日本出版社

凡　例

一　本書は、カール・マルクス著『資本論』第一部―第三部の全訳である。本訳書は、一九八二年一一月から八九年九月にかけて新書版として刊行された訳書（一三分冊）を改訂したもので、一二分冊の新版『資本論』として刊行される。

二　翻訳にあたっての主たる底本には、ドイツ語エンゲルス版（第一部第四版、第二部第二版、第三部第一版）を用いた。

三　新版では、『資本論』諸草稿の刊行と研究の発展をふまえ、エンゲルスによる編集上の問題点も検討し、訳文、訳語、訳注の全体にわたる改訂を行なった。

第一部では、マルクスが校閲した初版、第二版との異同、フランス語版にもとづく第三版、第四版の主な改訂個所を訳注で示し、「独自の資本主義的生産様式」、「全体労働者」など、マルクス独自の重要概念について、訳語を統一した（第一―第四分冊）。

第二部では、初版と第二版との異同、エンゲルスによる文章の追加、加筆個所、および編集上の問題点を訳注で示し、必要な場合には、マルクスの草稿を訳出した。第三篇第二一章については、訳注で独自の節区分を示し、拡大再生産の表式化に到達するまでのマルクスの研究の経過をつかめるようにした。また、マルクスが第二部第三篇の最後の部分を恐慌理論の解明に充てていたことを考慮し、第二部第一草稿（一八六五年）に書きこまれた新しい恐慌論の全文を訳注として収録した（第五―第七分冊）。

第三部の草稿は、『資本論』諸草稿のなかでもっとも早い時期に準備されたもので、執筆時期の異なる二つの部分（第一篇―第三篇、第四篇―第七篇）からなっている。さらに、研究の進展のなかでマルクスの到達点が前進し、第三篇の論点には、利潤率低下法則の意義づけ、およびそのもとでの資本主義的生産の必然的没落の展望など、マルクスにとって克服ずみの見解であることの指摘を要する部分も生まれた。第三部では、こうした点に留意し、マルクスの研究の発展とその到達点、エンゲルス版の編集上の弱点、草稿との異同、エンゲルスによる文章の混入個所を訳注で示した。とくに第五篇では、本来『資本論』の草稿ではなかった諸章の混入個所を指摘した。また、必要な場合には、マルクスの草稿を訳出した。第七篇第四八章では、エンゲルスによる原稿配列をマルクスの草稿の順序に組み替えた（第八―第一二分冊）。

全三部を通して、マルクス自身の研究の発展史と歴史的事項にかんする訳注を大幅に拡充した。

改訂にあたっては、新『マルクス・エンゲルス全集』（新メガ Marx-Engels-Gesamtausgabe）の諸巻を参照した。

四 注については、マルクス、エンゲルスによる原注は（　）に漢数字を用いてそれを示し、各段落のあとに訳出した。訳文中や、＊印によって訳文のあとに、〔　〕を用いて挿入されたものは、すべて訳者、監修者による注ないし補足である。

五 訳注のなかで、〔邦訳『全集』第〇巻、〇〇ページ〕とあるのは、ディーツ社（現カール・ディーツ社、ベルリン）発行の『マルクス・エンゲルス著作集《ヴェルケ》』を底本とした邦訳『マルクス・エンゲルス全集』（大月書店）の巻数とページ数を指している。

六 『資本論』のドイツ語原文にあたろうとする読者の便宜のために、ヴェルケ版『資本論』の原書ページ数を、訳文の欄外上に（　）で算用数字を用いて付記した。ただし、ヴェルケ版では、マルクスが引用した著作などについて、本来一つの段落文中に含まれているものを改行し、その引用文のみを独立した段落にしているため、本訳書とは改行の位置に相違がある。

七　訳文中の〃　〃でくくられた語、句、文は、すべて、マルクス（またはエンゲルス）によってドイツ語以外の言語（ラテン語などを含む）が単独で使用されている個所である。専門用語の場合、〃　〃でくくらず、必要に応じて、綴りないしルビによって示したものもある。なお、それらドイツ語以外の言語による語、句、文が、同じ意味のドイツ語と併記されていて、相互の言い換えとして使用されている場合には、それらにニュアンスの相違がある場合をのぞき、訳出や明示を省略した。

八　訳文で、傍点を付した部分は原文の隔字体またはイタリック体の部分を表わしている。

九　マルクス（またはエンゲルス）が引用した文章について、必要な場合、原文との異同を訳注で示した。また、固有名詞、数値などの明白な誤記、誤植はとくに注記せずに訂正した。

一〇　引用文献のうち邦訳のあるものは、入手の便宜なども考慮し、邦訳書を掲げた。これは、新書版での記載を改訂し、新たに追加したものである。

一一　第一二分冊の巻末に、人名索引を付した。

一二　新版『資本論』の改訂作業は、日本共産党中央委員会社会科学研究所によって行なわれた。研究所からは、不破哲三、山口富男、卜部学、小島良一が、監修と改訂の作業にあたった。本訳書のもとになった新書版の刊行にあたっては、研究所の委嘱により翻訳のための委員会が組織され、多くの研究者の参加と協力を得た。新書版および一九九七年一二月に刊行された上製版（五分冊）の訳出・編集体制については、それぞれの版の「凡例」を参照いただきたい。

目　次

第一巻分冊目次

（589）

第七篇　資本の蓄積過程*

＊〔フランス語版、英語版では「資本の蓄積」となっている。なおフランス語版では続く本文の前に「序論」という見出しがある〕

ある貨幣額が生産手段と労働力とに転化することは、資本として機能すべき価値分量が行なう第一の運動である。この運動は市場で、すなわち流通部面で行なわれる。運動の第二の局面である生産過程は、生産手段が商品に転化されると完了するが、この商品の価値はその構成諸部分の価値を超えており、したがって最初に前貸しされた資本に剰余価値を加えたものを含んでいる。これらの商品は、それからふたたび流通部面に投げ込まれなければならない。これらの商品を売り、それらの価値を貨幣に実現し、この貨幣をあらためて資本に転化し、そしてこれらを絶えず新たに繰り返すことが必要である。いつも同じ継起的な諸局面を通過するこの循環は、資本の流通を形成する。

蓄積の第一の条件は、資本家が自分の商品を売り、それで得た貨幣の大部分を資本に再転化することをすでになし終えていることである。以下では、資本がその流通過程を正常に通過することが前提されている。この過程のより詳しい分析は第二部で行なわれる。*

＊〔ここまでの二つの段落は、フランス語版にもとづいて第三版で改訂された〕

剰余価値を生産する資本家、すなわち不払労働を直接に労働者からくみ出して商品に固定させる資本家は、なるほどこの剰余価値の最初の取得者ではあるが、決してその最後の所有者ではない。彼はあとで、社会的生産全体のなかで他の諸機能を果たす資本家たちや、土地所有者などと、この剰余価値を分け合わなければならない。だから、剰余価値はさまざまな部分に分かれる。剰余価値の諸断片はさまざまな部類の人々の手にはいって、利潤、利子、商業利得、地代などのような、相互に自立したさまざまな形態を受け取る。剰余価値のこれらの転化形態は、第三部ではじめて取り扱うことができる。

（590）

したがって、ここではわれわれは、一方で、商品を生産する資本家が商品をその価値どおりに売るものと想定し、商品市場への彼の復帰についても、流通部面で資本に付着する新しい諸形態や、またそれら諸形態のなかに包み込まれている再生産の具体的諸条件についても、さらに詳しく述べることはしない。他方、われわれは、資本主義的生産者を全剰余価値の所有者であるとみなすことにしよう。あるいは、彼と獲物を分け合うすべての仲間の代表者とみなすと言ってもよい。したがってわれわれは、さしあたり蓄積を抽象的に、すなわち直接的生産過程の単なる契機として考察する。

ともかく、蓄積が行なわれる限り、資本家は生産した商品の販売と、それによって得た貨幣の資本への再転化とに成功しているのである。さらに、剰余価値がさまざまな部分に分解されるということは、剰余価値の本性を変えないし、また剰余価値が蓄積の要素となるために必要な諸条件も変えない。

資本主義的生産者が剰余価値のうちどれだけの割合を自分の手もとに確保し、どれだけの割合を他人に引き渡すかにはかかわりなく、彼は剰余価値をつねにまず最初に取得する。したがって、われわれが蓄積の叙述において想定していることは、蓄積の現実の過程においても想定されている。他方、剰余価値の分割と流通の媒介運動とは、蓄積過程の単純な基本形態をあいまいにする。だから、蓄積過程を純粋に分析するためには、蓄積過程の機構の内的作用をおおい隠すいっさいの現象をしばらく度外視することが必要である。

(591)

第二一章　単純再生産

生産過程は、その社会的形態がどのようなものであっても、継続的でなければならない、あるいは周期的に絶えず新たに同じ諸段階を通過しなければならない。社会は、消費することをやめることができないのと同様に、生産することをやめることはできない。だから、あらゆる社会的生産過程は、恒常的な連関のなかで、* またその更新の絶え間ない流れのなかで考察すれば、それは同時に再生産過程である。

＊〔フランス語版では「孤立した局面においてではなく」となっている〕

生産の諸条件は同時に再生産の諸条件である。どのような社会も、その生産物の一部分を引き続き生産手段、または新たな生産の諸要素に再転化させることなしには、引き続き生産すること、すなわち再生産することはできない。他の事情が変わらなければ、社会は、たとえば一年間に消費された生産手段、すなわち労働手段、原材料、補助材料を、同じ分量の新品によって現物で補填することによってのみ、その富を同じ規模で再生産または維持することができるのであって、その同じ分量の新品は年々の生産物総量から切り離されて新たに生産過程に合体される。したがって、年々の生産物のうちの一定分量は生産のためのものである。それは最初から生産的消費に予定されているのであり、その大部分はおのずから個人的消費にまったく不適当な現物形態で存在する。

生産が資本主義的形態をもつならば、再生産もそうである。資本主義的生産様式のもとでは、労働過程が価値増殖過程のための一手段としてだけ現われるのと同じように、再生産も、前貸価値を資本として、すなわち自己増殖する価値として再生産するための一手段としてだけ現われる。資本家という経済的扮装がある人間にまといつくのは、彼の貨幣が引き続き資本として機能するからにすぎない。たとえば、一〇〇ポンドの前貸貨幣額が今年資本に転化されて二〇ポンドの剰余価値を生み出すとすれば、それは来年もそれから先も同じ働きを繰り返さなければならない。(592) 資本価値の周期的な増加分、あるいは過程を進みつつある資本の周期的な果実として、剰余価値は資本から生じる収入という形態をとる。（一）

（一）「他人の労働の諸生産物を消費するこれら富める人々は、それを交換行為（商品の購買）によってのみ手に入れる〔……〕そのため、彼らは間もなくその準備金を使い果たす恐れがあるように見える。……しかし、社会的秩序のもとでは、富は他人の労働によって自分を再生産する力を得ている。……富は、労働と同じように、また労働によって、富める人々が貧しくなることなしに毎年消費してしまうことができる年々の果実を生み出す。この果実は資本から生じる収入である」（シスモンディ『経済学新原理』〔第二版、パリ、一八二七年〕、第一巻、八一、八二ページ〔菅間正朔訳、世界古典文庫、上、日本評論社、一九四九年、九九ページ〕）。

この収入が資本家にとって消費元本としてだけ役立つならば、あるいは、周期的に獲得されるのと同じように周期的に消費されるならば、他の事情が変わらなければ単純再生産が行なわれる。ところで、この単純再生産は同じ規模での生産過程の単なる繰り返しであるとはいえ、こうした単なる繰り返しあるいは継続は、この過程にいくつかの新しい性格を刻印する、あるいはむしろこの過程が単に孤立した経過であるかのような外観上の性格を消滅させるのである。*

＊〔フランス語版では、このあとに改行して、「まず、資本のうち賃銀として前貸しされる部分、すなわち可変資本を考察しよう」という文章が挿入されている〕

生産過程は、労働力を一定期間購買することから始められ、この開始は、労働〔力〕の販売期限が切れるごとに、したがって一定の生産期間、たとえば週や月などが経過するごとに、絶えず更新される。しかし、労働者は、彼の労働力が働いて自分自身の価値と剰余価値とを商品のなかに実現させたあとで、はじめて支払われる。したがって彼は、剰余価値——これをわれわれはしばらく資本家の消費元本だけであるとみなす——と同じように〔のほかに——フランス語版〕、彼自身への支払いの元本である可変資本を、それが労賃の形態で彼のもとに還流してくる以前に生産しているのであって、彼はこの元本を絶えず再生産する限りでのみ仕事を与えられる。ここから、賃銀は生産物そのものの分け前であるとする、第一六章〔「剰余価値率を表わす種々の定式」〕のⅡ〔本訳書、第一巻、九二二ページ〕に示した経済学者たちの定式が生じる。(二) 労賃の形態で絶えず労働者のもとに還流するものは、労働者自身によって絶えず再生産される生産物の一部分である。資本家は労働者に商品価値を、確かに貨幣で支(593)払う。しかし、この貨幣はただ労働生産物の*転化した形態にすぎない。労働者が生産手段の一部分を生産物に転化しているあいだに、彼の以前の生産物の一部分が貨幣に再転化される。きょう、あるいは今後半年間の彼の労働は、その前の週あるいはその前の半年間の彼の労働で支払われるのである。

貨幣形態が生み出す幻想は、個々の資本家と個々の労働者との代わりに資本家階級と労働者階級とを考察すれば、ただちに消えてなくなる。資本家階級は、労働者階級によって生産され資本家階級によって取得される生産物の一部分にたいする権利証書を、絶えず貨幣形態で労働者階級に与える。労働者は同じように絶えずこの権利証書を資本家階級に返付し、それとともに彼自身の生産物のうちで彼自身のものになる部分を資本家階級から引き取る。生産物の商品形態と商品の貨幣形態とがこの取り引きを変装させる。

（二）「賃銀も利潤も、現実にはいずれもでき上がった生産物の一部分とみなされるべきである」（ラムジー『富の分配にかんする一論』、一四二ページ）。「賃銀の形態で労働者の手にはいる生産物の分け前」（ジェイムズ・ミル『経済学要綱』、〔ジャーク－テオドール・〕パリゾ訳、パリ、一八二三年、三四ページ〔渡辺輝雄訳『経済学綱要』、春秋社、一九四八年、三五ページ〕）。

＊〔初版および第二版では、「労働生産物の」が「労働生産物の、あるいはむしろ労働生産物の一部分の」となっている〕

したがって、可変資本[*1]は、労働者が彼の自己維持と再生産とのために必要とし、どのような社会的生産体制のもとでもつねにみずから生産し再生産しなければならない生活手段の元本、あるいは労働元本の特殊な歴史的現象形態にすぎない。労働元本が彼の労働の支払手段の形態で絶えず彼のもとに流れてくるのは、彼自身の生産物が絶えず資本の形態で彼のもとから遠ざかるからにすぎない。しかし、労働元本のこうした現象形態は、資本家によって労働者に前貸しされるのは労働者自身の対象化された労働なのであるということを少しも変えない(三)。夫役農民をとってみよう。彼は、たとえば週に三日間、自分自身の生産手段を用いて自分自身の耕地で労働する。残りの三日間は領主直営地で夫役労働を行なう。彼は、自分自身の労働元本を絶えず再生産するが、この労働元本は、決して彼に対立して、第三者が彼の労働に前貸しする支払手段という形態をとらない。その代わりに、彼の支払われない強制労働もまた、決して自由意志による支払われた労働という形態をとらない。明日にも、領主が耕地、役畜、種子を、要するに夫役農民の生産手段を自分のものにしてしまうなら、そのときから夫役農民は、自分の労働力を夫役領主に売らなければならない。他の事情が変わらなければ、彼は相変わらず週に六日間、三日は自分自身のために、三日はいまでは賃雇い主に転化してしまったもとの夫役領主のために労働するであろう。彼は相変わらず、生産手段を生産手段として消費し、その価値を生産物に移転するであろう。生産物の一定部分は相変わらず再生産にはいり込むであろう。しかし、夫役労働が賃労働の形態をとるのと同様に、夫役農民によってこれまでどおりに生産され再生産される労働元本は、〔もとの〕夫役領主が彼に前貸しする資本という形態をとる。ブルジョア経済学者の偏狭な頭脳は、現象形態を、この形態において現われるものから切り離すことができないのであって、彼は、労働元本がこんにちでもまだ地球上で＊2ただ例外的にのみ資本という形態で現われるという事実には、目を閉ざす(四)。

(594)

(三)「労働者にその賃銀を前貸しするために資本が用いられても、それは、労働を維持するための元本にはなにもつけ加えない」（マルサス『経済学における諸定義』、キャザノウヴ編、ロンドン、一八五三年、二二ページにおける編者注〔小松芳喬訳、実業之日本社、一九四四年、二八八ページ〕）。

(四)「労働者の生活手段が資本家によって労働者に前貸しされるということは、まだ地球上の四分の一にもおよんでいない」*3（リチャード・ジョウンズ『国民経済学教科書』、ハートフォード、一八五二年、三六ページ〔大野精三郎訳『政治経済学講義』、日本評論社、一九五一年、六六ページ〕）。

＊1〔フランス語版では、可変資本に次の注が付されている。――「可変資本は、ここではただ賃労働者への支払元本としてのみ考察されている。周知のように、それは実際に、彼が買い入れた労働力が生産過程で機能する瞬間からはじめて可変的なものとなる」〕

＊2〔フランス語版では、「ヨーロッパ大陸や北アメリカの耕作者のあいだでさえ」となっている〕

＊3〔ジョウンズの原文は次のとおり――「労働の賃銀が資本家によって前払いされているのは、地球上の労働者の四分の一以下の場合である」〕

もちろん、われわれが資本主義的生産過程をその更新の絶え間ない流れのなかで考察するだけで、可変資本は資本家自身の元本から前貸しされた価値であるという意義を失ってしまう。(四a) しかし、やはりこの過程はどこかで、いつかは開始されなければならない。だから、われわれの従来の立場からすれば、資本家はいつかあるとき、他人の不払労働によるのではないなんらかの本源的蓄積によって貨幣所有者となったのであり、こうして労働力の買い手として市場に乗り込むことができたのだということは、いかにもありそうなことである。それはとにかく、資本主義的生産過程の単なる継続、すなわち単純再生産は、まだそのほかにも、可変資本部分ばかりでなく総資本にもおよぶ独特な変化を引き起こす。

㈣a）「製造工」（すなわち、製造業労働者）「は、その雇い主によって自分の賃銀の前貸しを受けているが、彼は現実には雇い主になんの費用もかけさせない。というのは、通常これらの賃銀の価値は、利潤と一緒に彼の労働が注がれる対象の高められた価値において保存されるからである」*（A・スミス『諸国民の富』、第二篇、第三章、〔ウェイクフィールド編、第二巻〕三一一〔正しくは三五五〕ページ〔大内兵衛・松川七郎訳、岩波文庫、㈡、一九六〇年、三三七ページ〕）。〔フランス語版にもとづく第三版への注〕

＊〔スミスの原文では「回収される」となっている〕

一〇〇〇ポンドの資本で周期的に、たとえば年々生産される剰余価値が二〇〇ポンドであり、この剰余価値が年々消費されるとすれば、同じ過程が五年間繰り返されたのちには、消費された剰余価値の総額は５×200であり、最初に前貸しされた一〇〇〇ポンドの資本価値に等しいということは明らかである。もし年々の剰余価値が一部分だけ、たとえば半分だけ消費されるとすれば、同じ結果が生じるのは生産過程が一〇年間繰り返されたのちになるであろう。10×100＝1.000だからである。一般的に言えば、前貸しされた資本価値を年々消費される剰余価値で割れば、最初の前貸資本が資本家によって消費し尽くされ、したがって消えうせてしまうまでに経過する年数、あるいは再生産周期の数が出てくる。（595）資本家が、自分は他人の不払労働の生産物である剰余価値を消費して最初の資本価値は保有しているのだと考えても、それで、絶対に事実を変化させることはできない。一定の年数が経過したのちには、彼が所有する資本価値は同じ年数のあいだに等価なしで取得した剰余価値の総額に等しく、彼が消費した価値額は最初の資本価値に等しい。なるほど彼は、もとのままの大きさの資本を自分の手に保持しており、その一部である建物や機械などは彼が事業を始めたときにすでにそこにあったものである。しかしここで問題なのは資本の価値であって、資本の物質的構成部分ではない。もしある人が自分の財産の価値に等しい借金をすることで、その全財産を消費し尽くすとすれば、まさにこの全財産は彼の借金の総額を表わしているにすぎない。資本家が自分の前貸資本の等価を消費し尽くした場合も同じであって、この資本の価値は、ただ彼が無償で取得した剰余価値の総額を表わしているにすぎない。*彼のもとの資本の価値はもう一原子も存続していない。

* 〔「なるほど彼は」からここまではフランス語版にもとづき第三版で追加された〕

したがって、およそ蓄積というものをまったく無視しても、生産過程の単なる継続、あるいは単純再生産は、長かろうと短かろうとある期間ののちには、すべての資本を、蓄積された資本または資本化された剰余価値に必然的に転化させる。資本は、それが生産過程にはいったときにはその使用者〔企業家――フランス語版〕がみずから働いて得た財産であったとしても、遅かれ早かれ、それは等価なしに取得された価値となる、つまり貨幣形態であろうとなかろうと他人の不払労働の体化物となるのである。

第四章で見たように、貨幣を資本に転化させるためには、商品生産*および商品流通が存在するだけでは十分ではなかった。まず、一方には価値または貨幣の所有者、他方には価値を創造する実体の所有者が、すなわち一方には生産手段および生活手段の所有者、他方には労働力以外にはなにももたない所有者が互いに買い手と売り手として相対していなければならなかった。したがって、労働生産物と労働そのものとの分離、客体的な労働諸条件と主体的な労働力との分離が資本主義的生産過程の事実上与えられた基礎であり、出発点であった。

*〔第四版では「価値生産」となっているが誤植であろう〕

(596) しかし、はじめはただ出発点にすぎなかったものが、過程の単なる継続である単純再生産に媒介されて、資本主義的生産特有の成果として絶えず新たに生産され、永久化される。一方で、生産過程は絶えず素材的富を資本に転化させ、資本家のための価値増殖手段と消費手段に転化させる。他方で、労働者は絶えずこの過程から、そこにはいったままの姿で――富の人的源泉ではあるがこの富を自分のために実現するあらゆる手段を奪われたものとして――出てくる。彼がこの過程にはいるまえに、彼自身の労働は彼自身から疎外され、資本家に取得され、資本に合体されているから、その労働はこの過程のなかで絶えず他人の生産物に対象化される。生産過程は同時に資本家による労働力の消費過程であるから、労働者の生産物は絶えず商品に転化するだけでなく、資本に、すなわち価値を創造する力をしぼり取る価値に、人身を買う生活手段に、生産者を使用する生産手段に転化する。(五) だから、労働者自身は絶えず客体的な富を資本として、すなわち彼にとっては外的であって彼を支配し搾取する力として、生産するのであり、そして資本家もまた絶えず労働力を富の源泉として、すなわち、主体的な、それ自身の対象化および現実化の手段から切り離された、抽象的な、労働者の単なる生身のうちに存在する富の源泉として、簡単に言えば労働者を賃労働者として生産するのである。(六) 労働者のこの不断の再生産あるいは永久化が、資本主義的生産の〝不可欠の条件〟である。

(五)「それは生産的消費の特別に注目すべき性質である。生産的に消費されるものは資本であって、それは消費によって資本となる」〔ジェイムズ・ミル『経済学要綱』〔パリゾ訳〕、二四二ページ〔渡辺訳、一九六ページ〕〕。しかし、J・ミルはこの「特別に注目すべき性質」を究めてはいない。〔本ページ末尾の訳注参照〕

(六)「なるほど、マニュファクチュアの最初の導入は多数の貧民を就業させたけれども、しかし、彼らは貧乏でなくなったわけではなく、しかも、マニュファクチュアの継続はさらに多くの貧民をつくる」(『羊毛輸出制限の諸理由』、ロンドン、一六七七年、一九ページ)。「借地農場経営者は、いまや、自分が貧民たちを維持しているのだというまったくばかげた主張をする。彼らは実は貧窮状態に維持されているのである」(『最近の救貧税増加の諸理由、または労働価格と食糧価格との比較考察』、ロンドン、一七七七年、三一ページ)。

労働者の消費には二種類ある。生産そのものにおいて、彼はその労働によって生産手段を消費し、それを前貸資本の価値より大きい価値をもつ生産物に転化させる。これは彼の生産的消費である。それは、同時に、彼の労働力を買った資本家による彼の労働力の消費でもある。* 他方で、労働者は、労働力を買うために支払われた貨幣を生活手段に使用する。これは彼の個人的消費である。したがって、労働者の生産的消費と個人的消費とはまったく異なる。第一の消費では、彼は資本の動力として行動し、資本家に属する。第二の消費では、彼は自分自身のものであり、生産過程のそとで生活諸機能を行なう。一方の消費の成果は資本家の生活であり、他方の消費の成果は労働者自身の生活である。(597)

＊〔このパラグラフは、フランス語版にもとづいて第三版で改訂された。フランス語版では、この個所に現行版の原注五がついている。また、注のミルからの引用のあとの一文は次のようになっている――「もし、J・ミルが生産的消費を理解していたならば、彼は『特別に注目すべき性質』を少しも不思議とは思わなか

ったであろう」〕

「労働日」などの考察でおりにふれて明らかにしたように、*1 労働者はしばしば、自分の個人的消費を生産過程の単なる付随事にすることを余儀なくされる。この場合、彼は、自分の労働力を動かし続けるために自分に生活手段を与えるのであって、それは蒸気機関に石炭や水が与えられ、歯車に油が与えられるのと同じである。その場合には、彼の消費手段は単に一生産手段の消費手段であり、彼の個人的消費は直接に生産的消費である。しかしこうしたことは、資本主義的生産過程にとっては本質的ではない濫用として現われる。(七)

(七)　ロッシは、現実に「生産的消費」の秘密を見抜いていたならば、あれほど強くこの点について駁論しはしなかったであろう。*2

*1〔フランス語版では、次のようになっている――「『労働日』および『大工業』にかんする諸章において多くの例をあげて示したように」〕

*2〔フランス語版では、この注は次のようになっている――「個人的消費と生産的消費とのこの一致を正常なこととみなす経済学者たちは、必然的に、労働者の生活手段を、油や石炭などのような、労働手段によって消費され、したがって生産的資本の一要素を構成する補助材料の一つに数えるに違いない。ロッシはこのような分類に憤慨するが、その彼も、労働者の生活手段は生産的資本にはいらないが、労働者自身はその一部をなしている、ということについては都合よく忘れている」〕

われわれが、個々の資本家と個々の労働者ではなく、資本家階級と労働者階級を考察し、商品の個別的生産過程ではなく、資本主義的生産過程をその流れとその社会的な広がりにおいて考察するならば、事態は異なった趣を見せてくる。――資本家が自分の資本の一部分を労働力に転換すると、彼はそれによって自分の総資本を増殖する。彼にとっては一石二鳥である。彼は、自分が労働者から受け取るものから利益を得るだけでなく、自分が労働者に与えるものからも利益を得る。労働力と引き換えに譲渡される資本は生活手段に転化され、この生活手段の消費は、現存する労働者の筋肉、神経、骨、脳髄を再生産して、新しい労働者を生み出すために役立つ。だから、絶対に必要なものの範囲内に限れば、労働者階級の個人的消費は、資本によって労働力と引き換えに譲渡された生活手段の、資本によって新たに搾取されうる労働力への再転化である。それは、資本にとってもっとも不可欠な生産手段である労働者そのものの生産および再生産である。* したがって、労働者の個人的消費は、それが作業場や工場などの内部で行なわれようと外部で行なわれようと、労働過程の内部で行なわれようと外部で行なわれようと、資本の生産および再生産の一契機であって、それはちょうど機械の掃除が、労働過程中に行なわれようとその一定の休止中に行なわれようと、資本の生産および再生産の一契機であるのとまったく同じである。労働者はその個人的消費を自分自身のために行なうのであって、資本家のために喜んで行なうのではないということは、事態になんのかかわりもない。たとえば、役畜の食べるものは役畜自身が享受するからといって、役畜の消費が生産過程の必要な一契機であることには変わりはない。労働者階級の不断の維持と再生産は、資本の再生産のための恒常的条件である。(598) 資本家はこの条件の実現を、安心して労働者の自己維持本能と生殖本能にゆだねることができる。彼が心を配るのは、ただ、労働者たちの個人的消費をできる限り必要なものに制限することだけであって、栄養の少ない食物ではなく栄養の多い食物をとるよう労働者に強要する、あの南アメリカ的粗野と比べれば天地のへだたりがある。(八)

(八)「南アメリカの鉱山労働者たちは、重さ一八〇―二〇〇重量ポンドの鉱石の荷を、四五〇フィートの深さから肩にかついで地上に運び出すことを毎日の仕事（おそらく世界中でもっともひどい重労働）としているのに、ただパンと豆だけで生きている。彼らはパンだけを食べたいのであろうが、彼らの雇い主はパンではそんなに激しい労働ができないということをすでに知っているので、彼らを馬なみに扱い、豆を食べるように強制する。まったく、豆はパンに比べてずっとたくさんミネラル成分を含んでいるからである」（リービヒ『化学の農業および生理学への応用』第一巻、〔ブラウンシュヴァイク、一八六二年、〕一九四ページの注）。

＊〔このパラグラフの冒頭からここまでは、フランス語版にもとづき第三版で改訂された〕

それゆえ、資本家とその理論的代弁者《イデオローグ》である経済学者もまた、労働者の個人的消費のうちで労働者階級の永遠化のために必要な部分だけを、したがって、資本が労働力を消費するために実際に消費されなければならない部分だけを、生産的とみなすのであり、それ以外に労働者が自分の快楽のために消費するかもしれない部分は不生産的消費なのである。(九)もし資本の蓄積が、より多くの労働力が資本によって消費されることなしに、労賃の上昇を、したがって労働者の消費手段の増加を引き起こすとすれば、その追加資本は不生産的に消費されたわけである。(一〇)実際は、労働者の個人的消費は労働者自身にとって不生産的である。というのは、それは貧しい個人を再生産するだけだからである。それは資本家および国家にとっては生産的である。というのは、それは他人の富を生産する力の生産だから

である。(一一)

(九)　ジェイムズ・ミル『経済学要綱』、二三八ページ以下〔渡辺訳、一九三ページ以下〕。
(一〇)「もし資本が増大するにもかかわらず、より多くの労働が使用されえないほどに労働の価格が騰貴するならば、このような資本の増大は不生産的に消費される、と私は言うであろう」(リカードウ『経済学および課税の原理』、〔第三版、ロンドン、一八二一年、〕一六三ページ〔堀経夫訳『リカードウ全集』I、雄松堂書店、一九七二年、一七五ページ〕)。
(一一)「本来の意味での、唯一の生産的消費と呼ばれるものは、資本家が再生産のために行なう富の消費または破壊」(と彼が言うのは生産手段の消費のことである)「である。……労働者は……彼を使用する人にとっては、また国家にとっては生産的消費者であるが、しかし厳密に言えば、彼自身にとってはそうではない」(マルサス『経済学における諸定義』〔キャザノウヴ編〕、三〇ページ〔小松訳、実業之日本社、二六五ページ。玉野井芳郎訳、岩波文庫、一九三ページ〕)。

(599)　したがって社会的観点から見れば、労働者階級は直接的な労働過程の外部でも、死んだ労働用具と同じように資本の付属物である。彼らの個人的消費でさえも、ある限界内では、ただ資本の再生産過程の一契機でしかない。しかしこの過程は、この自己意識のある生産用具が逃げてしまわないようになっており、そのために、彼らの生産物を絶えず彼らの極から資本という対極へと遠ざける。個人的消費は、一方では彼ら自身を維持し再生産するようになっており、他方では生活手段を使い果たさせることによって、彼らが絶えず労働市場に再出現するようになっている。ローマの奴隷は鎖によって、賃労働者は見えない糸によって、その所有者につながれている。賃労働者の独立という外観は、個々の雇い主が絶えず替わることによって、また契約という〝法的擬制〟によって維持されるのである。

以前には資本は、自分にとって必要と思われた場合には、自由な労働者にたいする自分の所有権を強制法によって通用させた。たとえば、イギリスでは機械労働者の移住が一八一五年にいたるまで重刑をもって禁止されていた。

労働者階級の再生産は、同時に、ある世代から他の世代への技能の伝達と積み重ねを含んでいる（一一）。このような熟練労働者階級の定在を、いかに資本家が自分に属する生産条件の一つに数え、この階級を事実上、彼の可変資本の現実的な存在とみなしているかは、恐慌によってこの階級が失われる恐れが切迫すれば、たちまち明らかになる。アメリカの南北戦争とそれにともなって起きた綿花飢饉《ききん》の結果、周知のように、ランカシャーなどにおいて多数の綿業労働者が街頭に投げ出された。労働者階級自身の内部からも、その他の社会層からも、イギリスの植民地や合衆国への「過剰人口」の移住を可能にするための国家の援助や国民の自発的寄付を求める叫び声があがった。その当時、『タイムズ』
(600) 紙（一八六三年三月二四日付）は、マンチェスター商業会議所の前会頭エドマンド・ポッターの書簡を公にした。彼の書簡は正当にも、下院で「工場主の宣言」と呼ばれた（一二）。ここに、労働力にたいする資本の所有権があからさまに表明されている二、三の特徴的な文句をあげておこう。

（一一）「貯蔵され、あらかじめ準備されてあると言えるただ一つのものは、労働者の技能である。……熟練労働の蓄積と貯蔵というこのもっとも重要な仕事は、大多数の労働者について言えば、なんらの資本ももたないで達成される」（ホジスキン『資本の諸要求にたいする労働の擁護』、〔一一〕一三ページ〔安川悦子訳「労働擁護論」、『世界の思想』5、河出書房新社、一九六六年、三五七、三五九ページ)。

(三)「この書簡は工場主宣言とみなしうるであろう」(フェランド、一八六三年四月二七日の下院における綿花飢饉にかんする動議〔『タイムズ』一八六三年四月二八日付〕)。

「綿業労働者たちはこう言われるかもしれない。君たちの供給は多すぎる。……おそらく三分の一だけ減らさなければならない。そうすれば、残りの三分の二にたいしては健全な需要が生じるであろう。……世論は移住を主張している。……雇い主」(すなわち綿業工場主)「は自分の労働供給が〔他国に〕移されるのを喜んで見ていることはできないであろう。彼はそれを不正であり不当であると思うかもしれない。……もし移住が公共の財源から援助されるならば、彼は傾聴を求める権利をもち、またおそらく抗議する権利をもつであろう」。同じポッターは、さらに続けて、綿業がどんなに有益かということ、「それは疑いもなく、アイルランドからもイングランドの農業地域からも人口を流出させた」こと、その規模がどんなに大きいかということ、それは一八六〇年にはイギリスの全輸出貿易の $\frac{5}{13}$ を供給したこと、ここ数年後には市場の拡大、ことにインド市場の拡大によって、そして「一重量ポンドあたり六ペンスで」、豊かな「綿花供給」を強要することによって、綿業はふたたび拡張されるであろうということを論じている。彼はさらに続ける——「時がたてば——おそらく一年か二年か三年すると——必要な量が生産されるであろう。……そこで私がたずねたいのは、この産業は維持するに値するのか、機械」(すなわち生きた労働機械)「を整備しておくことは骨折りがいのあることなのか、それを放棄しようなどと考えるのはまったくばかげたことではないのか！　私はそうだ

（601）

と信じる。確かに、労働者は財産ではなく、ランカシャーおよび雇い主たちの財産ではない。しかし、彼らはこの両者の強みであり、一代では補充しえない精神的な訓練された力である。これに反して彼らが動かすもう一つの機械は、大部分は、一二ヵ月のうちに有利に取り替えられ改良されるであろう。（一四）労働力の移住を奨励したり許可したりして（！）いったい資本家はどうなるのか？」（この胸を刺す言葉は侍従長カルプ[*1]を思い出させる。[*2]）「……労働者の精鋭を取り去れば、固定資本はいちじるしく減価し、流動資本は劣悪な種類の労働のわずかな供給では戦いに身をさらさないであろう。……労働者自身は移住を希望していると言われる。彼らがそれを希望するのはきわめて当然である。……綿業から労働力を奪い去ることによって、彼らの賃銀支出をたとえば三分の一あるいは五〇〇万〔ポンド〕だけ減らすことによって、綿業を縮小し圧迫するならば、彼らのすぐ上の階級である小売商人はどうなるであろうか？　地代や〝小屋〟代はどうなるであろうか？……小借地農場経営者やいくらかましな家主や土地所有者はどうなるであろうか？　最良の工場労働者を輸出し、もっとも生産的な資本と富の一部分の価値を減少させることによって国民を弱くしてしまうこの計画以上に、一国のすべての階級にとってどんな自殺的な計画があるというのか？」「私は、救済を受ける人々の道徳的基準を維持するための、ある種の強制労働をともなう特別の法的規制のもとで、綿業地域の救貧当局に付属する特別委員会によって管理されるような、二年か三年にわたる五〇〇万ないし六〇〇万[*3]〔ポンド〕の貸付を勧告する。……一地方全体にわたって広大な地域を空にするような移住や価値と資本の減損によって、最良の労働者を手放し、残った人々を堕落させ落胆させること以上に、土地所有者や雇い主にとって悪いことがありえようか?」

(一四)　労賃の引き下げが問題になると、同じ資本が普通の事情のもとでは調子を変えることが思い出される。そのさい、「雇い主たち」は口をそろえて言う(第四篇、注一八八、三八九ページ〔本訳書、第一巻、七四二―七四三ページ参照〕)。「工場労働者たちは、次のことをしっかり記憶にとどめるのがよいだろう。すなわち、君たちの労働は実際にきわめて低級な種類の熟練労働であること、君たちの労働ほど手に入れやすく、その質から見てこれほど報酬のよい労働はないこと、ほとんど経験のない者をちょっと指導することで、これほど短時間にこれほど豊富に供給されうる労働はないことを。〔……〕実際、生産事業において雇い主の機械は」(これはいま聞いた話では、一二ヵ月のうちに有利に置き換えられ改良されうるのだが)「六ヵ月の教育で教えることができ、どんな農僕でも学ぶことのできる労働者の労働および熟練」(これはいまでは三〇年では補充できない)「よりもはるかに重要な役割を演じている」。

*1〔シラーの悲劇『たくらみと恋』の人物。第三幕第二場で、ドイツのある大公の宮内大臣が隠謀を企て、カルプははじめはそれに加担することを断る。そこで大臣は辞任すると言っておどかす。大臣がやめると侍従長もやめなければならなくなる。カルプは本気でおどろいて叫ぶ。「あなたは学問がおありになる！　ところが、私ときては……もし殿下からお暇がでたら、どうなるでしょうか?」番匠谷英一訳、『世界文学大系』18、筑摩書房、一九五九年、二二八ページ〕

*2〔この一文はフランス語版では「この心からの叫びは一七九二年の悲痛な叫び――宮内大臣がいなくなればかつら師はどうなるのだろう?――を思い出させる」となっている。なお、フランスでは、一七九二年に国民公会が召集され、王政廃止・共和政樹立が決議された〕

*3〔フランス語版ではここに次のような注がある――「これに反して普通の時期には、資本家は、もし労働

者たちが自分の価格を引き上げるためにその人手の数を減らそうという分別をもっているならば、彼らは飢えたり、堕落したり、不満をいだいたりしないだろう、と言う」」

綿業工場主たちのえり抜きの代弁者であるポッターは、二種の「機械」を区別している。そのどちらも資本家のものであるが、一方は彼の工場内にあり、他方は夜と日曜には外の〝小屋〟に住んでいる。一方は死んでおり、他方は生きている。死んだ機械は、毎日損傷して価値を失っていくだけではなく、その存在するものの大部分は不断の技術進歩によって絶えず時代遅れになっていき、わずか数ヵ月で新式の機械と取り替えるほうが有利になるほどである。反対に、生きている機械は長く存続すればするほど、代々の技能を自己のうちに蓄積すればするほど、ますますより良いものになる。『タイムズ』紙は大工場主にたいして、とりわけ次のように答えた——

「E・ポッター氏は綿業主のなみなみならぬ絶対的な重要さに感動するあまり、この階級を維持しその職業を永遠化するために、五〇万の労働者階級を彼らの意志に反して、道徳的な一大〝労役場〟（602）に閉じ込めようとする。この産業は維持するに値するのか？　とポッター氏は質問する。確かに値する、あらゆる公正な手段によって、とわれわれは答える。機械を整備しておくことは骨折りがいのあることなのか？　とポッター氏はふたたび質問する。ここでわれわれはたじろぐ。ポッター氏が機械と言うのは人間機械のことである。というのは、彼はそれを絶対的財産として取り扱うつもりはない、と断言しているからである。実を言えば、われわれは、人間機械を整備しておくこと、すなわち、それが必要とされるまで閉じ込めて油を塗り込んでおくことは、『骨折りがいのある』ことだと思わないし、また可能であるとさえ思わない。人間機械というものは、いくら油を塗ったり磨いたりしても、働かずにいれば錆びるという属性をもっている。そのうえ、人間機械は、一見すればわかるように、集まって蒸気を噴きあげて破裂したり、わが大都市で舞踏病にかかったように暴れ回ったりすることができる。ポッター氏の言うように、労働者を再生産するには比較的長い時間を要するかもしれないが、機械技師と貨幣があれば、われわれはいつでも勤勉で屈強な産業労働者を見いだすであろうし、それによって、われわれが使い切れないほど多くの工場主を製造するであろう。……ポッター氏は、一年か二年か三年でこの産業が復活するかのように語り、労働者の移住を奨励したり許可したりしないようにわれわれに希望する！　労働者が移住を願うのは当然であると彼は言う。しかし、彼の考えでは、国民は、この五〇万の労働者と彼らに扶養されている七〇万の人々を、彼らの希望に反して、綿業地域に閉じ込め、その必然的結果である彼らの不満を暴力によって押さえつけ、彼らをほどこし物で養わなければならないのであり、しかもいっさいは綿業主がいつの日かふたたび彼らを必要とするかもしれないというチャンスをあてにしてのことなのである。……『この労働力』を石炭や鉄や綿花を取り扱うのと同じように取り扱おうとする人々の手から救うために、この島国の偉大な世論がなにごとかをなさなければならないときが到来した（一五）」。

（一五）『タイムズ』一八六三年三月二四日付。

この『タイムズ』紙の論説はただの〝機知のたわむれ〟〔フランスの常用語〕にすぎなかった。この「偉大な世論」は、実は、工場労働者は工場の動産的付属物であるというポッター氏の意見と同じで

(603)
あった。彼らの移住は阻止された。(一六) 彼らは綿業地域の「道徳的〝労役場〟」に閉じ込められ、そして相変わらず「ランカシャーの綿業主の強み」となっている。

(一六)　議会は移住のために一文の支出も議決しないで、労働者を生死の境に維持する権限、すなわち正常な賃銀を支払わないで彼らを搾取する権限を市当局に与える法律だけを議決した。これに反して、三年後に牛ペストが発生したときには、議会は乱暴にも議会の作法すら破って、百万長者である地主の損失を補償するためただちに数百万の支出を議決した。しかし、これらの地主の借地農場経営者はもともと肉価の騰貴によって損失をまぬがれていたのである。一八六六年の議会開会にさいして土地所有者たちがあげた獣のような叫び声は、牝牛サバラ*1を崇《あが》めるためにヒンズー教徒になる必要はないし、牡牛に転身するためにはジュピターである必要も*2ないということを証明した。

*1〔古代インドの叙事詩『ラーマーヤナ』、第一三章に登場する聖牛シャバラーのことで、世界の財宝をことごとく与える力をもつ。なお、娘ラウラ宛のマルクスの手紙（一八六六年三月二〇日付。邦訳『全集』第三一巻、四二三ページ）参照〕

*2〔ギリシア神話の主神ゼウス（ローマ名ユピテルの英語読みジュピター）がテュロス（現在のレバノン）の王女エウローペーに恋し、彼女が海辺で遊んでいるところへ牡牛になって近づき、彼女を背中に乗せて海を渡り、クレタ島に上陸したという話にちなむ〕

したがって、資本主義的生産過程は、その特有の進行によって労働力と労働諸条件との分離を再生産する。資本主義的生産過程は、このことによって労働者の搾取諸条件を再生産し永久化する。それは労働者には生きるために自分の労働力を売ることをつねに強制し、資本家には致富のために労働力を買うことをつねに可能にする。[一七] 資本家と労働者とが買い手と売り手として商品市場で互いに相対し合うのは、もはや偶然ではない。一方を絶えず自分の労働力の売り手として商品市場に投げ返し、また彼自身の生産物を絶えず他方の購買手段に転化させるのは、過程そのものの決まった筋書きである。事実上、労働者は、自分自身を資本家に売るまえに、すでに資本に属している。彼の経済的隷属[一八]は、彼自身の販売の周期的更新や、*彼の個人的雇い主の交替や、労働〔力〕の市場価格の変動によって、媒介されるとともにおおい隠されている。[一九]

(一七)「労働者は生きるために生活維持手段を要求し、雇い主はもうけるために労働を要求した」(シスモンディ『経済学新原理』〔第二版、パリ、一八二七年〕、九一ページ〔前出、菅間訳、世界古典文庫、上、三七七ページ〕)。

(一八)　この隷属の農民的で粗野な一形態がダラム州〔イングランド北東部の州〕にある。この州は諸関係から農業日雇い労働者にたいする争う余地のない所有権が借地農場経営者に保証されていない数少ない州の一つである。この農業日雇い労働者は鉱山業を選ぶことも許されている。そこで、借地農場経営者は、通例に反して、ここでは労働者用の〝小屋〟のある地所だけを借りる。小屋の家賃は労賃の一部をなしている。この小屋は「〝作男の家〟」と呼ばれる。それは特定の封建的義務のもとで、労働者に賃貸しされる。すなわち、「隷農制」と呼ばれ、たとえば労働者が別の所で雇われているあいだはその娘などを差し出すよう義務づけている契約のもとで賃貸しされる。労働者自身は隷農《ボンズマン》と呼ばれる。この関係はまた労働者の個人的消費が資本のための消費あるいは生産的消費であることを――次のようなまったく新しい側面から――示している。「この隷農の糞尿さえも、彼の勘定高い主人の副収入に数えられるのが見られるということは、珍妙なことである。……借地農場経営者は、付近一帯に彼自身のもの以外には便所を設けさせないのであって、この点では自分の領主権のどんな侵害も許さないのである」（『公衆衛生、第七次報告書。一八六四年』、一八八ページ）。

（一九）　児童などの労働の場合には自己販売という形式すら消え去るということが思い出される。

＊〔フランス語版では、このあとに「自由契約という擬制や」という言葉が挿入されている〕

（604）

したがって、資本主義的生産過程は、その連関のなかで考察すれば、すなわち再生産過程としては、商品だけを、剰余価値だけを生産するのではなく、資本関係そのものを、一方には資本家を、他方には賃労働者を生産し、再生産するのである。（二〇）

（二〇）　「資本は賃労働を前提し、賃労働は資本を前提する。それらは互いに制約し合い、互いに生み出し合う。ある綿布工場の一労働者は綿布だけを生産するのであろうか？　そうではない、彼は資本を生産する。すなわちまたもや彼の労働を支配し、その労働によって新しい価値をつくり出すのに役立つ価値を生産する」（カール・マルクス「賃労働と資本」、『新ライン新聞』第二六六号、一八四九年四月七日付に所載〔服部文男訳、古典選書『賃労働と資本／賃金、価格および利潤』、新日本出版社、一九九九年、五五ページ、邦訳『全集』第六巻、四〇六ページ〕）。この表題で『新ライン新聞』に発表された論文は、私が一八四七年にブリュッセルのドイツ人労働者協会＊でこの題目について行なった講演の一部分であって、その印刷は二月革命のために中断されていた。

＊〔ドイツ人労働者協会は、一八四七年、マルクスとエンゲルスの指導でブリュッセルで創立された。一八四八年二月、ベルギーの支配者の弾圧を受け、おもな指導者が逮捕されて協会は解散した〕

（605）

第二二章　剰余価値の資本への転化

第一節　拡大された規模での資本主義的生産過程。商品生産の所有法則の資本主義的取得法則への転換

どのように資本から剰余価値が生じるかはさきに考察したが、いまや、どのように剰余価値から資本が生じるかを考察することになる。剰余価値を資本として用いること、あるいは剰余価値を資本に再転化することは、資本の蓄積と呼ばれる。（二一）

（二一）「資本の蓄積――収入の一部分を資本として使うこと」（マルサス『経済学における諸定義』、キャザノウヴ編、一一ページ〔小松訳、実業之日本社、二四八ページ。玉野井訳、岩波文庫、一七五ページ〕）。「収入の資本への転化」（マルサス『経済学原理』、第二版、ロンドン、一八三六年、三一九〔正しくは三二〇〕ページ〔吉田秀夫訳、岩波文庫、一九三七年、下巻、一九四ページ〕）。

さしあたり、この経過を個別資本家の観点から考察しよう。*たとえば、ある紡績業者が一万ポンドの資本を前貸しし、そのうちの五分の四を綿花や機械などに、残りの五分の一を労賃に前貸ししたとしよう。彼は年々一万二〇〇〇ポンドの価値をもつ二四万重量ポンドの糸を生産するとしよう。剰余価値率を一〇〇％とすると、剰余価値は、剰余生産物または純生産物である四万重量ポンドの糸に潜

んでおり、それは総生産物の六分の一にあたり、販売によって実現されるであろう二〇〇〇ポンドの価値をもっている。二〇〇〇ポンドの価値額は二〇〇〇ポンドの価値額である。この貨幣を嗅《か》いでも眺めても、それが剰余価値だということはわからない。ある価値がもっている剰余価値としての性格は、それがどのようにしてその所有者の手にはいったかを示しはするが、価値や貨幣の本性を少しも変えるものではない。

＊〔ここから、本訳書、一〇一三ページの本文の終わりまでは、注二一a、二一b、二一cを含めて、フランス語版にもとづいて第三版で改訂された〕

このように、二〇〇〇ポンドの新しい追加額を資本に転化するためには、他の事情がすべて同じままなら、紡績業者は、そのうち五分の四を綿花などの購入に、五分の一を新たな紡績労働者の購入に前貸しするのであり、これらの労働者は、紡績業者が彼らに前貸ししただけの価値をもつ生活手段を市場に見いだすであろう。こうして、二〇〇〇ポンドのこの新しい資本は紡績工場で機能し、それがまた四〇〇ポンドの剰余価値を生み出す。

（606）資本価値は最初は貨幣形態で前貸しされた。これに反して、剰余価値ははじめから総生産物の特定部分の価値として存在する。総生産物が売られて貨幣に転化されると、資本価値はその最初の形態をふたたび獲得するが、剰余価値はその最初の定在様式を変える。しかし、この瞬間からは資本価値と剰余価値はどちらも貨幣額であり、資本へのそれらの再転化はまったく同じ仕方で行なわれる。資本家はそれらのいずれをも諸商品の購入に投じるのであり、これらの商品は、彼がその物品の製造を新たに、しかもこんどは拡大された規模で開始することを可能にする。しかし、これらの商品を購入するためには、彼はそれらのものを市場で見いださなければならない。

彼自身の糸が流通するのは、彼が自分の年生産物を市場にもち込むからにほかならないのであり、他のすべての資本家も彼らの商品について同様のことを行なう。しかし、これらの商品は、市場に来るまえにすでに年々の生産元本のうちに、すなわち、あらゆる種類の物の総量のうちに存在していたのであって、個別諸資本の総額あるいは社会的総資本は、その年のうちにこれら物の総量に転化するが、各個別資本家はその一可除部分しか手にしないのである。市場における諸経過は年生産の個々の構成部分を転換させるだけで、それらを一方の手から他方の手に移しはしても、年総生産を大きくすることも、生産された物の本性を変えることもできない。したがって、年々の総生産物がどのように使われうるかは、総生産物自身の構成によるのであり、決して流通によるのではない。

年生産は、まず第一に、その年のうちに消費される資本の物的構成部分を補填すべきあらゆる物(使用価値)を提供しなければならない。これを差し引くと、あとには、剰余価値が潜む純生産物またはは剰余生産物が残る。それでは、この剰余生産物はどういうものから成り立っているのか？　資本家階級の欲求や欲望を満たすべき物、すなわち彼らの消費元本にはいる物であろうか？　もしそれだけだとすれば、剰余価値は残らず使い果たされて、単純再生産しか行なわれないであろう。

蓄積するためには、剰余生産物の一部分を資本に転化しなければならない。しかし、奇跡でも行なわない限り、資本に転化できる物は、労働過程で使用されうる物すなわち生産手段と、ほかには労働

(607)者が自分自身を維持しうる物すなわち生活手段だけである。したがって、年々の剰余労働の一部分は、前貸資本の補填に必要であった分量を超える追加的生産手段および追加的生活手段の製造に充てられていなければならない。ひとことで言えば、剰余価値が資本に転化できるのは、剰余生産物――その価値が剰余価値である――がすでに新しい資本の物的諸構成部分を含んでいるからにほかならない(二一a)。

（二一a）　ここでは、一国民がその媒介によって奢侈品を生産手段や生活手段に転換し、またその逆の転換をすることも可能にする輸出貿易は捨象する。研究の対象をその純粋性において、攪乱的な付随的事情にわずらわされることなくとらえるために、ここでは全商業世界を一国とみなし、また、資本主義的生産がどこでも確立されて、あらゆる産業部門を征服したことを前提しなければならない。

そこで、これらの諸構成部分を実際に資本として機能させるためには、資本家階級は労働の追加分を必要とする。すでに雇用されている労働者の搾取が外延的にも内包的にも増大させられないとすれば、追加労働力が雇い入れられなければならない。このことについてもやはり、資本主義的生産の機構は、すでにあらかじめそうなるようにできている。というのは、この機構は労働者階級を労賃に依存する階級として再生産するが、彼らの普通の賃銀は、彼らの生活維持ばかりでなく彼らの増殖をも保証するのに足りるからである。資本は、さまざまな年代からなる労働者階級によって年々資本に供給されるこの追加労働力を、年生産のなかにすでに含まれている追加的生産手段に合体しさえすればよいのであり、こうして剰余価値の資本への転化は完了する。具体的に考察すれば、蓄積は累進的規模での資本の再生産に帰着する。単純再生産の循環は変化して、シスモンディの表現によれば一つのらせんに転化(二一b)*する。

（二一b）　蓄積にかんするシスモンディの分析は大きな欠陥をもっている。それは、彼が「収入の資本への転化」という文句にすっかり満足してしまって、この操作の物質的諸条件を究明していないということである。

＊〔シモンド・ド・シスモンディ『経済学新原理』、パリ、一八一九年、第一巻、一一九ページ。前出、菅間訳、世界古典文庫、上、一二五ページ〕

そこで、われわれの例に立ちもどることにしよう。それは、アブラハムがイサクを生み、イサクがヤコブを生み、等々という昔話*である。一万ポンドの最初の資本は二〇〇〇ポンドの剰余価値を生み、それが資本化される。二〇〇〇ポンドの新資本は四〇〇ポンドの剰余価値を生み、これがふたたび資本化され、すなわち第二の追加資本に転化されて、八〇ポンドの新しい剰余価値を生む、等々である。

＊〔新約聖書、マタイ、一・一―一七には、イスラエル民族の祖先アブラハムから子孫を伝わってついにイエス・キリストの誕生にいたる系図が記されている〕

ここでは、剰余価値のうちで資本家によって消費される部分は度外視する。同様に、追加資本が最初の資本に加えられるのか、それとも最初の資本から切り離されて独立に価値増殖を行なうのか――(608)あるいはまた、追加資本を蓄積した同じ資本家がそれを利用するのか、それとも彼が他の資本家にそれを譲渡するのかということは、さしあたりわれわれの関心事ではない。ただ忘れてならないのは、新たに形成された諸資本とならんで、最初の資本が自分を再生産し、剰余価値を生産し続けるということ、そして、同じことは蓄積されたどの資本についても、それによって生み出された追加資本との関係でつねにあてはまるということである。

最初の資本は一万ポンドの前貸しによって形成された。その所有者はどこからこれを得たのか？　彼自身の労働と彼の先祖の労働とによってである！　と経済学の代弁者たちはみな異口同音に答える。(二一c)そして実際に彼らの仮定は、商品生産の諸法則に合致する唯一のものであるかのように見える。

(二一c)「彼の資本の生みの親である最初の労働」(シスモンディ『新経済学原理』、パリ版〔一八一九年〕、第一巻、一〇九ページ〔前出訳、上、一一八ページ〕)。

二〇〇〇ポンドの追加資本については、まったく事情が異なる。その成立過程をわれわれはまさに正確に知っている。それは資本化された剰余価値である。それは、最初から、他人の不払労働に由来しない価値を一原子も含んでいない。追加労働力が合体される生産手段も、この追加労働力が維持される生活手段も、剰余生産物の、すなわち資本家階級によって労働者階級から年々奪い取られる貢物の、主要な構成部分以外のなにものでもない。資本家階級がこの貢物の一部で労働者階級から追加労働力を買うとすれば、たとえそれが十分な価格で買われ、それで等価物どうしが交換されるとしても、それはやはり、被征服者の商品を、被征服者から奪った貨幣で買い取るという、征服者の昔からのやり方と変わるものではない。

もし追加資本が、それ自身の生産者を雇用するとすれば、この生産者はまず最初の資本を価値増殖し続けなければならず、そのうえに自分の以前の労働の成果を、それに費やしたよりも多くの労働をもって買いもどさなければならない。資本家階級と労働者階級との取り引きとして考察すれば、これまで雇用されていた労働者の不払労働で追加労働者が雇用されるとしても、事態はなんら変わらない。資本家はもしかすると追加資本を機械に転化して、その機械が、追加資本の生産者を街頭に投げ出して二、三人の児童で置き換えるかもしれない。いずれにしても、労働者階級は、彼らの今年の剰余労働によって、次の年に追加労働を就業させるであろう資本をつくり出した。(二三)これがすなわち人が言うところの、資本によって資本を生み出すということなのである。

(二三)「資本が労働を使用するまえに、労働が資本をつくり出す」(E・G・ウェイクフィールド『イギリスとアメリカ』、ロンドン、一八三三年、第二巻、一一〇ページ〔中野正訳、世界古典文庫、(三)、日本評論社、一九四八年、四五ページ〕)。

(609)

第一の追加資本二〇〇〇ポンドの蓄積の前提は、資本家が前貸しし、彼の「最初の労働」によって自分のものになっている一万ポンドという価値額であった。それにたいし、第二の追加資本四〇〇ポンドの前提は、第一の追加資本二〇〇〇ポンドの蓄積が先に行なわれているということ以外にはないのであって、第二の追加資本は第一の追加資本の剰余価値が資本化したものである。いまや、過去の不払労働を所有することが、生きた不払労働を、絶えず増大する規模で現在取得するための唯一の条件として現われる。資本家は、すでにより多く蓄積していればいるほど、ますます多く蓄積することができる。*

* 〔フランス語版では、このあとに次の文章が追加されている――「言い換えると、資本家が過去において他人の不払労働を奪い取っていればいるほど、現在においてそれをますます多くひとり占めすることができる。

この場合には、交換者たちの労働の成果である等価物どうしの交換ということは、見せかけだけのものとしてすら現われていない」）

追加資本第一号を形づくる剰余価値が、原資本の一部分による労働力の購入の成果であって、この購入が商品交換の諸法則に照応し、また法律的に見れば、労働者の側では彼自身の諸能力にたいする、貨幣および商品所有者の側では彼に属する価値にたいする自由な処分権のほかにはなにも前提しない購買であった限りでは、また、追加資本第二号などが追加資本第一号の成果にすぎず、したがってあの最初の関係の帰結である限りでは、さらにまた、個々のどの取り引きも商品交換の法則に絶えず照応し、資本家はつねに労働力を買い、労働者はつねにそれを売り、しかも――われわれがそう仮定しようとするように――その売買は労働力の実際の価値どおりで行なわれる限りでは、商品生産および商品流通にもとづく取得の法則または私的所有の法則は、明らかに、それ独自の、内的な、不可避的な弁証法によって、その直接の対立物に転換する。＊最初の操作として現われた等価物どうしの交換は、一転して、外観的にのみ交換が行なわれるようになる。というのは、労働力と交換される資本部分そのものが、第一には、等価なしに取得された他人の労働生産物の一部分にすぎず、第二には、その生産者である労働者によって補填されなければならないだけでなく、新しい剰余をともなって補填されなければならないからである。したがって、資本家と労働者のあいだの交換関係は、流通過程に属する外観にしかすぎないものとなり、内容そのものとは無縁な、内容を神秘化するだけの単なる形式になる。労働力の不断の売買は形式である。内容は、資本家が絶えず等価なしに取得するすでに対象化された他人の労働の一部分を、より大きな分量の生きた他人の労働と絶えず繰り返し取り替えるということである。最初われわれには、所有権は、自分の労働にもとづくものとして現われた。少なくとも、この仮定が妥当とされなければならなかった。なぜなら、平等な権利をもつ商品所有者だけが相対するのであり、しかし他人の商品を取得するための手段は自分の商品を譲渡することだけであり、(610) そして自分の商品はただ労働によってのみ生産されうるものだからである。所有は、いまや、資本家の側では他人の不払労働またはその生産物を取得する権利として現われ、労働者の側では自分自身の生産物を取得することの不可能性として現われる。所有と労働との分離は、外見上は両者の同一性から生じた一法則の必然的帰結となる。(二三)

(二三)　他人の労働生産物にたいする資本家の所有は、「取得法則の厳密な帰結であるが、この法則の根本原理は、その逆に、自分自身の労働の生産物にたいする各労働者の排他的な所有権であった」（シェルビュリエ『富か貧困か』、パリ、一八四一年、五八ページ。けれどもここでは、この弁証法的転換は正しく展開されてはいない）。

＊〔初版、第二版では、ここに注二三として次の注がつけられていた。「商品生産が一定の発展段階で資本主義的商品生産になるのはまったく必然的であり、それどころか、商品は資本主義的生産様式の基礎の上でのみ生産物の一般的で支配的な形態となるのであるが、それと同じくまったく必然的に、商品生産の所有法則は資本主義的取得の法則に転換する。それだから、プルードンのずるさには驚くのである。彼は、商品生産の永遠なる所有法則を有効にすることによって、資本主義的所有を廃止するというのであるから！」。なお、「それだから」以降の文章はほぼそのまま現行の注二四にとりいれられている〕

したがって、資本主義的取得様式は、商品生産の本来の諸法則とどんなに矛盾するように見えるにしても、それは決してこれらの法則の侵害から生じるのではなく、むしろ反対にその適用から生じるのである。このことは、資本主義的蓄積を終結点とする一連の運動諸段階の順序を簡単に振り返ってみれば、さらに明らかになる。*

＊〔ここから、本訳書、一〇二一ページ六行目までは、フランス語版にもとづき第四版で追加された。本訳書、第一巻、五二ページ参照〕

はじめに見たように、ある価値額の資本への最初の転化は、まったく交換の諸法則に沿うものであった。一方の契約者が自分の労働力を売り、他方の契約者がそれを買う。前者は彼の商品の価値を受け取り、それによってこの商品の使用価値――労働――は後者に譲渡される。そこで、後者は、すでに彼のものである生産手段を、やはり彼のものである労働を使って、新しい生産物に転化するのであり、この生産物もやはり法的に彼に属する。

この生産物の価値は、第一に、消費された生産手段の価値を含んでいる。有用的労働は、この生産手段の価値を新しい生産物に移すことなしには、この生産手段を消費することができない。しかも労働力が売れるものであるためには、それが使用されるべき産業部門で有用的労働を提供することができなければならない。

新しい生産物の価値は、さらに労働力の価値の等価と剰余価値とを含んでいる。というのも、日、週など一定の期間を決めて売られた労働力は、その使用がこの期間中につくり出す価値よりも少ない価値しかもたないからである。しかし労働者は、彼の労働力の交換価値の支払いを受け、それと同時にその使用価値を譲渡したのである――どんな売買でもそうであるように。

(611)
この特殊な商品である労働力が、労働を提供し、したがって価値をつくり出すという独自な使用価値をもっていることは、商品生産の一般的法則には抵触しえない。したがって、労賃に前貸しされた価値額が単に生産物のうちに再現するだけでなく、剰余価値だけ増大して現われるとすれば、それは売り手をだますことから生じるのではなく、売り手は確かに自分の商品の価値を受け取っているのであって、買い手がこの商品を消費することからのみ生じる。

交換の法則は相互に譲渡される商品の交換価値にとってのみ平等を条件づける。しかもこの法則は、はじめから諸商品の使用価値の相違を条件としており、取り引きの完了後にはじめて開始されるこれらの商品の消費とはまったくなんの関係もない。

したがって、貨幣の資本への最初の転化は、商品生産の経済的諸法則とそれから派生する所有権ともっとも厳密に一致して行なわれる。しかし、それにもかかわらず、この転化は次のような結果をもたらす――

（一）　生産物は資本家のものであって、労働者のものではない。

（二）　この生産物の価値は前貸資本の価値のほかに剰余価値を含むが、この剰余価値は労働者にとっては労働を費やさせたが資本家にとってはなにも費やさせなかったにもかかわらず、それは資本家の合法的所有物になる。

（三）　労働者は引き続き自分の労働力を保有しているのであり、買い手がみつかればまた新たにそれを売ることができる。

単純再生産はこの第一の操作の周期的反復にすぎない。そのつど、絶えず新たに貨幣は資本に転化される。したがって、法則は破られるのではなく、反対に、継続的に作用する機会を保持するにすぎない。「つぎつぎに行なわれる多くの交換行為も、最後の交換行為を最初のそれの代表者にするだけである」（シスモンディ、前出、七〇ページ〔前出訳、上、九一ページ〕）。

それにもかかわらず、すでに見たように、単純再生産はこの第一の操作——それを孤立した経過としてとらえた限りでの——にまったく変化した性格を刻印するのに十分である。「国民所得を分け合う人々のうち、一方」（労働者）「は毎年新しい労働によってそれにたいする新しい権利を獲得するが、他方」（資本家）「は最初の労働によってそれにたいする永久的な権利をすでにあらかじめ獲得してし
(612) まっている」（シスモンディ、前出、〔一一〇、〕一一一ページ〔前出訳、上、一一九ページ〕）。周知のように、労働の領域は、長子が奇跡を行なう唯一*の領域ではない。

＊〔イエスが神の長子で、信者はその弟、妹であるという聖書の表現をあてこすったものと思われる。新約聖書、ローマ、八・二九、ガラテヤ、四・一—七、参照〕

単純再生産の代わりに、拡大された規模での再生産、すなわち蓄積が行なわれても、事情はまったく変わらない。前者の場合には、資本家は剰余価値をすべて使い果たすが、後者の場合は、一部分だけを消費し残りを貨幣〔資本？〕に転化することによりみずからの市民的徳性を示す。

剰余価値は資本家の所有物であり、資本家以外の者に属したことはない。彼がそれを生産に前貸しするとすれば、彼はそれを、はじめて市場を訪れた日とまったく同じように、彼自身の元本から前貸しする。この元本が、こんどは彼の労働者の不払労働から生まれたものだということは、事態にはまったく影響しない。労働者Ｂが、労働者Ａの生産した剰余価値で働かされるとしても、第一に、Ａは、自分の商品の正当な価格を一文も削られることなしにこの剰余価値を提供したのであり、第二に、この取り引きはＢにとっておよそなんの関係もないことである。Ｂが要求すること、そして要求する権利をもつことは、資本家が彼にその労働力の価値を支払うということである。「それでも両者はともに利益を得たのであって、労働者は、労働がなされるまえに」（彼の労働が成果をもたらすまえに、と言うべきだ）「労働の」（他の労働者の不払労働の、と言うべきだ）「成果が彼に前貸しされたからであり、雇い主は、この労働者の労働が賃銀よりも大きい価値をもっていた」（彼の賃銀の価値より大きい価値を生産した、と言うべきだ）「からである」（シスモンディ、前出、一三五ページ〔前出訳、上、一三五―一三六ページ〕）。

なるほど、われわれが資本主義的生産をその更新の絶え間ない流れのなかで考察し、個々の資本家と個々の労働者の代わりに全体に、すなわち資本家階級およびそれに相対する労働者階級に注目すれば、事態はまったく違って見えてくる。しかしそうすれば、われわれは、商品生産とはまったく無縁な尺度をあてがうことになる。

商品生産では、売り手と買い手とが互いに独立して相対しているにすぎない。彼らの相互関係は、

（613）

両者のあいだに結ばれた契約の満期日とともに終わる。取り引きが繰り返されるとすれば、それは新しい契約によるのであって、その契約は以前の契約となんの関係もなく、この契約で同じ買い手が同じ売り手と再会するとしても、それはただの偶然にすぎない。

したがって、商品生産またはそれに属する経過は商品生産独自の経済的諸法則に従って判断されるべきなので、われわれは各々の交換行為を、それ自体として、すなわちそれに先行する交換行為ならびにそれに後続する交換行為とのいっさいの連関を離れて、考察しなければならない。そして、売買は個々の個人のあいだでのみ行なわれるから、全体としての社会的階級間の諸関連を売買のうちに探すことは許されない。

こんにち機能している資本が通過してきた周期的な再生産と先行する蓄積との系列がどんなに長いとしても、この資本はいつでもその最初の純潔性を保持している。各々の交換行為――個別的に見たそれ――において交換の諸法則が守られる限り、取得様式は、商品生産に適合する所有権にはなんら触れることなしに、全面的な変革をこうむることができる。この同じ所有権は、生産物は生産者のものであり、生産者は等価物どうしを交換しながら、自分の労働によってのみ富を得ることができるという端緒の時期において有効であるのと同様に、社会の富が、絶えず増大する度合いで、他人の不払労働を絶えず新たに取得する立場にある人々の所有となる資本主義時代においても有効なのである。

こうした結果は、労働力が労働者自身により商品として自由に売られるようになるやいなや、不可避となる。しかしまた、そのときからはじめて、商品生産は一般化されて典型的な生産形態となる。

そのときからはじめて、各生産物は最初から販売のために生産され、生産された富はすべて流通を通過するようになる。商品生産は、賃労働がその土台となるときはじめて、全社会に自分を押しつける。さらにまた、そのときはじめて、商品生産は隠されたすべての力能を現わす。賃労働の介入は商品生産を不純にするなどと語ることは、商品生産が不純にされたくなければ発展してはならないと語るに等しい。商品生産がそれ自身の内的諸法則に従って資本主義的生産に成長していくのと同じ度合いで、商品生産の所有諸法則は資本主義的取得の諸法則に転換する。(二四)

(二四)　それだから、人々はプルードンのずるさに驚くのである。彼は、資本主義的所有に対立させて商品生産の永遠の所有法則を有効にすることによって、資本主義的所有を廃止するというのであるから！

(614)

すでに見たように、単純再生産の場合でさえ、すべての前貸資本は――最初にどのようにして獲得されたものであれ――蓄積された資本または資本化された剰余価値に転化する。しかし、生産の流れのなかでは、およそ最初に前貸しされたすべての資本は、直接に蓄積された資本に比べると、すなわち資本に再転化された剰余価値または剰余生産物――いまそれが蓄積した人の手のなかで機能しているか、それとも他人の手のなかで機能しているかを問わず――に比べると、消滅していく大きさ（数学的意味での〝無限小〟）(二五)になる。だから経済学は、一般に、資本を「また新たに剰余価値の生産に用いられる蓄積された富」(二六)（転化された剰余価値または収入）として説明し、あるいはまた資本家を「剰余生産物の所有者」として説明する。現存するすべての資本は蓄積された利子または資本化された利子であるという表現は、同じ見方が別の形態をとっているにすぎない。というのは、利子は剰余

価値の単なる一断片にすぎないからである。(二七)

(二五)「資本とは利潤を得ようとして使用される蓄積された富である」(マルサス『経済学原理』〔二六二ページ。吉田訳、岩波文庫、下巻、八〇ページ〕)。「資本は……収入のうちから貯蓄され、利潤を獲得するために使用される富から成り立っている」(R・ジョウンズ『国民経済学教科書』、ハートフォード、一八五二年*、一六ページ〔大野訳『政治経済学講義』、二九ページ〕)。

(二六)「剰余生産物または資本の所有者」(Ch・W・ディルク)『国民的苦難の根源と救済策。ジョン・ラッセル卿への手紙として』、ロンドン、一八二一年〔四ページ。蛯原良一訳、所収、同『資本蓄積と失業・恐慌――リカードゥ、マルクス、マルサス研究』、法政大学出版局、二〇〇四年、二五〇ページ〕)。

(二七)「資本は、貯蓄された資本の各部分にたいする複利により、いっさいのものを奪い取るので、収入の源泉となる世界の富のすべてが、すでにかなり前から資本の利子となっている」(ロンドン『エコノミスト』一八五一年七月一九日号)。

*〔初版以来、「R・ジョウンズ『経済学講義』、ロンドン、一八三三年」となっていた。ヴェルケ版で訂正〕

第二節　拡大された規模での再生産にかんする経済学上の誤った見解

さて、蓄積、すなわち剰余価値の資本への再転化にかんする二、三のより詳しい規定にはいるまえに、古典派経済学によって生み出されたあいまいさをかたづけておかなければならない。

資本家が剰余価値の一部分で自分自身の消費のために買う諸商品は、彼には生産手段および価値増

[*1]殖手段として役立たないが、それと同様に、彼が自分の自然的および社会的欲求を満たすために買う労働も生産的労働ではない。資本家は、このような商品や労働の購買によっては、剰余価値を資本に転化させるのではなく、反対にそれを収入として消耗し、または支出するのである。ヘーゲルが正しく述べたように「そこに有るものはすべてたいらげてしまうことを本領とし」[*2]、またとりわけ、ぜいたくな人的サーヴィスを誇りとする旧貴族的心情とは対照的に、ブルジョア経済学にとって決定的に重要だったことは、資本蓄積を第一の市民的義務であると布告し、次のように倦《う》むことなく説教する(615)ことであった。かかる費用よりも多くのものをもたらす追加的な生産的労働者を獲得するために収入のかなりの部分を支出しないで、収入の全部を食い尽くしてしまうとすれば、蓄積はできない、と。他方、ブルジョア経済学は、通俗的偏見——資本主義的生産を蓄蔵貨幣の形成と混同し（二八）、したがってまた、蓄積された富とは、その現存する自然形態の破壊を、すなわち消費をまぬがれた、あるいは流通から救われた富であると考える通俗的偏見——とたたかわなければならなかった。貨幣を流通しないように秘蔵することは貨幣を資本として増殖するのと正反対であろうし、蓄財的意味での商品蓄積はまったく愚かなことであろう（二八a）。大量の商品蓄積は流通の停滞または過剰生産の結果である（二九）。確かに、この通俗的表象には、一方では富者の消費元本として積み立てられ、徐々に消耗される財貨[*3]のイメージがまぎれ込み、他方では、すべての生産様式に付随する現象である在庫形成——この現象については流通過程の分析のところでふれるであろう[*4]——がまぎれ込んでいる。

（二八）「現代の経済学者で貯蓄を単なる蓄蔵貨幣の形成と理解するような者はありえない。この簡略化された不完全なやり方を別にすれば、国民の富にかんして、この貯蓄という言葉を使う場合、貯蓄されたものの使い方の違い——それは貯蓄によって維持されるさまざまな種類の労働の現実的相違にもとづく——から生じざるをえない用法のほかにには考えられない」（マルサス『経済学原理』、三八、三九ページ〔吉田訳、岩波文庫、上巻、六一ページ〕）。

（二八a）　あらゆる色合いの貪欲を徹底的に研究したバルザックの考えはそうであって、彼は、老高利貸しのゴプセック[*5]が商品を積んで蓄財を始めると、この高利貸しは、すでに耄碌《もうろく》したとしている。〔フランス語版にもとづく第三版への注〕

（二九）「在庫《ストック》〔フランス語版では「商品」〕の蓄積……交換停止……過剰生産」（Th・コーベト『諸個人の富の原因および様式の研究』、〔ロンドン、一八四一年、〕一〇四ページ）。

*1〔フランス語版では、価値増殖に次の注が付されている。——「価値増殖《ヴァロリザシオン》という言葉は、価値をそれ自身の増殖手段とする運動を、もっとも正確に表現していると思われる」〕

*2〔ヘーゲル『法の哲学』、ベルリン、一八四〇年、第二〇三節、追加。藤野渉・赤沢正敏訳、『世界の名著』35、中央公論社、一九六七年、四三三ページ〕

*3〔フランス語版では、ここに次の注が付されている。——「ネッケルが『奢侈品およびぜいたく品』について、『時間がその蓄積を増大させた』と言い、『所有法則がそれを社会の唯一の階級のもとに集めた』と語っているのはこの意味においてである。『ネッケル氏著作集』、パリおよびローザンヌ、一七八九年、第二巻「フランス財政論」、二九一ページ」〕

*4〔本書、第二巻、第一篇、第六章、第二節「保管費」、参照〕

*5〔バルザックの小説『ゴプセック』などの作中人物〕

したがって、古典派経済学は、不生産的労働者によってではなく生産的労働者によって剰余生産物が消費されることを蓄積過程の特徴的契機として強調する限りでは、正しい。しかし、その誤りもまたここから始まる。A・スミスは、蓄積を、単に、生産的労働者による剰余生産物の消費として、または、剰余価値の資本化を、労働力への剰余価値の単なる転換として、説明することを流行させた。たとえばリカードウの言うところを聞いてみよう――「一国の生産物はすべて消費されるものと理解されるに違いない。しかし、それが別の価値を再生産する者によって消費されるのか、それともこれを再生産しない者によって消費されるのかによって、考えられる限りの最大の相違が生じる。収入が(616)貯蓄されて資本に追加されると言うとき、それが意味することは、収入のうち資本に追加されると言われる部分が、不生産的労働者ではなくて生産的労働者によって消費されるということである。資本が不消費によって増加すると想定することよりも大きな誤りはない」[(二〇)]。リカードウとその後のすべての人々がA・スミスの口真似[*1]をして、「収入のうち資本に追加されると言われる部分は生産的労働者によって消費される」と言っているが、これ以上に大きな誤りはない。この考え方によれば、資本に転化される剰余価値はすべて可変資本になるであろう。ところが、剰余価値は、最初に前貸しされた価値と同様に、不変資本と可変資本とに、生産手段と労働力とに、分かれる。労働力は、可変資本が生産過程の内部に存在するさいの形態である。この過程において、労働力そのものは資本家たちによって消費される。労働力は、その機能――労働――によって生産手段を消費する。それと同時に、労働力の購入に支払われた貨幣は生活手段に転化し、この生活手段は、「生産的労働」によってではなく「生産的労働者」によって消費される。A・スミスは根本的にまちがった分析によって次のような愚かな結論に到達した。すなわち、各個別資本は不変的構成部分と可変的構成部分とに分かれるとしても、社会的資本はただ可変資本のみに帰着する、すなわち労賃の支払いのみに支出される、というのである[*2]。たとえば、ある織布工場主が二〇〇〇ポンドを資本に転化するとしよう。彼は、この貨幣の一部分を織布工の雇い入れに支出し、他の部分を毛糸や毛織機械などに支出する。しかし、彼が糸や機械を買う相手の人々は、さらにその代金の一部をもって労働に支払う、以下同様に、ついには、この二〇〇〇ポンドの全部が労賃の支払いに支出される、すなわちこの二〇〇〇ポンドで代表される生産物の全部が生産的労働者によって消費され尽くす、というわけである。おわかりのとおり、この議論の全支点は「以下同様に」という言葉にあるが、これがわれわれをポンテオからピラトへと追い[*3]立てる[*4]。実際、A・スミスは、ちょうど研究が困難になろうとするところで研究を打ち切ってしまう(三一)。

(三〇) リカードウ『経済学および課税の原理』、一六三ページの注〔堀訳『リカードウ全集』I、一七五ページ〕。

(三一) J・St・ミル氏はみずから『論理学』[*5]を著わしているのに、彼の先行者たちのこうした誤った分析にたいしてさえ、どこにおいてもその秘密を見抜いていない。しかもブルジョア的地平においてさえ純専門的立場から訂正が求められているのである。彼は、いたるところで、弟子にふさわしい教条主義によって、彼の師匠たちの思想の混乱を記録している。次の言葉もそうである——「長い目で見れば、資本そのものはまったく賃銀になるのであって、生産物の販売によって回収されるとしても、ふたたびまた賃銀になる」[*6]。

＊1 〔アダム・スミス『諸国民の富』、第二篇、第三章参照。大内・松川訳、岩波文庫、(二)、三五二ページ〕

＊2 〔「A・スミスは」以下は、フランス語版では次のようになっている——「蓄積から生じる追加的な価値

額は、ほかのあらゆる価値額と同じ方法で資本に転化されるのであるから、蓄積にかんするアダム・スミスの誤った学説は、明らかに、資本主義的生産にかんする彼の分析の根本的誤謬からのみ生じうる。というのは、彼は、すべての個別資本は不変部分と可変部分とに、つまり賃銀と生産手段の価値とに分かれるとしても、個別諸資本の総和、すなわち社会的資本についてはそうではない、と断言しているからである。社会的資本の価値は、反対に、それが支払う賃銀の総額に等しい、言い換えれば社会的資本は可変資本にすぎない、というのである」〕

*3〔「あちらこちらへ」「次から次へ」を意味する、新約聖書、ルカ、二二、二三に由来する言い回し。ポンテオ・ピラトはローマのユダヤ総督（在任、紀元後二六―三六年）。キリストが裁判のために、大祭司カヤパから総督ピラトへ、ピラトからヘロデ王へ、ヘロデ王からふたたびピラトへとたらい回しにされ、最後にピラトにより死刑の判決を受けたという話にちなむ〕

*4〔「これがわれわれを」以下は、フランス語版では次のようになっている――「この言葉〔「以下同様」〕は、われわれをカヤパからピラトまで追いやり、資本家の手中から不変資本、すなわち生産手段の価値が消えうせてしまうことをほのめかしもしない」〕

*5〔『推理的・帰納的論理学体系』、全二巻、ロンドン、一八四三年。大関将一・小林篤郎訳『J・S・ミル論理学体系』、春秋社、一九四九―一九五九年〕

*6〔出典不明。ただし、ミル『経済学原理』、末永茂喜訳、岩波文庫、㈡、一九六〇年、第二篇、第一五章、六節、四一一―四一三ページ、および同『経済学試論集』、同前訳、岩波文庫、一九三六年、一二四ページ以下に同趣旨の記述がある〕

年[*1]総生産の元本のみに注目する限りは、年々の再生産過程は容易に理解できる。しかし、年生産のすべての構成部分が商品市場にもち出されなければならないのであって、そこから困難が始まる。個別諸資本と個人的諸収入の運動が、全般的な場所変換――社会的富の流通――のなかで交錯し、まじり合い、消失するのであり、この全般的な場所変換が見る目を混乱させ、非常にもつれた課題の解決を研究に提起する。第二部、第三篇において、私は、現実的な連関の分析を行なうであろう。――流通から出てくるさいの姿態で年生産の形象を示すという試みを彼らの〝経済表〟[*2]のなかではじめて行なったことは、重農主義者の大きな功績である。(三二)

(三三)　A・スミスは、再生産過程の、したがってまた蓄積の説明では、多くの面から見て、彼の先行者とりわけ重農主義者に比べてなんら前進していないだけでなく、決定的に後退している。本文で述べた彼の錯覚とかかわりあるものに、やはり彼から経済学に遺されたまことに荒唐無稽なドグマがある。それは、商品の価格が労賃、利潤（利子）、および地代から、すなわち労賃および剰余価値だけから構成されているというドグマである。[*3]この土台から出発して、少なくともシュトルヒはばか正直に告白している――「必要価格をそのもっとも単純な諸要素に分解することは不可能である」（シュトルヒ『経済学講義』、ペテルブルク版、一八一五年、第一巻、一四〇ページ〔正しくは第二巻、一四一ページ〕の注）。商品の価格をそのもっとも単純な諸要素に分解することが不可能だと宣言するとは、なんとみごとな経済科学であろう！　これについてより詳細には、第二部、第三篇、および第三部、第七篇[*4]で論究される。

*1〔この段落と次の段落は、フランス語版にもとづいて第三版で改訂された〕

*2〔ケネーはその著『経済表』（一七五八年）で、はじめて社会的総資本の再生産と循環の表式的解明を試みた。平田清明・井上泰夫訳『ケネー　経済表』、岩波文庫、二〇一三年〕

＊3〔A・スミス『諸国民の富』、前出訳、㈠、一九五―一九六ページ〕

＊4〔「第二部、第三篇、および第三部、第七篇」は、初版以来「第三部、第七章」となっていたが、第二部を刊行したエンゲルスによって、第四版で「第二部、第三篇、および」が加えられるとともに、第二版での篇章構成への変更にともなって「第三部、第七篇」と訂正された〕

なお、純生産物のうちから資本に転化される部分はすべて労働者階級によって消費されるというA・スミスの命題を、経済学が資本家階級のためにぬかりなく利用したのは、当然のことである。

第三節　剰余価値の資本と収入とへの分割。節欲説

われわれは剰余価値または剰余生産物を、前章では資本家の個人的な消費元本としてのみ考察し、(618) 本章ではこれまでのところ蓄積元本としてのみ考察してきた。しかし、剰余価値は、単に前者だけでも後者だけでもなく、同時に両者なのである。剰余価値の一部分は資本家によって〝収入〟として消費され、(三三)他の一部分は資本として使用または蓄積される。

(三三)　読者も気づかれるであろうが、〝収入〟という言葉は二重の意味に用いられている。すなわち、第一に、周期的に資本から生み出される果実としての剰余価値を表わすために。第二には、この果実のうち資本家によって周期的に消費される部分、すなわち彼の消費元本に加えられる部分を表わすために。私はこの二重の意味を存続させた。というのは、それがイギリスやフランスの経済学者たちの用語法と調和するからである。

剰余価値の総量が与えられている場合には、この両部分の一方が小さければ小さいほど、それだけ他方は大きいであろう。他のすべての事情を不変とすれば、この分割が行なわれる比率が蓄積の大きさを規定する。ところが、この分割を行なう者は、剰余価値の所有者、すなわち資本家である。したがって、この分割は資本家の意志行為である。彼が取り立てる貢物のうち、彼が蓄積する部分について、人は、彼がそれを節約するのだ、と言う。なぜなら、彼がそれを食い尽くしてしまわないからであり、資本家としての自分の機能、すなわち自分を富ませるという機能を果たすからである。

＊〔この段落は、フランス語版にもとづいて第三版で簡略化された〕

資本家は、人格化された資本である限りにおいてのみ、一つの歴史的価値をもち、また、機知に富んだリヒノフスキが言うように、いかなる日付もないではない＊あの歴史的存在権をもつ。その限りでのみ、彼自身の一時的な必然性が、資本主義的生産様式の一時的な必然性のうちに含まれる。しかし、その限りではまた、使用価値と享受ではなく、交換価値とその増殖とが、彼の推進的動機である。価値増殖の狂信者として、彼は容赦なく人類を強制して、生産のために生産させ、したがって社会的生産諸力を発展させ、そしてまた、各個人の完全で自由な発展を基本原理とするより高度な社会形態の唯一の現実的土台となりうる物質的生産諸条件を創造させる。資本の人格化としてのみ、資本家は尊敬に値する。このようなものとして、彼は貨幣蓄蔵者と同様に、絶対的な致富衝動をもっている。しかし、貨幣蓄蔵者の場合に個人的熱狂として現われるものが、資本家の場合には社会的機構の作用なのであって、この機構のなかでは彼は一個の動輪にすぎない。そのうえ、資本主義的生産の発展は、一つの産業的企業に投下される資本が絶えず増大することを必然化し、そして競争は個々の資本家にたいして、資本主義的生産様式の内在的諸法則を外的な強制法則として押しつける。競争は資本家に強制して、彼の資本を維持するために絶えず資本を拡大させるのであるが、彼は累進的蓄積によってのみそれを拡大することができる。

＊〔シュレージエン〔現在はポーランド南西部を中心とする地方。当時はプロイセン領〕の反動的な大地主リヒノフスキが使った言葉。彼は、一八四八年八月三一日のフランクフルト国民議会で、ポーランドの独立の歴史的権利を攻撃する演説を行なった。そのさい、この歴史的権利には「日付がない」と言うべきところを、「いかなる日付もないではない」と発言し、出席者の爆笑をかった。エンゲルス「フランクフルトにおけるポーランド討論」、『新ライン新聞』一八四八年九月一日付（邦訳『全集』第五巻、三五二―三五五ページ）参照〕

（619）

だから、資本家のすることとなすことが、彼において意志と意識を付与された資本の機能にほかならない限りでは、彼自身の私的消費は、彼にとっては資本蓄積から盗み取ることを意味するのであって、それはちょうど、イタリア式簿記では私的支出が資本にたいする資本家の借方として現われるのと同じである。蓄積は社会的富の世界の征服である。それは搾取される人間材料の総量を拡大するのと同時に、資本家の直接的かつ間接的な支配を拡大する。(三四)

(三四)　ルターは、絶えず繰り返して現われるにしても古風な資本家の形態である高利貸しの姿のなかに、非常にうまく支配欲を致富衝動の要素として描き出している。「異教徒は理性にもとづいて、高利貸しは四重の盗人で人殺しである、と考えることができた。ところがわれわれキリスト教徒は、彼らの貨幣のために彼らを拝まんばかりに敬っている。……他人の食糧を吸い尽くし、奪い、盗む者は、人を餓死させ滅ぼす者とちょうど同じほど大きな殺人の罪を（彼らの力がおよぶ限りで）犯すのである。ところが、高利貸しはこんな罪を犯しながら安らかに椅子にすわっているが、彼はむしろ絞首台につるされて、彼が盗んだグルデン貨幣の数ほどのカラスによって――そんなに多数のカラスがつついて分け合うことができるほどの肉が彼についているならば――食われて当然である。であるのに、小盗人はくびられてしまう。……小盗人は枷《かせ》をはめられ、大盗人は金や絹できらびやかに身を飾る。……したがってこの世には（悪魔に次いで）守銭奴と高利貸しにまさる人類の敵はいない。というのは、彼は万人の上に立つ神たらんとしているからである。トルコ人や武人や暴君も悪人ではあるが、彼らは人民を生かしておかなければならないし、自分が悪人であり敵であることを告白しなければならない。またときにはある人々を哀れむこともあろうし、また実際に哀れんでいるに違いない。ところが高利貸しや守銭奴はと言えば、全世界を彼の力のおよぶ限り飢えと渇き、悲しみと苦しみのうちに滅ぼして、いっさいの物を自分一人の手中に収め、そして各人には神から受け取るように彼から受け取らせ、永遠に彼の奴隷にしようと欲している。ゆったりした服、金の鎖、指輪を身につけ、口をぬぐって、高貴で敬虔な人間だと思われたり称賛されたりしたいのである。……高利貸しは人狼のような巨大で恐ろしい怪物であって、どんなカクスやゲリュオンやアンタイオス〔いずれもギリシア神話に出てくる怪物〕にもまして、あらゆるものを荒らし回る。しかも自分自身をとりつくろい敬虔らしく見せかけるので、彼が自分の洞窟にうしろ向きにして引き入れた牡牛がどこへ行ったかは人目にはわからない。しかし、ヘラクレス〔ギリシア神話の英雄〕は牡牛やとらわれた人々の叫び声を聞きつけ、そして断崖絶壁のなかにカクスをさがし出し、牡牛をふたたび悪漢の手から解放するであろう。というのは、カクスとは、信心深そうに装う高利貸しで、あらゆるものを盗み、奪い、食い尽くす悪漢のことだからである。そのうえ、自分がやったのではないようなふりをし、だれにもみつからないつもりでいる。というのは、うしろ向きに彼の洞窟へ引き入れられた牡牛は、外へ引き出されたかのように見え、そのように足跡もつけられているからである。こうして高利貸しは、自分が世に有用な人物であり、世の人に牡牛を与えるかのように見せかけて世の人をあざむこうとするのであるが、その実、彼は、牡牛を自分だけでせしめて食べてしまう。……追いはぎや人殺しや強盗を車裂きにしたり首をはねたりするのだから、高利貸しにいたってはなおさらのこと、残らず車裂きにして殺し……追い払い、のろい、首をはねるべきである」（マルティーン・ルター『牧師諸氏に、高利に反対するように説く』〔ヴィッテンベルク、一五四〇年〕）。

(620)

しかし、原罪[*1]はいたるところで作用する。資本主義的生産様式、蓄積、および富の発展につれて、資本家は資本の単なる化身ではなくなる。彼は自分自身のアダム〔欲望〕に「人間らしい感動[*2]」を覚え、禁欲に熱中することを古風な貨幣蓄蔵者の偏見として嘲笑するようになる。古典的資本家は、個人的消費を、自分の職分に反する罪悪であり、かつ蓄積の「節制」だと刻印を押すのにたいし、近代化された資本家は、蓄積をみずからの享楽衝動の「禁欲」だと理解することができる。「ああ、彼の胸には二つの魂が宿っているのだ。その一つはもう一つから離れたがっている！[*3]」

＊1〔アダムとエバが神にそむいて犯した罪は、子孫である全人類に伝わり、人は生まれながらにして罪を負うと言われる（旧約聖書、創世記、三・一―二四参照）〕

＊2〔シラーの物語詩「人質」の言葉。手塚富雄訳、『世界文学大系』18、筑摩書房、一九五九年、一三ページ〕

＊3〔ゲーテ『ファウスト』第一部、「市門の前」でのファウストの言葉の言い換え。手塚富雄訳、中公文庫、

悲劇第一部、一七四年、八三ページ参照〕

資本主義的生産様式の歴史的端緒――成り上がり者の資本家は、いずれもこの歴史的段階を個人的に通過する――では、致富衝動と吝嗇《りんしょく》とが絶対的情熱として支配的である。しかし、資本主義的生産の進展は、享楽の世界を創造するだけではない。それは投機や信用制度とともに、突然の致富の無数の源泉を開く。ある一定の発展度に達すれば、富の誇示であると同時に信用の手段でもある世間なみの浪費が、「不幸な」資本家のむしろ営業上の必要となる。奢侈《しゃし》が資本の交際費にはいり込む。もともと資本家は、貨幣蓄蔵者と違って、彼の個人的労働や彼の個人的不消費に比例して富裕になるのではなく、彼が他人の労働力を搾取する程度、また労働者に生活上の享楽をすべて禁欲するよう強制する程度に応じて富裕となる。だから、資本家の浪費は、放縦な封建領主の浪費のような、〝あけっぴろげな〟性格をもっているのではなく、その背後には、むしろつねにもっともきたならしい貪欲ともっともこせこせした打算が潜んでいるとはいえ、それでも彼の浪費は彼の蓄積につれて増大するのであって、一方が他方を中断させるわけではない。それと同時に、資本家個人の気高い胸のうちでは、蓄積衝動と享楽衝動とのあいだでファウスト的葛藤が展開される。

エイキン博士が一七九五年に公刊した著書には、次のように述べられている――「マンチェスターの工業は四つの時期に区分することができる。第一期には、工場主たちは自分たちの生計のために激しく労働せざるをえなかった」。彼らはとくに徒弟の親たちから盗むことによって富をなした。これらの親は息子たちを工場主のもとへ徒弟にやり、そのために多額の謝礼を支払わなければならなかっ

（621）たのに、徒弟たちは飢えさせられた。他方では、平均利潤が低く、蓄積には多大の節約を必要とした。彼らは貨幣蓄蔵者のような暮らしをし、自分の資本の利子を食べ尽くすことなど一度もなかった。「第二期に、彼らはすでにわずかな財産を獲得しはじめたが、以前と同様に激しく働いた」――どの奴隷使役者も知っているように、労働の直接的な搾取には労働が必要だからである――「そして、彼らは以前と同様につつましく暮らしていた。……第三期には奢侈が始まり、騎手」〔騎馬で行く外交員〕「を派遣して、王領内のすべての市場都市で注文をとることによって事業が拡張された。おそらく、一六九〇年以前には、工業で獲得された、三〇〇〇ないし四〇〇〇ポンドの資本というものは、ほんのわずか存在するか皆無であった。しかし、ほぼこの時期には、またもう少しあとになると、産業家たちはすでに貨幣を蓄積していて、木造やしっくい造りの家ではなく、石造の家を建てはじめた。……まだ一八世紀の初期のころには、マンチェスターのある工場主が一パイント〔約〇・五七リットル〕の外国産ワインを客に出したといって、近所中の酷評と非難を浴びた」。機械が出現するまでは、工場主たちが居酒屋に集まったときの一晩の出費が、一杯のポンス*代六ペンスと一包みのタバコ代一ペニーを超えることは決してなかった。やっと一七五八年に――そしてこれは画期的なことであるが――「実際に事業に従事している人で自分の馬車を持っている者が一人！」現われた。一八世紀最後の三分の一期である「第四期は、大いなる奢侈と浪費の時代である。これは事業の拡張によって支えられていた」（二五）。このお人よしのエイキン博士が、もしもこんにちマンチェスターでよみがえったなら、彼はなんと言うだろうか！

（三五）　エイキン博士『マンチェスター周辺三〇―四〇マイルの地方にかんする記述』、ロンドン、一七九五年、一八二ページ〔正しくは一八一ページ〕以下。

＊〔アラック酒、砂糖、レモン液、茶、水などからなる飲料〕

蓄積せよ、蓄積せよ！　これがモーセであり、予言者たちである！[＊1]「勤勉は材料を供給し、この材料を節約が蓄積する」[三六]。だから節約せよ、節約せよ、すなわち、剰余価値または剰余生産物のうち、できる限り大きな部分を資本に再転化せよ！　蓄積のための蓄積、生産のための生産、この定式で古典派経済学はブルジョア時代の歴史的使命を表明した。古典派経済学は、富の生みの苦しみについては決して思い違いはしなかったが[三七]、歴史的必然性について嘆いてもなんの役に立つのか？　古典派経済学にとって、プロレタリアが単に剰余価値生産のための機械としてのみ意義をもつとすれば、資本家もまた古典派経済学にとっては、この剰余価値を追加資本に転化するための機械としてのみ意義を
(622) もつ。古典派経済学は、資本家の歴史的機能を真剣に問題にする。資本家の胸中を享楽衝動と致富衝動との不幸な葛藤から守ろうとして、マルサスは、今世紀〔一九世紀〕二〇年代のはじめに、ある分業を擁護したが、それは、実際に生産にたずさわる資本家には蓄積の仕事を割り当て、剰余価値の分配にあずかるその他の人々――土地貴族、国や教会からの受禄者など――には浪費の仕事を割り当てる、というものである。彼は、「支出への情熱と蓄積への情熱を分離させておくこと」[三八]がもっとも重要である、と言っている。かなり以前から道楽者や社交家に転じていた資本家諸氏は〔反対して〕わめきたてた。彼らの代弁者の一人であるリカードウ学派のある人物は叫んだ。なんと、マルサス氏が

高い地代、高い税などを説教するのは、不生産的消費者によって産業家に絶えず刺激を与えておくためである！　たしかに合い言葉《シボーレト》[*2]は、生産、絶えず拡大される規模での生産となっているが、しかし、「生産はそのようなやり方では、促進されるどころか、かえってさまたげられる。また多くの人々は、もし諸君が彼らに働くことを強制しうるならば、その性格から判断しておそらく立派に働くであろうと思われるのに、彼らをただ他人をつねって刺激を与えるためにだけ仕事をさせないでおくということは、まったく公平とは言えない[(三九)]」。このようにこの人物は、産業資本家からうまい汁を吸い取ってしまうことによって、産業資本家を蓄積にかり立てることを不公平だと見るが、その彼が「労働者を勤勉にしておくためには」賃銀をなるべく最低額に抑えることが必要だと考えるのである。また彼は、不払労働の取得が貨殖の秘密であることを一瞬たりとも隠しはしない。「労働者たちの側からの需要が増大するということは、彼ら自身の生産物のうちから自分自身のためにはより少なく受け取り、より大きい部分を彼らの雇い主に引き渡そうという彼らの意向以外のなにものをも意味しない。そしてこのことが消費の減少」（労働者の側における）「によって〝供給過剰〟」（市場過充、過剰生産）「を生み出す、と言う人がいるとすれば、私はただ、〝供給過剰〟は高利潤と同義だ、と答えることができるだけである[(四〇)]」。

（三六）　A・スミス『諸国民の富』第三篇（正しくは第二篇）、第三章（大内・松川訳、岩波文庫、㈡、三五一ページ）。

（三七）　J・B・セーでさえもが言う――「富める者の貯蓄は、貧しい者の犠牲において行なわれる[*3]」と。「ローマのプロレタリアはほとんどまったく社会の費用で暮らしていた。……近代社会はプロレタリアの費用で、すなわち、社会がプロレタリアの労働の報酬から奪う部分によって生活していると言いうるであろう」（シスモンディ『経済学研究』第一巻、二四ページ）。

(三八)　マルサス『経済学原理』、三一九、三二〇ページ〔正しくは三二五、三二六ページ〕〔吉田訳、岩波文庫、下巻、二〇七ページ〕。

(三九)　〔S・ベイリー〕『近時マルサス氏の主張する需要の性質……にかんする諸原理の研究』、〔ロンドン、一八二一年、〕六七ページ。

(四〇)　同前、五〇〔正しくは五九〕ページ。

＊1〔これが主要なことであり、これが第一の戒律である、という意味。古代キリスト教の伝承によると、旧約聖書の骨格をなす諸篇は、モーセと他の予言者によって書かれた。右の言葉はここから生まれた。新約聖書、ルカ、一六・二九―三一、マタイ、二二・四〇、参照〕

＊2〔ギレアデとエフライムの戦争のときに、ギレアデ人がエフライム人を見分けるため、「シボレテ」（ヘブル語で「あふれる川」を意味する）と言わせて、「セボレテ」としか発音できない者をエフライム人として殺したという物語にちなむ。旧約聖書、士師記、一二・五―六、参照〕

＊3〔コラン『経済学。革命といわゆる社会主義的ユートピアとの源泉』第三巻、パリ、一八五七年、三四一ページ〕

(623)　労働者から吸い上げた獲物を、産業資本家と怠惰な土地所有者などとのあいだでどのように分配すれば蓄積のためにもっとも有効であるか、という学者たちの争論は、七月革命[*1]の前に鳴りを潜めた。その後間もなく、都市プロレタリアートはリヨンで出動準備の鐘を打ち鳴らし、農村プロレタリアートはイギリスで焼打ちを行なった。[*2] 海峡のこちら側ではオウエン主義が、あちら側ではサン・シモン主義とフーリエ主義が広がった。俗流経済学の最期を告げる鐘はすでに鳴っていた。ナッソー・W・シーニアが、資本の利潤（利子を含む）は不払いの「最後の一二時間目の労働時間」の産物である、[*3] ということをマンチェスターで発見するちょうど一年前に、彼はもう一つ別の発見を世に発表していた。彼はもったいぶって言った——「私は、生産用具として考えられるならば、資本という言葉の代わりに、節欲（節制）という言葉を用いる」[(四一)]と。これこそ俗流経済学の「発見」の絶好の見本である！　俗流経済学は、経済学的カテゴリーを追従家的空語と取り替える。〝それだけのことである〟。シーニアは講義する——「未開の人が弓をつくるとき、彼は一つの事業を行なうが、しかし節欲は実践しない」と。これは、初期の社会状態においては、どのように、またなぜ、資本家の「節欲なしに」労働手段がつくられたかを説明している。「社会が進歩すればするほど、社会はますます節欲を要求する」[(四二)]。すなわち、他人の勤労《インダストリエ》とその生産物とを取得するために、事業《インダストリエ》を営む人々の節欲が要求される。労働過程のすべての条件は、このときから、資本家による、それと同じだけの節欲行為に転化する。穀物は食べられるだけでなく播《ま》かれもする、ということは資本家の節欲なのだ！　ワイ(624)ンに醗酵のための時間が与えられる、ということも資本家の節欲なのだ！[(四三)]　資本家が「生産用具を労働者に貸す」（！）場合には、言い換えれば、蒸気機関、綿花、鉄道、肥料、輓《ひき》馬などを消費してしまわないで、または俗流経済学者の子供じみた考え方によれば、「それらの物の価値」を奢侈品その他の消費手段に使い果たしてしまわないで、これらの生産用具に労働力を合体させて資本として増殖させる場合には、彼は自分自身のアダム〔欲望〕を奪うのである。(四四) それを資本家階級がどのように行なうかは、俗流経済学によってこれまで固く守られてきた秘密である。要するに、世界は、この資本家というヴィシュヌ神*4の近代的な贖罪者が自分に難行苦行を課すことによってのみ生きている、ということでこと足りるのである。蓄積のみならず、単純な「資本の維持さえも、〔……〕それを食い尽くそうとする誘惑に抗するための不断の努力を必要とする」。(四五) したがって、単純な人道は、明らかに、資本家を殉教と誘惑から解放することを命じている。それは、ジョージア州の奴隷所有者が、最近、奴隷制廃止によって、黒人奴隷から鞭でたたき出した剰余生産物をすっかりシャンパンに使い果たすべきか、それともその一部分をより多数の黒人とより広い土地とに再転化させるべきか、という苦しいジレンマから解放されたのと同じことである。

(四二)　シーニア『経済学の基本原理』、アリヴァベーネ訳、パリ、一八三六年、三〇八〔正しくは三〇九〕ページ。これは旧古典派の支持者たちにとってはあまりにもばかばかしいことであった。「シーニア氏は労働および資本という表現を、労働および節欲という表現にすり替える。……節欲とは単なる否定である〔この句はマルクスによる〕。利潤の源泉をなすのは節欲ではなく、生産的に用いられる資本の使用である」（ジョン・キャザノウヴ編、マルサス『経済学における諸定義』、一三〇ページの注〔小松訳、実業之日本社、三一三ページ〕）。これにたいし、ジョン・スチュアト・ミル氏は、一方でリカードウの利潤論を抜粋し、他方ではシーニアの「〝節欲の報酬〟」説をも取り入れている。すべての弁証法の湧出源であるヘーゲル的「矛盾」は、彼にはまったく無縁であるが、ありきたりの矛盾には彼もなじみが深い。

第二版への追加。俗流経済学者は、人間のあらゆる行為はその反対の行為の「節制」だと理解しうる、という簡単な反省すらしたことがない。食事は断食の節制、歩行は停止の節制、労働は怠惰の節制、怠惰は労働の節制、等々。諸君はスピノーザの言葉、〝規定は否定である〟[*5]、について一度考えなおしてみるがいい。

(四二)　シーニア、同前、三四二〔、三四三〕ページ。

(四三)「だれも……追加的価値を得ることを期待するのでなければ、……たとえば、自分の小麦やワインまたはそれらの物の等価物をすぐ消費してしまわないで、小麦を播いて一年も地中に埋めておいたり、ワインを何年も地下の酒蔵にねかしておいたりはしないであろう」（スクループ『経済学』、A・ポッター編、ニューヨーク、一八四一年、一三三、一三四ページ〔正しくは一三三ページ〕[*6]）。

(四四)「資本家が、彼の生産手段の価値を、有用なあるいは快適な物に変えて自分自身の使用に充てる代わりに、生産手段を労働者に貸し出す」（この美化された言い回しは、俗流経済学の折紙つきのやり方に従って、産業資本家によって搾取されている賃労働者と、貸付資本家から借金する産業資本家自身とを同一視するために使われているのだ！）「ことによってみずからに課する不自由」（G・ド・モリナリ『経済学研究』、三六ページ）。

(四五)　クルセル－スヌイユ『工業、商業、農業の理論的および実践的概論』〔第二版、パリ、一八五七年〕、二〇ページ。

＊1〔一八三〇年七月、フランスに起こった革命〕

＊2〔一八三一年のリヨンの絹職工の決起およびイギリスのスイング一揆（農村労働者が穀物や脱穀機などを焼打ちした）〕

＊3〔本巻、第三篇、第七章、第三節参照〕

＊4〔ヒンズー教の三主神の一つ。世界の創造神であるブラフマー、破壊神であるシヴァにたいし、ヴィシュヌは世界を維持し、生類に慈悲を施すと言われる〕

＊５〔一六七四年六月二日付のスピノーザの手紙（畠中尚志訳『スピノザ往復書簡集』、岩波文庫、一九五八年、二三九ページ）。ヘーゲルはこの命題を発展させた〕

＊６〔マルクスが引用した『経済学。その対象、効用、および原理』、ニューヨーク、一八四一年はポッターの著書である。ただしこの書の大部分は、スクループの著作『経済学原理』、ロンドン、一八三三年の転載となっている〕

きわめて多様な経済的社会構成体のもとでは、単純再生産が行なわれるばかりでなく、基準が異なるとはいえ、拡大された規模での再生産が行なわれる。累進的により多く生産され、より多く消費され、したがってより多くの生産物が生産手段に転化される。しかしこの過程は、労働者にたいして彼の生産手段が、したがってまた彼の生産物および生活手段が、まだ資本の形態をとって対立するにいたらないあいだは、資本の蓄積としては現われず、それゆえまた資本家の機能としては現われない。(四六)
(625)数年前に没したリチャード・ジョウンズ――彼はヘイリバリーの東インド大学での経済学講座をマルサスから引き継いだ人である――は、二つの重大な事実によってこの点をうまく論じている。インド人民の最大の部分は自営農民であるから、彼らの生産物、労働手段および生活手段も、決して「他人の収入から貯蓄された、したがって蓄積という先行過程を通過した元本の形態では(四七)」存在しない。他方では、イギリスの支配による旧体制の解体がもっとも少なかった地方では、非農業労働者たちは豪族によって直接に雇われており、この豪族のもとに農業剰余生産物の一部分が貢納または地代として流れ込む。この生産物の一部分は豪族によって自然形態で消費され、他の部分は豪族たちのために労働者の手で奢侈品その他の消費手段に転化され、そして残りの部分が、自分たちの労働用具の所有者である労働者たちの報酬となる。ここでは生産および拡大された規模での再生産は、かの奇妙な聖者、かの悲しげな姿の騎士、「禁欲する」資本家がいっさい介在することなく進行するのである。

（四六）「国民的資本の進歩にもっとも多く貢献する特殊な所得部類は、その進歩の段階が異なるにつれて変化する。したがってそれは、この進歩の異なった地位にある諸国民のもとではまったく異なっている。……利潤は……社会の初期の段階では、賃銀や地代に比べれば、蓄積の重要な源泉ではない。……国民的勤労の諸力にいちじるしい成長が実際に生じた場合には、利潤が蓄積の源泉として、より重要なものとなる」（リチャード・ジョウンズ『国民経済学教科書』、一六、〔二〇〕二一ページ〔大野訳『政治経済学講義』、三〇、三七ページ〕）。

（四七）同前、三六ページ以下〔同前訳、六六ページ以下参照〕。｛第四版のために。これはきっと見まちがいであろう。――この個所はみつからなかった。――F・エンゲルス｝〔これはエンゲルスの思い違いであろう。本訳書、第一巻、五四ページの最初の訳注＊参照〕

第四節　剰余価値の資本と収入とへの比例的分割から独立して蓄積の規模を規定する諸事情——労働力の搾取度、労働の生産力、使用される資本と消費される資本との差額の増大、前貸資本の大きさ

剰余価値が資本と収入とに分裂する比率を与えられたものと前提すれば、蓄積される資本の大きさは、明らかに剰余価値の絶対的な大きさによって定まる。かりに、八〇%が資本化され、二〇%が消(626)費されたとすると、総剰余価値が三〇〇〇ポンドだったか、一五〇〇ポンドだったかに応じて、蓄積される資本は二四〇〇ポンドとなり、あるいは一二〇〇ポンドとなるであろう。このように、蓄積の大きさの規定にさいしては、剰余価値の総量を規定する諸事情のすべてが一緒に作用する。われわれは、ここでもう一度これらの事情を、それが蓄積にかんして新たな観点を提供する限りで、概括しよう。

剰余価値率はまず第一に労働力の搾取度に依存する、ということが想起される。[*1] 経済学はこの役割を非常に重視するあまり、ときには労働の生産力の上昇による蓄積の促進を、労働者の搾取の強化による蓄積の促進と同一視するほどである。(四八) 剰余価値の生産にかんする諸篇では、労賃は少なくとも労働力の価値に等しいということがつねに想定されていた。けれども、実際の運動では、労賃をこの価値よりも強制的に引き下げることがあまりにも重要な役割を演じているので、われわれはしばらくこ

の点について論じざるをえない。この引き下げは、実際、一定の限界内で、労働者の必要消費元本を資本の蓄積元本に転化する。*2

(四八)「リカードウは言う――『社会の段階が異なれば、資本の蓄積、すなわち労働を使用する』〔すなわち、搾取する〕『手段の蓄積の速度は異なるが、いずれにせよ、この蓄積は労働の生産諸力に依存せざるをえない。労働の生産諸力は、一般に、肥沃な土地が豊富にあるところで最大である』と。この命題のなかでの労働の生産諸力が、各生産物のうち、自分の手労働でそれを生産する人々のものとなる可除部分の少ないことを意味するならば、この命題は同義反復である。なぜなら、その残りの部分は、もしその所有者が欲するならば、それから資本を蓄積しうる元本だからである。しかし、このようなことは、土地がもっとも肥沃なところでは普通行なわれない」（〔H・ブルーム〕『経済学におけるある種の用語論争の考察』、七四ページ）。

＊1〔本訳書、第一巻、五三六ページ参照〕

＊2〔ここまでの二段落は、フランス語版にもとづき第三版で改訂された〕

J・St・ミルは言う――「労賃はどんな生産力ももたない。労賃は一個の生産力の価格である。労賃は労働そのものとならんで商品生産に貢献しないが、それは、機械そのものの価格が貢献しないのと同じである。買わなくても労働が得られるとすれば、労賃は不要であろう」(四九)と。しかし、もし労働者が空気だけで生きていけるなら、彼らはどんな価格でも買うことはできないであろう。したがって、労働者がただであるということは数学的意味での極限なのであって、絶えず近づくことはできても決して到達することはできない。労働者をこの虚無的な立場に〔彼らの価格をゼロに〕引き下げようとす(627)るのは、資本の変わらぬ傾向である。私がしばしば引用する一八世紀の著述家、『工業および商業に

(628)
かんする一論』の著者〔ジョン・カニンガム〕が、イギリスの労賃をフランスやオランダの水準にまで引き下げることをイギリスの歴史的死活問題だと説くとき[五〇]、彼はイギリス資本の魂の内奥の秘密を漏らしているに過ぎない。とりわけ彼は素朴に言う――「しかし、わが貧民」〔労働者を表わす術語〕「がぜいたくに暮らしたいと思うならば……彼らの労働は当然高いものになるに違いない。……ブランデー、ジン、茶、砂糖、外国産果物、強いビール、捺染もののリンネル、嗅ぎタバコ、喫煙タバコなどという、わがマニュファクチュア労働者たちによって消費されるおびただしい量のぜいたく品のことを考えてみるがよい[五一]」。彼はノーサンプトンシャー〔イングランド中部の州〕の一工場主が書いたものを引用しているが、この工場主は天を仰いで嘆く――「労働はフランスではイギリスでよりも実に三分の一も安い。というのも、フランスの貧民たちは過酷な労働をするが衣食は粗末であり、彼らのおもな食物は、パン、果物、野菜、根菜、および乾魚だからである。すなわち、彼らはごくまれにしか肉を食べず、また小麦が高価なときには、パンもごくわずかしか食べないからである[五二]」。この論者はさらに続けて言う――「そのうえさらに、彼らの飲物はと言えば、水かまたはそれに似た弱いリキユール酒であるから、実のところ彼らはおどろくほどわずかな金しかつかわない。……このような事態にもっていくことは確かに困難ではあるが、しかし、フランスでもオランダでも、実際にそうなっていることがはっきり証明しているように、それはできないことではない[五三]」。その二〇年後に、アメリカの詐欺師で貴族《バロン》に列せられた北米人のベンジャミン・トムスン（すなわちラムフォード伯）は、同じ博愛の道を通って神と人類の大きな満足をかちえた。彼の『論集』は、労働者の高価な常用食を代用品に取り替えるためのあらゆる調理法を載せた料理本である。この奇妙な「哲人」の、とくに優秀な調理法は次のものである――「大麦五重量ポンド、とうもろこし五重量ポンド、三ペンスの鯡《にしん》、一ペニーの塩、一ペニーの酢、二ペンスの胡椒と野菜――合計二〇$\frac{3}{4}$ペンスで六四人分のスープができる、それどころか、穀物の平均価格でなら、費用は一人あたり$\frac{1}{4}$ペニー（三ペニッヒ足らず）まで下げられる」（五四）。資本主義的生産が進歩するにつれて、商品の不純物混和がトムスンの理想を余計なものにしてしまった（五五）。

（四九）　J・St・ミル『経済学の若干の未解決問題にかんする論集』、ロンドン、一八四四年、九〇〔、九一〕ページ〔末永訳『経済学試論集』、岩波文庫、一二〇ページ〕。

（五〇）　『工業および商業にかんする一論』、ロンドン、一七七〇年、〔四三、〕四四ページ。同様に一八六六年一二月および一八六七年一月の『タイムズ』紙は、イギリスの鉱山所有者の心情を披瀝して見せたが、そのなかで、ベルギーの鉱山労働者たちの幸福な状態が記述されている。彼らは「〝雇い主〟」のために生きていくのにちょうど必要なものよりも多くは要求もせず受け取りもしないというのである。ベルギーの労働者はなみなみならぬ辛抱をしているが、『タイムズ』紙上で模範労働者として描かれるとは！　一八六七年二月はじめに、火薬と弾丸とをもって鎮圧されたベルギー鉱山労働者のストライキ（マルシェンヌでの）がこれへの回答であった。

（五一）　同前、四四、四六ページ。

（五二）　このノーサンプトンシャーの工場主は、心痛のあまりというのなら仕方のない、善意から出た詐欺をやっている。彼はイギリスとフランスのマニュファクチュア労働者の生活を比較すると言いながら、あとでうっかり自分でも白状しているように、ここで引用した言葉で描写したのは、フランスの農業労働者のことである！

（五三）　同前、七〇、七一ページ。〔フランス語版にもとづく〕第三版への注。こんにちでは、それ以来実現された世界市場競争のおかげで事態はさらに進んでいる。下院議員ステイプルトンは彼の選挙民に説明して次のように言う。「もし中国が一大工業国になるならば、ヨーロッパの労働者人口が、その競争者の水準にまで身を下げることなしに、どのようにして戦いに耐えうるかは私にはわからない」（『タイムズ』一八七三年九月九日付〔第三版以来三日付と誤記、英語版で訂正〕）——いまやイギリス資本が熱望する目標は、もはや大陸並みの賃銀ではなく、中国並みの賃銀なのである。

（五四）　ベンジャミン・トムスン『政治的、経済的、および哲学的論集』、全三巻、ロンドン、一七九六—一八〇二年、第一巻、二九四ページ。サー・F・M・イーデンはその著『貧民の状態……』のなかで、ラムフォード流の物乞いスープを〝労役場〟の管理者に極力推薦し、イングランドの労働者にたいし非難を込めて警告する——「スコットランド人のなかには、小麦やライ麦や肉の代わりに、塩と水を混ぜただけのひき割りえん麦や大麦粉だけで数ヵ月も暮らし、しかもなおきわめて快適に生活している家族がたくさんある」と（同書、第一巻、第二部、第二章、五〇三ページ）。一九世紀にも同様の「指示」がある。たとえば言われる——「イングランドの農業労働者は、下等な種類の穀物の混合物を食べようとはしない。教育がもっと行き届いているスコットランドでは、このような偏見はおそらく見られないであろう」と（医学博士チャールズ・H・パリ『現行穀物法の必要性の問題』、ロンドン、一八一六年、〔六八、〕六九ページ）。ところが、この同じパリが、イングランドの労働者は、こんにち（一八一五年）ではイーデンの時代（一七九七年）に比べるとはなはだしく零落している、と嘆くのである。

（五五）　食料品の不純物混和にかんする最近の議会調査委員会の報告からも明らかなように、医薬品の不純物混和さえも、イギリスでは例外ではなく通例のこととなっている。たとえば、ロンドンの三四の薬局で買ったアヘンの見本三四を検査してみた結果、うち三一が、ケシの莢《さや》、小麦粉、ゴム液、粘土、砂などを混ぜている、ということが明らかになった。モルヒネをまったく含んでいないものも数多くあった。

(629)
一八世紀末および一九世紀はじめの数十年間に、イギリスの借地農場経営者や地主は、農業日雇い労働者にたいして、労賃の形態では最低額よりも少なく支払い、残りを教区救済金の形態で支払うことによって絶対的な最低賃銀を押しつけた。[*1] イギリスのドッグベリーたち[*2]が賃銀率を「合法的」に確定するさいに演じた茶番劇の一例――「一七九五年にスクワイアたち[*3]がスピーナムランドの労賃を決定したとき、彼らは昼食を済ませていたが、明らかに、労働者にはそんなことは必要ないものと考えていた。……彼らは八重量ポンド一一オンスのパン塊が一シリングのときには、週賃銀は男性一人につき三シリングとし、パン塊が一シリング五ペンスになるまでは週賃銀を規則的に引き上げていくものと決めた。パン塊の価格がこれよりも高くなると、その価格が二シリングになるまで賃銀は比率的に下がるものとし、その場合には男性一人の食物は従来よりも五分の一少なくなるはずであった」(五六)。一八一四年に、大借地農場経営者で治安判事であり救貧院管理者で賃銀調整委員でもあるA・ベネットという人物が、〝上院〟の調査委員会で訊問されている――「労働者の日労働の価値と教区救済金とのあいだになんらかの比率が認められるか？」答え――「認められる。各家族の週あたりの収入は、一人あたり一ガロンのパン塊（八重量ポンド一一オンス）と三ペンスに達するまでは、彼らの名目賃銀を超える分が補充される。……家族各人を一週間養うには一ガロンのパン塊で十分である。三ペンスは衣類用である。教区が衣類そのものを与えるほうがよいと考えれば、三ペンスは引き去られる。

この慣行は、ウィルトシャーの西部全体ばかりでなく、私の信じるところでは、全国でも一般に行なわれている」(五七)。当時の一ブルジョア著述家は叫ぶ――「このようにして借地農場経営者たちは、同郷の尊敬すべき一階級に〝労役場〟の保護を求めるよう強制し、それによって何年間も彼らを堕落させてきた。……借地農場経営者たちは、労働者の側のもっとも不可欠な消費元本の蓄積さえもさまたげることによって、みずからのもうけをふやしてきた」(五八)。労働者の必要消費元本を直接に略奪することが、こんにち、剰余価値の形成、したがってまた資本の蓄積元本の形成にどのような役割を演じているかは、たとえば、いわゆる家内労働（第一三章、第八節、dを見よ[*4]）を見ればわかる。さらにくわしい事実は本篇の進行につれて示される。

(五六) G・L・ニューナム（〝法廷弁護士〟）『穀物法にかんする両院委員会での証言の再調査』、ロンドン、一八一五年、二〇ページの注。

(五七) 同前、一九、二〇ページ。

(五八) Ch・H・パリ、前出、七七、六九ページ。地主諸氏もまた、彼らがイギリスの名において指導した反ジャコバン戦争のために「損害をこうむらないことを保証された」ばかりでなく、法外な富を得た。「彼らの地代は一八年間に二倍、三倍、四倍となり、例外的には六倍にさえなった」[*5]（同前、一〇〇、一〇一ページ）。

*1 〔一七九五年五月、バークシャー（イングランド南部の州）のスピーナムランド教区に集まった同州の治安判事、貧民監督官によって決議され、同年、議会で制度としての採用が許可された「スピーナムランド制」と呼ばれる制度をさす。以後、この制度は全イングランドに普及した〕

*2 〔本訳書、第一巻、七四七―七四八ページの訳注＊6参照〕

＊3〔封建社会では騎士に続く社会層を形成し、近代にいたり、中位の近代的地主層、地方政治の執行者となった〕

＊4〔（　）内はエンゲルスが第四版で追加した。その際、誤って「第一五章、第八節、c」となっていた〕

＊5〔パリの原文では、「一八年間」は最後の「例外的には六倍に」なった事例の場合で、その他は「一七九二年以来」となっている〕

（630）

どの[*1]産業部門でも、不変資本のうち労働手段[*2]から成り立つ部分は、投資の大きさによって規定される一定の労働者数にたいして十分なものでなければならないが、それは決して就業労働量とつねに同じ比率で増加する必要はない。ある工場では、一〇〇人の労働者が八時間労働で八〇〇労働時間を提供すると仮定しよう。資本家がこの時間量を半分だけ増加させようと思えば、彼は五〇人の新規労働者を雇えばよい。しかしその場合には、賃銀のためばかりでなく、労働手段のためにも新しい資本を前貸ししなければならない。しかし、資本家はもとからいる一〇〇人の労働者を、八時間ではなく一二時間労働させることもできるのであり、この場合には既存の労働手段で十分間に合うのであって、ただそれがいっそう急速に摩損するだけである。こうして労働力のより大きな緊張によって生み出される追加労働は、それに比例して不変資本部分を高めることなしに、剰余生産物と剰余価値を、すなわち蓄積の実体を増大させることができる。

＊1〔この段落は、フランス語版にもとづき第三版で追加された。また、このあとの五段落は、フランス語版にもとづき第三版で改訂された〕

＊2〔フランス語版では、「労働手段」が「労働手段類《ウチヤージ》」となっており、これは「機械、器具、用具、建物、建造物、輸送・交通手段など労働手段の総体を意味する」という注がついている〕

採取産業、たとえば鉱山業では、原料は資本前貸しの構成部分にならない。労働対象は、この場合には、先行する労働の生産物ではなく、自然によって無償で贈られたものである。金属鉱石、鉱物、石炭、石材などがそうである。この場合には、不変資本はほとんどもっぱら労働手段の形で存在するのであり、それは、労働分量の増加（たとえば労働者の昼夜交替制）に十分に応じることができるのである。しかし、他のすべての事情が変わらないとすれば、生産物の総量と価値は、使用される労働に正比例して増大するであろう。生産が始まった日と同じように、ここでは、本源的な生産物形成者であり、したがって資本の素材的要素の形成者でもある人間と自然とが協力する。労働力の弾力性のおかげで、不変資本をあらかじめ増加することなしに蓄積の領域が拡大されたのである。

農業では、種子や肥料の追加分の前貸しをせずに耕地を拡大することはできない。しかし、この前貸しがいったんなされたならば、純粋に機械的な土地の耕耘《こううん》でさえも、生産物の多量化に奇跡的な影響をおよぼす。従来どおりの労働者数によってなされる労働量の増大は、労働手段の新たな前貸しを要求することなしに豊度を高める。新たな資本が介在せずに蓄積が増大する直接的源泉となるのは、ここでもまた自然にたいする人間の直接的な働きかけである。

最後に、本来の工業では、労働への追加支出は、つねに、それに照応する原料への追加支出を前提とするが、しかし労働手段への追加支出を必要とするとは限らない。そして採取産業と農業とは、製造工業にたいしてそれ自身の原料とその労働手段の原料とを提供するので、前者が追加的な資本の供給をまたないで生み出した生産物増加分は、製造工業をも利することになる。

一般的な結論――資本は、富の二つの原形成者、すなわち労働力と土地とをみずからに合体するこ（631）とによって膨張力を獲得するのであって、これにより資本は、外見上資本自身の大きさによって定められた限界を超えて、すなわち資本の定在である、すでに生産された生産手段の価値および総量によって定められた限界を超えて、自己の蓄積の諸要素を拡大することができる。

資本の蓄積におけるもう一つの重要な要因は、社会的労働の生産性の程度である。

労働の生産力の上昇とともに、一定の価値を、したがってまた与えられた大きさの剰余価値を表わす生産物の総量が増大する。剰余価値率が不変であれば、またかりにそれが低下しても、労働の生産力の上昇よりも徐々にしか低下しない限り、剰余生産物の総量は増大する。だから、収入と追加資本とへの剰余生産物の分割が不変であれば、資本家の消費は蓄積元本が減少しなくても増加しうる。蓄積元本の比率的な大きさは、消費元本を犠牲にしても増大しうるが、その場合であっても、資本家は商品の低廉化によって、以前と同程度かあるいはそれより多くの享受手段を自由に処分することができる。しかし、すでに見てきたように*、労働の生産性の上昇につれて労働者の低廉化が、したがって剰余価値率の上昇が進行する。実質賃銀が上昇する場合でさえもそうである。実質賃銀は決して労働の生産性に比例しては上昇しない。だから、同じ可変資本価値がより多くの労働力を、したがってまたより多くの労働を運動させる。同じ不変資本価値が、より多くの生産手段で、すなわちより多くの労働手段、労働材料、および補助材料で表わされ、したがって、より多くの生産物形成者ならびにより多くの価値形成者、または労働吸収者を提供する。こうして、追加資本の価値が不変であれば、またそれが減少する場合でさえも、加速された蓄積が行なわれる。再生産の規模が素材的に拡大されるばかりでなく、剰余価値の生産が追加資本の価値よりも急速に増大する。

＊〔本書、第一巻、第五篇、第一五章、第一節、参照〕

労働の生産力の発展は、原資本あるいはすでに生産過程にある資本にも反作用する。機能している不変資本の一部分は、機械などのような労働手段からなっており、これらは比較的長期間にわたってのみ消費され、したがって再生産され、あるいは同種の新品によって取り替えられる。しかし、この労働手段の一部分は、毎年死滅する、あるいはその生産的機能の終局に到達する。だから、それは毎年その周期的再生産の段階、または同種の新品による代替の段階にある。もし労働の生産力がこうし(632)た労働手段の出生の場所で増大するならば、そして労働の生産力は科学および技術の不断の流れとともに絶えず発展するのであるが、より効率の高い、その性能を考慮すればより安価な機械、道具、装置などが、旧式のものに取って代わる。現存する労働手段にも絶え間なく細部の変更が加えられることを度外視しても、旧資本はより生産的な形態で再生産される。原料や補助材料のような不変資本の他の部分は、一年のうちに絶え間なく再生産され、農業から生まれるものはたいてい年々再生産される。[*1] したがってこの場合には、改良された方法などの採用はどれも、[*2] 追加資本とすでに機能している資本とにたいし、ほとんど同時に作用する。化学のあらゆる進歩は、有用な素材の数を増やし、すでに知られている素材の利用を多様化し、そのため資本の増大につれてその投下部面を拡大するが、それればかりではない。それは同時に、生産過程および消費過程の廃棄物を再生産過程の循環のなかに投げ返すことを教え、こうして、先行する資本投下なしに新たな資本素材をつくり出す。ただ単に労働力の緊張をより高めることによって自然的富の利用が増大するのと同じように、科学および技術は機能資本の与えられた大きさからは独立した資本の膨張力能を形成する。この膨張力能は、同時に、原資本のうち更新段階にはいった部分にも反作用する。原資本は、その新しい形態のなかに、古い形態の背後で生じた社会的進歩を無償で合体する。もちろん、このような生産力の発展は、同時に、機能諸資本の部分的な減価をともなう。この減価が競争によって痛感されるようになると、その主たる重圧は労働者にのしかかる。そして、資本家は、労働者の搾取を強めることによって損失を埋め合わせようとする。

＊1〔フランス語版では、「鉱山などから生まれるものならば、さらにずっと短期間で再生産される」という文章が追加されている〕

＊2〔フランス語版では「労働手段類の変化をもたらさない改良されたすべての技法は」となっている〕

労働は、それによって消費された生産手段の価値を生産物に移転する。他面、与えられた労働量によって運動させられる生産手段の価値と総量とは、労働がより生産的になるのに比例して増大する。したがって、同じ労働量はつねに同量の新価値額を生産物につけ加えるにすぎないとはいえ、この労働量が同時に生産物に移転する旧資本価値は、労働の生産性が高まるにつれて増大する。

たとえば、一人のイギリス人精紡工と一人の中国人糸紡ぎ工とが、同じ強度で同じ時間数だけ労働
するとすれば、両者は一週間に同じ価値を生み出すであろう。このように価値は等しいにもかかわら
ず、強力な自動装置を用いて労働するイギリス人の週生産物の価値と、紡車しか持たない中国人の週
生産物の価値とのあいだには非常に大きな差がある。中国人が一重量ポンドの綿花を紡ぐのと同じ時
(633) 間内に、イギリス人は数百重量ポンドをも紡いでしまう。数百倍も大きい額の旧価値がイギリス人の
生産物の価値を膨らませるのであって、この生産物のなかに旧価値は新しい有用的形態で維持され、
こうして新たに資本として機能することができる。[*1] Ｆ・エンゲルスはわれわれに教える――「一七八
二年には」（イギリスでは）「それまでの三年間に収穫された羊毛のすべてが、労働者の不足のために
いまだ加工されないまま放置されていた。もし新たに発明された機械が助けにきてこれを紡いでくれ
なかったら、そのまま放置されていたであろう（五九）」。機械の形態で対象化された労働は、もちろん、直
接には一人の人間も地中から魔法で呼び出しはしなかったが、しかしそれは、少数の労働者が相対的
にわずかの生きた労働をつけ加えることによって、羊毛を生産的に消費して羊毛に新価値をつけ加え
るばかりでなく、糸などの形態で羊毛の旧価値を維持することをも可能にした。また同時に、それは、
羊毛の拡大再生産のための手段と刺激とを与えた。新価値を創造しながら旧価値を維持することは、
生きた労働の天分である。だから労働は、その生産手段の効果や規模や価値の増大につれて、したが
って労働の生産力の発展にともなう蓄積につれて、絶えず膨脹する資本価値をつねに新しい形態で維
(634) 持し、永久化する（六〇）。労働のこうした自然力は、労働が合体されている資本の自己維持力として現われ

るが、それはちょうど、労働の社会的生産諸力が資本の属性として現われたり、資本家による剰余労働の不断の取得が資本の不断の自己増殖として現われるのと同じである。労働のあらゆる力は資本の力として投影されるが、それは、商品のすべての価値諸形態が貨幣の諸形態として投影されるのと同じである。

(五九)　フリードリヒ・エンゲルス『イギリスにおける労働者階級の状態』、二〇ページ〔浜林正夫訳、古典選書、新日本出版社、二〇〇〇年、上、三一―三二ページ、邦訳『全集』第二巻、二三七ページ〕。

(六〇)　古典派経済学は、労働過程および価値増殖過程の不完全な分析のために、再生産のこの重要な契機を本格的には把握しなかったのであり、それはたとえばリカードウにも見ることができるとおりである。たとえば、彼は言う――生産力の変動がどのようなものであろうと「一〇〇万の人間は工場でつねに同じ価値を生産する」と〔『経済学および課税の原理』、ロンドン、一八二一年、三二〇ページ。堀訳『リカードウ全集』Ｉ、雄松堂書店、三一五ページ〕。もし、彼らの労働の長さと強度が与えられているなら、それは正しい。しかしそれは、一〇〇万の人間が、彼らの労働の生産力が異なるのに応じてきわめて異なる量の生産手段を生産物に転化し、こうして、きわめて異なる価値量をその生産物のうちに維持するのであり、したがって彼らが提供する生産物価値もまたきわめて異なる、ということをさまたげないのであって、この点をリカードウはいくつかの結論のなかで見落としている。ついでに言っておくと、リカードウはさきの例によって、J・B・セーに使用価値（彼はこれをここでは wealth すなわち素材的富と名づける）と交換価値との区別を説明しようと試みたがむだであった。セーは答えて言う――「改良された方法によれば一〇〇万の人間がより多くの価値を生産することなしに、二倍ないし三倍の富をつくり出すことができる、とリカードウが言う場合に、彼が指摘する難点にかんして言えば、その難点は、人が生産を一つの交換とみなし、この交換では人々が生産物を手に入れるために自分の労働や自分の土地や自分の資本の生産的役立ちを引き渡すと考えるならば――そう考えなければならないのであるが――消滅する。この生産的役立ちによってわれわれは世界中に存在するすべての生産物を手に入れる。……したがって……われわれの生産的役立ちが生産と名づけられる交換において獲得する有用物の数量が多ければ多いほど、われわれはそれだけ富み、われわれの生産的役立ちがそれだけ多くの価値をもつ」と（J・B・セー『マルサス氏への手紙』、パリ、一八二〇年、一六八、一六九ページ〔中野正訳『恐慌に関する書簡』、世界古典文庫、日本評論社、一九五〇年、一二〇ページ〕）。セーが説明するという「〝難点〟」――それはセーにとっては存在するが、リカードウにとっては存在しない――とは次のようなものである。労働生産力の上昇の結果として使用価値の量が増大しても、使用価値の価値が増加しないのはなぜか？解答――この難点は、使用価値を交換価値と名づけていただくことによって解決する、と。交換価値は〝ともかくにも〟交換と連関する物である。したがって生産を、労働および生産手段の、生産物との「交換」であると名づけるならば、生産によって供給される使用価値が多ければ多いほどそれだけ多くの交換価値が得られるということは、水のように透明である。言い換えれば、より多くの使用価値、たとえばより多くの靴下を一労働日が靴下工場主に提供すればするほど、それだけ彼は靴下に富むことになる。ところが、突然セーは次のことに思いいたる。すなわち靴下の「量が増加するにつれて」その「価格」（当然のことであるがこれは交換価値とはなんの関係ももたない）は下落する。「なぜなら、競争に余儀なくされて、彼ら」（生産者たち）「は、生産物を、それらが自分にとって費やしただけのものと引き換えに渡すからである」。しかし、もし資本家が商品を、それに費やしただけの価格で売るとすれば、いったい利潤はどこから出てくるのか？　けれども〝心配御無用〟。セーは説明する――生産性が上昇した結果、だれもが同じ等価と引き換えに、従来の一足の靴下ではなく、いまでは二足の靴下を受け取る等々、と。彼が到達するこの結論は、まさに彼が論駁しようとしたリカードウの命題そのままである。このような激しい思索的努力のあとで、彼は勝ち誇ったように次のような言葉でマルサスに呼びかける――「これは十分根拠のある学説であって、これがなければ、私は宣言するが、経済学のもっともむずかしい諸問題、とりわけ、富とは価値のことであるにもかかわらず、一国民は彼らの生産物の価値が減少する場合でもどうしてより豊かになりうるのか、という問題を解くことは不可能である」〔同前、一七〇ページ〔同前訳、一二一ページ〕〕。イギリスの一経済学者が、セーの『手紙』のなかにある類似の芸当に気づいてこう述べている――「こうしたきどった言い回しこそは、概して言えば、セー氏が好んで自分の学説と名づけたがっているものであり、また、すでに『〝ヨーロッパの多くの地方で〟』行なわれているようにハートフォードでも教えるようにとマルサスに熱心にすすめているものである。[*2] 彼〔セー〕は言う――『もし、あなたがこれらすべての命題のなかに逆説的なものを見いだされるならば、これらの命題が表現している物を観察していただきたい。そうすれば、これらの命題があなたにとってきわめて簡単かつ合理的なものに見えるであろうと、私はあえて信じる』。確かにそうだ、そして同時に、同じようなやり方によって、これらすべての命題は他のどんなものにでも見えるであろうが、ただ独創的なもの、または重要なものにだけは見えないであろう」〔〔S・ベイリー〕『近時マルサス氏の主張する需要の性質および消費の必要にかんする諸原理の研究』、一一六、一一〇ページ〔正しくは一一〇ページ〕〕。

＊1〔前の段落からここまでは、フランス語版にもとづき第三版で改訂された。そのさい、第二版までのイギリス人精紡工とインド人糸紡ぎ工との対比が、中国人糸紡ぎ工との対比に変更された〕

＊2〔当時、マルサスは、ハートフォードにあった東インド大学の教授であった〕

(635) 資本の増大とともに、使用された資本と消費された資本との差額が増大する。言い換えると、建物、機械、排水管、役畜、各種の装置のように、長期あるいは短期にわたり、絶えず繰り返される生産過程のなかでそのものの全体として機能し、あるいは一定の有用効果をあげるのに役立つ労働手段の価値量や素材量は増大するが、他方、それらの労働手段はただ漸次的にしか摩滅せず、だからそれらの価値を一部分ずつ失うだけであり、したがってまた一部分ずつその価値を生産物に移転するだけである。これらの労働手段は、生産物に価値をつけ加えることなしに生産物形成者として役立つその程度に応じて、したがって、全部的に使用されながら部分的にしか消費されないその程度に応じて、すでに述べたように、[*1] 水、蒸気、空気、電気などのような自然力と同様に無償の役立ちをするのである。過去の労働のこの無償の役立ちは、生きた労働によって利用され生気を与えられるとき、蓄積の規模の増大とともに[*2]累積されていく。

＊１〔本訳書、第一巻、六八〇―六八四ページ参照〕
＊２〔フランス語版では、「生産力の発展と資本の蓄積とともに」となっている〕

過去の労働はつねに資本に扮装するので、すなわち、Ａ、Ｂ、Ｃなどの労働の負債〔不払労働〕が非労働者Ｘの資産に扮装するので、ブルジョアや経済学者たちは過去の労働の功績をほめちぎり、スコットランドの天才マカロックによれば、さらに過去の労働は独自の報酬（利子、利潤など）までも受け取らなければならない、ということになる。[六一] したがって、生きた労働過程において、生産手段の形態で協力する過去の労働の重要性が絶えず増大するが、それは、その労働を過去に不払いで行なった労働者自身から疎外された過去の労働の姿態、すなわち資本という姿態のせいだとされる。資本主義的生産の実際上の当事者やそのイデオロギー的饒舌家たちは、奴隷所有者が労働者そのものを奴隷というその性格から切り離して考えることができないのと同様に、生産手段を、こんにちそれにまといついている敵対的な社会的扮装から切り離して考えることができない。

（六一）　マカロックが「〝過去の労働の賃銀〟」にたいする特許を取ったのは、シーニアが「〝節欲の賃銀〟」にたいする特許を取ったよりもずっと前のことであった。〔マカロック『経済学原理』（一八二五年）が、シーニア『経済学概論』（一八三六年）より前に刊行されたことを指す〕

（636）

労働力の搾取度が与えられていれば、剰余価値の総量は同時に搾取される労働者の数によって規定されるのであり、この数は、比率は変わるものの、資本の大きさに照応する。したがって、継続的な蓄積によって資本が増大すればするほど、消費元本と蓄積元本とに分かれる価値総額もそれだけ増加する。それだから、資本家はいっそうぜいたくな暮らしをしながら、同時により多く「禁欲」することができる。こうして結局、前貸資本の総量につれて生産の規模が拡大されればされるほど、生産のすべてのばねがますます精力的に働くのである。

第五節　いわゆる労働元本

この研究の進むなかで明らかになったように[*1]、資本は固定的な大きさのものではなく、社会的富のうちの弾力的な、剰余価値の収入と追加資本とへの分割につれて絶えず変動する一部分である。さらに、すでに見たように、機能資本の大きさが与えられていても、その資本に合体される労働力、科学、および土地（これは、経済学的には人間の関与なしに自然に現存するいっさいの労働対象と解すべきである）は、資本の弾力的な力能をなすのであり、その力能は一定の限界内では、資本そのものの大きさにはかかわりのない作用範囲を資本に許すのである。これまでの研究では、同じ資本量ではなはだしく異なる作用度を生じさせる原因となるような、流通過程の諸関係はすべて度外視された。われわれは、資本主義的生産の諸制限を、したがって社会的生産過程の純粋に自然発生的な一姿態を前提しているので、現存の生産手段および労働力によって直接的かつ計画的に実現可能であるようないっそう合理的な結合は、いずれも度外視した。古典派経済学は以前から、社会的資本を、固定した作用度を有する固定した大きさのものとして把握することを好んだ。しかし、この偏見をはじめてドグマとして固定したのは、かの、一九世紀の平凡な市民的悟性の無味乾燥で衒学的で饒舌な託宣者である生粋の俗物、ジェレミー・ベンサムであった[六二]。哲学者のなかでのベンサムと言えば、詩人のなかでのマーティン・タッパー[*2]と言うようなものである。両者ともイギリスでしか製造できない代物であった[六三]。彼のドグマ[*3]をもってしては、生産過程のもっともありふれた現象、たとえばその突然の膨脹や収縮、(637) それどころか蓄積さえもがまったく理解不可能なものとなる[六四]。このドグマは、ベンサム自身によっても、またマルサス、ジェイムズ・ミル、マカロックなどによっても、弁護論的な目的[*4]のために、とりわけ、資本の一部分を、すなわち可変資本または労働力に転換されうる資本を、一つの固定した大きさのものとして描くために利用された。可変資本の素材的存在、すなわち、可変資本が労働者のために代表する生活手段の総量、またはいわゆる労働元本は、社会的富のうちで、自然の鎖に縛られて超えることのできない特殊部分だとでっち上げられた。社会的富のうち、不変資本、すなわち素材的に表現すれば生産手段として機能すべき部分を運動させるためには、一定総量の生きた労働が必要である。この量は技術学的に与えられている。しかし、この労働量を流動させるのに必要な労働者の数は与えられていないし——というのは、個々の労働力の搾取度につれて変動するからである——またこ(638)の労働力の価格も与えられていないのであって、ただ、その価格の最低限度が、しかもきわめて弾力的なものが与えられているだけである。[*5] このドグマの根底に横たわる事実は次のようなものである。一方では労働者は、社会的富を非労働者の消費手段と生産手段とに分割するさいに口をはさむ権利がないということ、他方では労働者は、好運な例外的場合にのみ、富者の「収入」の犠牲においていわゆる「労働元本」を拡大することができるということである。(六五)

(六二)　とくにJ・ベンサム『刑罰および賠償の理論』、Et・デュモン訳、第三版、パリ、一八二六年、第二巻、第四部、第二章参照。

(六三)　ジェレミー・ベンサムは純粋にイギリス的な現象である。わがドイツの哲学者クリスティアン・ヴォルフを除外せずに考えても、いかなる時代、いかなる国においても、平凡きわまる決まり文句がこれほどうぬぼれ顔で幅をきかせたことは一度としてない。功利主義はベンサムの発明品ではなかった。彼は、エルヴェシュウスその他の一八世紀のフランス人たちがすでに才気豊かに語っていた内容を、才気ぬきで再生産したにすぎない。たとえば、犬にとってなにが有用であるか？　を知りたければ、犬の本性を究めなければならない。この本性そのものは「功利主義」から構成されはしない。人間にあてはめれば、人間のあらゆる行為、運動、諸関係などを功利主義に従って評価しようとすれば、問題になるのはまず人間性一般であり、次にはそれぞれの時代に歴史的に変化させられた人間性である。ベンサムは簡単にかたづける。彼は素朴きわまる無味乾燥さで、近代的俗物、とりわけイギリス的俗物を標準的人間として想定する。このへんてこな標準的人間とその世界にとって有用なものが、それ自体として、有用なものである。次いで彼はこの尺度によって過去、現在、未来を評価する。たとえば、キリスト教は「有用」である。なぜなら、キリスト教は、刑法典が法的に有罪としている非行を宗教的に禁止するからである。文芸批評は「有害」である。なぜなら、それは尊敬すべき人々がマーティン・タッパーを楽しむのをさまたげるからである、等々。「〝筆をとらぬ日はなし〟」[*6]をモットーとするこのけなげな男は、こんながらくたで山なす著書を満たしてきたのである。もし私の友人H・ハイネほどの勇気をもち合わせていれば、私はジェレミー氏をブルジョア的愚鈍の天才と呼びたいところである。[*7]

（六四）「経済学者たちには、一定量の資本および一定数の労働者を、一様な力をもつ生産用具として、またある一様な強度で作用するものとして取り扱う傾向が強い。……商品が生産の唯一の動因であると主張する人々は、総じて生産というものは拡大されえない、というのは、そのような拡大のためには、生活手段、原料、および道具がまえもって増加されていなければならないからである、というように論証するのであるが、これは事実上、いかなる生産の増大も、まえもって生産が増大しなければ起こりえない、言い換えれば、どんな増大も不可能であるということになる」（S・ベイリー『貨幣とその価値の転変』、五八、七〇ページ）。ベイリーはこのドグマを主として流通過程の立場から批判している。

（六五）J・St・ミルは彼の著『経済学原理』〔第二篇、第一章、第三節〕のなかで次のように言っている――「労働の生産物は、こんにちでは労働に反比例して分配される――最大部分はまったく労働をしない人々に、次に大きい部分はほとんど名ばかりの労働しかしない人々に分配されるのであって、労働がより激しく不快になるに従って、報酬はしだいに収縮していき、ついに、もっとも骨が折れもっとも消耗の激しい肉体労働は、生活必需品の獲得さえも確実には期待できなくなる」〔末永訳、(二)、岩波文庫、二八ページ〕。誤解を避けるために一言すれば、J・St・ミルたちのような人々は、彼らの古い経済学的ドグマとその近代的傾向とのあいだの矛盾ゆえに非難されてしかるべきだとしても、彼らを俗流経済学的弁護論者の連中と混同することはまったく不当であろう。

＊1〔フランス語版では、この段落の叙述は大きく変更され、この前に次の文章がつけ加えられている——「資本家たち、彼らの共同所有者たち、彼らの家臣および彼らの政府は、毎年、年間の純生産物の一大部分を浪費する。そのうえ彼らは、再生産的な使用に適していてすぐには使わない多数の使用対象を彼らの消費元本のなかにとっておくし、また彼らの個人的サーヴィスのために多数の労働力をむだにする。したがって、富のうち資本化される部分は、決して富そのものの大きさほど大きくならない」〕

＊2〔一九世紀イギリスの文筆家で詩人。『諺の哲学』で知られる、空文句の説教家の見本〕

＊3〔フランス語版では、「それぞれの与えられた瞬間における社会的資本の量は固定されているというドグマ」となっている〕

＊4〔フランス語版では、「『功利主義的』な下心」となっている〕

＊5〔「社会的富のうち、」からここまでは、フランス語版では、「賃銀労働者のなかで分配すべき総量はこのように与えられており、その結果、分配にあずかる各々に割り当てられた分け前があまりに小さいのは、彼らの数があまりに多いからであり、結局のところ、彼らの貧困は社会的秩序ではなく、自然的秩序のしわざだというのである」となっている〕

＊6〔古代ギリシアの画家アペレスが、毎日絵筆をとり、たとえわずかでも自分の絵に描き加えたという話に

ちなむ。プリニウス『博物誌』第三五巻、三六の一二、中野定雄ほか訳、雄山閣、Ⅲ、一九八六年、一四二四ページ参照〕

＊7〔マルクスは、ハイネの詩「コベス一世」のなかの「彼こそ愚鈍の天才だ」の言葉を引いている。井上正蔵訳『ハイネ全詩集』Ⅴ、角川書店、一九七三年、一五二ページ参照〕

労働元本の資本主義的制限をその社会的な自然的制限につくり変えることが、どんなばかばかしい同義反復に行きつくかを、とりわけフォーシット教授が見せてくれることであろう。彼は言う――「一国の流動資本(六六)は、その国の労働元本である。だから、それぞれの労働者が受け取る平均的貨幣賃銀を計算するためには、われわれはただ簡単に、この資本を労働者人口数で割りさえすればよい(六七)」。すなわち言葉を換えて言えば、われわれはまず最初に、実際に支払われる個人的労賃を合計し、次にこの合計が神と自然とにより定められた「労働元本」の価値総額をなす、と主張する。最後にわれわれは、こうして得られた総額を労働者の頭数で割って、またしても労働者が個々人で平均してどれだけを受け取りうるかを発見する。これはとんでもないずるいやり方である。ところがフォーシット氏は、平気で次のように語り続ける――「イギリスで年々蓄積される富全体は、二つの部分に分けられる。一方の部分は、イギリスでわれわれ自身の産業を維持するために使用される。他方の部分は、諸外国に輸出される。……われわれの産業に使用される部分は、この国で年々蓄積される富のうちのた(639)いした部分ではない(六八)」。したがって、イギリスの労働者から等価なしで奪い取られ、年々増大していく剰余生産物の大部分は、イギリスではなく諸外国で資本化される。しかし、こうして輸出される追

加資本とともに、神とベンサムとにより発明された「労働元本」の一部分も、やはり輸出されるのである。（六九）

（六六）　ケンブリッジの経済学教授H・フォーシット『イギリスの労働者の経済状態』、ロンドン、一八六五年、一二〇ページ。〔内容から見て、この注六六と次の注六七とは、入れ違いと思われる〕

（六七）　ここで読者に思い出してほしいのは、可変資本および不変資本というカテゴリーは私がはじめて用いたものだということである。A・スミス以来の経済学は、このカテゴリーに含まれる諸規定を、固定資本および流動資本という流通過程から生じる形態的区別と混同している。これにかんする詳細は第二部第二篇で述べる。

（六八）　フォーシット、前出、一二三、一二二ページ。

（六九）　資本だけでなく労働者も移民という形態で年々イギリスから輸出されていると言う人がいるかも知れない。しかし本文では、移住者たちの〝特有財産〟*のことは全然問題にしていない。移住者の大部分は労働者ではない。借地農場経営者の息子がその大部分を占めている。年々利子かせぎのために外国に送られるイギリスの追加資本が、年々の蓄積にたいして占める割合は、年々の人口増加にたいする年々の国外移住の割合よりも、比較にならないほど大きい。

＊〔ローマ法で、家長が息子に、また主人が奴隷に、保有させることを許されたいくらかの財産を言う。ここでは、移住者たちが連れていく労働者のこと〕

（640）

第二三章　資本主義的蓄積の一般的法則*

＊〔マルクスは、資本の構成の変化が資本主義的生産の発展に与える影響の分析を、この個所（一八六六―六七年執筆）と第三部第三篇「利潤率の傾向的低下の法則」（一八六四年執筆）の二ヵ所で行なっている。後者では、資本構成の高度化が資本主義的生産の破綻と没落の直接的な要因として位置づけられているのにたいし、前者では、同じ高度化が、資本主義的生産の急速な発展の指標として位置づけられている。この相違は、この間の数年のあいだにマルクスの理論的見地が大きな前進をとげたことを表わすものであり、第三部第三篇の分析は、そのことに注意して読む必要がある。

なお、第二三章、なかでも第一―第四節は、マルクスがフランス語版で新たな理論的展開を集中的に行ない、その成果が第三版および第四版に取り入れられた部分である。本訳書では、フランス語版でどこを新たに発展させたかを、できるだけ訳注で示すことにした〕

第一節　資本の構成が不変な場合における、蓄積にともなう労働力需要の増大

本章では、資本の増大が労働者階級の運命におよぼす影響を取り扱う。この研究におけるもっとも重要な要因は、資本の構成と、蓄積過程の進行中にそれがこうむる諸変化とである。

資本の構成は二重の意味に解されなければならない。価値の面から見れば、この構成は、資本が不変資本すなわち生産手段の価値と、可変資本すなわち労働力の価値、労賃の総額とに分割される比率によって規定される。生産過程で機能している素材の面から見れば、どの資本も生産手段と生きた労働力とに分かれるのであり、この場合の資本の構成は、一方の使用される生産手段の総量と、他方のその使用に必要な労働量との、比率によって規定される。私は、第一の資本の構成を資本の価値構成と名づけ、第二のそれを資本の技術的構成と名づける。この両者のあいだには緊密な相互関連がある。この関連を表現するために、私は、資本の技術的構成によって規定され、その技術的構成の変化を〔自己のうちに〕反映する限りでの資本の価値構成を、資本の有機的構成と名づける。簡単に資本の構成と言う場合には、つねに資本の有機的構成と解すべきである。

(641)

一定の生産部門に投下される多数の個別資本は、それぞれ多かれ少なかれ互いに異なる構成をもっている。これら諸資本の個別的構成の平均が、この生産部門の総資本の構成となる。最後に、すべての生産諸部門の平均的構成の総平均が、一国の社会的資本の構成となるのであり、以下では結局この社会的資本の構成だけが問題にされる。*

＊〔ここまで三段落は、フランス語版にもとづき第三版で追加された〕

資本の増大は、資本の可変的構成部分、すなわち労働力に転換される構成部分の増加を含む。追加資本に転化される剰余価値の一部は、つねに可変資本、または追加的労働元本に再転化されなければならない。他の事情が不変であるとともに、資本の構成も不変のままである――すなわち、一定量の生産手段または不変資本は、それを運動させるためにはつねに同じ量の労働力を必要とする――と想定すれば、明らかに労働にたいする需要と労働者の生活維持元本とは資本に比例して増加し、資本が急速に増加すればするほどそれだけ急速に増加する。資本は年々剰余価値を生産し、そのうちの一部分は年々原資本につけ加えられるのだから、また、この増加分そのものは、すでに機能している資本の大きさが増大するのにともなって年々増加するのだから、そして最後に、たとえば社会的欲求の新たな発展などの結果としての新市場・新投資領域の開拓のような致富衝動の特別な刺激のもとでは、蓄積の規模は、資本と収入とへの剰余価値または剰余生産物の分割をただ変更するだけで、突然に拡大しうるのだから、資本の蓄積欲求が労働力または労働者数の増加を上回り、労働者にたいする需要がその供給を上回って、そのために労賃が騰貴するということがありうる。それどころか、右の前提がそのまま持続する場合には、結局そうならざるをえない。毎年、前年よりも多くの労働者が就業させられるのだから、遅かれ早かれ、蓄積の欲求が労働の普通の供給を超えて増大しはじめる時点、したがって賃銀上昇が起こる時点が到来せざるをえない。このことにかんする苦情の声が、イギリスでは一五世紀全体および一八世紀前半を通じて鳴り響く。とはいえ、賃労働者が維持され増殖される事情が多かれ少なかれ有利になるということは、資本主義的生産の基本的性格をなんら変えるものではない。単純再生産が資本関係そのものを――一方の側には資本家を、他方の側には賃労働者を――絶えず再生産するのと同じように、拡大された規模での再生産すなわち蓄積は、拡大された規模での資本関係を――一方の極にはより多くの資本家またはより大きな資本家を、他方の極にはより多くの賃

（642）労働者を――再生産する。労働力は、価値増殖手段として絶えず資本に合体されなければならず、資本から離れることができず、資本へのその隷属は、それを買う個別資本家の交替によって隠蔽されているにすぎないのであって、労働力の再生産は、実際に資本そのものの再生産の一契機をなす。したがって、資本の蓄積はプロレタリアートの増加である。（七〇）

（七〇）　カール・マルクス『賃労働と資本』〔服部訳、古典選書、五六ページ、邦訳『全集』第六巻、四〇六ページ〕。――「大衆の抑圧が同じならば、一国にプロレタリアが多ければ多いほど、その国はそれだけ富裕である」（コラン『経済学。革命といわゆる社会主義的ユートピアとの源泉』、パリ、一八五七年、第三巻、三三一ページ）。「プロレタリア」とは、経済学的には、「資本」を生産し増殖し、ペクールが「資本氏」[*1]と名づけている人物の価値増殖欲求にとって過剰となるやいなや街頭にほうり出される賃労働者をさすものにほかならない。「原生林の病弱なプロレタリア」とは、ロッシャー流のご立派な妄想である。原生林の住民は原生林の所有者であって、オランウータンとまったく同じようにはばかりなく自分の所有物として原生林を取り扱う。したがって彼はプロレタリアではない。彼が原生林をではなく、原生林が彼を搾取するとすれば、その場合にのみ彼はプロレタリアであるだろう。彼の健康状態にかんして言えば、それは、近代プロレタリアの健康状態との比較だけでなく、梅毒をわずらった腺病質の「上流人」の健康状態との比較にも十分耐えられる。だが、ヴィルヘルム・ロッシャー氏の言う原生林とは、おそらくなじみ深いリューネブルクの荒地[*2]をさすのであろう。

＊1〔ペクール『社会的政治的経済学の新理論』、パリ、一八四二年、第四四章、第一三節、八八〇ページ〕

＊2〔ドイツ北部のニーダーザクセン州に広がる荒地。現在は自然保護地域になっている。ロッシャーはニーダーザクセン州の出身〕

古典派経済学はこの命題を十分に理解したのであって、A・スミスやリカードウなどは、前述したように、むしろ誤って、蓄積を、剰余生産物のうちの資本化される部分全部が生産的労働者によって消費されること、すなわちこの部分全部が追加的賃労働者に転化されることと、同一視しているほどである。すでに一六九六年に、ジョン・ベラーズは次のように言っている――「もし人が一〇万エーカーの土地と一〇万ポンドの貨幣と一〇万頭の家畜とを持っているとしても、一人の労働者もいなければ、富者が労働者にならなければならないであろう。そして労働者は人々を富裕にするのであるから、労働者が多ければ多いほど、ますます富者も多くなるであろう。……貧者の労働は富者の宝の山である[七一]」。同じように、バーナード・ド・マンデヴィルも一八世紀のはじめにこう言っている――「所有権が十分に保護されているところでは、貧民なしで生活するよりも貨幣なしで生活するほうが容易であろう。というのは、〔貧民なしで〕いったいだれが仕事をするのか？　……労働者は、飢餓から保護されるべきであるのと同様に、貯蓄できるほどのものはなにも与えられるべきではない。ときどき最下層階級のある者が、なみなみならぬ勤勉と食べることをがまんして自分の生い立った状態よ(643)りも立身するなら、だれもそれをさまたげてはならない。それどころか、倹約が、社会の各個人にとっても各家庭にとってももっとも賢明な策であることは否定できない。しかし、貧民の大部分が決して怠け者ではなく、しかも彼らが得る収入を絶えず支出することは、すべての富裕な諸国民の利益である。……自分の日々の労働によって生計を立てている人々は〔……〕自分の欲望以外には働く気を起こさせる刺激はなにももたないのであって、この欲望を静めることは賢明ではあるが、それをいやしてしまうことは愚かしいことであろう。働く者を勤勉にしうる唯一のものは適度な労賃である。少なすぎる労賃は、彼の気質しだいでは、彼を意気消沈させたりやけにならせたりするし、多すぎる労賃は、彼を横着にし怠惰にする〔からである〕。……いままでに述べたことから、奴隷が許されていない自由な国においては、もっとも確実な富は勤勉な貧民がおびただしくいることにあるということが明らかになる。彼らが陸海軍のための無尽蔵の供給源であることのほかに、もし彼らがいなければ、なんの享楽も存在せず、どの国の生産物も利用されえないであろう〔からである〕。社会」（もちろん非労働者から成り立っている社会）「を幸福にし、人民そのものをみじめな状態のなかでも満足させるには、大多数の者がいつまでも無知であり、貧しくあることが必要である。知識はわれわれの願望を拡大して何倍にもするのであって、人の願望するものが少なければ少ないほど、それだけ彼の欲求もより容易に満たされうる」(七二)。正直者で知恵者のマンデヴィルでもなお理解していないことは、蓄積過程そのものの機構が、資本とともに「勤勉な貧民」の総数を増加させるということ、すなわち、自分の労働力を、増大する資本の増大する価値増殖力に転化させ、まさにそうすることによって、資本家のうちに人格化されている自分自身の生産物にたいするみずからの従属関係を永久化させざるをえない賃労働者の総数を増加させるということである。この従属関係について、サー・F・M・イーデンは『貧民の状態、またはイギリスの労働階級の歴史』という著書のなかで次のように述べている——「私たちの地域は欲求を充足するために労働を必要としており、だから少なくとも社会の一部分はたゆまず労働しなければならない。……若干の人々は、労働しないにもかかわらず、この勤勉の生

(644)
産物を自由に処分することができる。しかし、この財産所有者たちがそうすることができるのは、文明と秩序のおかげにほかならず〔……〕彼らは市民的諸制度のまったくの創造物なのである。[七三]という のは、これらの制度は、人が労働によらなくとも労働の果実を取得できるということを承認しているからである。〔……〕独立の財産をもつ人々がその財産を得たのは、ほとんどまったく〔……〕他人の労働のおかげであり、彼ら自身の能力――決して他人の能力よりも優れてはいない――のおかげではない。富者を貧者から区別するものは、土地と貨幣の所有ではなく、労働にたいする指揮権である。貧者に約束されるものは、みじめな、または奴隷的な状態ではなくて、気楽で自由な従属状態であり、財産所有者にとっては〔……〕彼らのために労働する者たちにたいする十分な影響力と権威である。……人間の本性〔とその歴史〕に通じているものならだれでも知っているように、このような従属関係は、労働者自身の安楽のために必要である」[七四]。ついでに言えば、サー・Ｆ・Ｍ・イーデンは、アダム・スミスの弟子のなかで、一八世紀中になにがしか重要な仕事をしたただ一人の人である。[七五]

(七一)　ジョン・ベラーズ『産業高等専門学校設立の提案』〔ロンドン、一六九六年〕、二ページ〔浜林正夫・安川悦子訳、所収、『イギリス民衆教育論』、明治図書出版、一九七〇年、一七ページ。最初の一文は、同書の前書きにあたる部分からとられている〕。

(七二)　Ｂ・ド・マンデヴィル〔『蜂の寓話』、第五版、ロンドン、一七二八年、注釈、二一二、二一三、三二八ページ〔泉谷治訳、法政大学出版局、一九八五年、一七七―一七八、二六三―二六四ページ〕〕。「節度ある生活と絶え間ない労働は、貧者にとっては物質的〔原文は「合理的」〕な幸福」〔彼の言うのは、できるだけ長い労働日とできるだけ少ない生活手段のことである）「にいたる道であり、また国家」（すなわち土地所有者、資本家、および彼らの政治的な高官と代理人たち）「にとっては富にいたる道である」（〔ジョン・カニンガム〕『工業および商業にかんする一論』、ロンドン、一七七〇年、五四ページ）。

（七三）　イーデンは、「市民的諸制度」はいったいだれが創造したものか？　と問うべきであったろう。彼は、法的幻想の立場から、法律を物質的生産諸関係の産物と見るのではなく、逆に生産諸関係を法律の産物とみなしている。ランゲは、モンテスキューの幻想的な「〝法の精神〟」を、「〝法の精神とは、財産である〟[*1]」というひとことでくつがえした。

（七四）　イーデン『貧民の状態』〔ロンドン、一七九七年、〕第一巻、第一部、第一章、一、二ページ、および序言、XXページ。

（七五）　もし読者が、『人口論』を一七九八年に著わしたマルサスを忘れるなと言うのであれば、私は、こう注意する――この著書は、はじめの形態では、デフォー、サー・ジェイムズ・スチュアト、タウンゼンド、フランクリン、ウォリスなどからの、幼稚で浅薄な、僧侶らしいお説教調の剽窃《ひょうせつ》以外のなにものでもなく、自分で考え出した命題は一つも含んでいない、と。[*2]このパンフレットの博した大評判は、まったく党派的利益に由来するものであった。フランス革命は、すでにイギリス王国で熱烈な擁護者を見いだしていた。「人口原理」は、一八世紀に徐々に仕上げられ、それから、一大社会的危機のまっただなかでコンドルセその他の学説にたいする確実な解毒剤として鳴り物入りで宣伝されたもので、イギリスの寡頭政府によって、人間の進歩発達を求めるあらゆる熱望を根絶する妙薬として、歓呼して迎えられた。この成功にびっくり仰天したマルサスは、それから、皮相な形で寄せ集められた材料をもとの図式に詰め込み、新たな、しかしマルサスによって発見されたわけではなく、彼によって盗まれたにすぎないものを追加することにとりかかった。――ついでに言っておこう。マルサスはイギリス高教会[*3]の僧侶であったが、貞潔〔独身〕という修道士の誓願〔従順、貞潔、清貧の三誓願〕をすでに立てていた。というのは、これがプロテスタントのケンブリッジ大学の〝評議員の地位〟を保持する条件の一つなのだからである。「われわれは大学の評議員が既婚者であることを許さず、だれでも妻帯すればただちに大学の評議員でなくなる」（『ケンブリッジ大学委員会報告』、一七二ページ）。この事情が、他のプロテスタントの僧侶たちとは違って、マルサスに有利に作用する。というのは、他のプロテスタントの僧侶たちは、みずから司祭独身というカトリックの命令を振り捨てて、「生めよ、ふえよ」〔旧約聖書、創世記、一・二八〕を彼らの特殊な聖書的使命として要求し、その結果、いたるところでまったく見苦しいほどに人口の増加に貢献しながら、他方では同時に、労働者にたいしては「人口原理」を説教しているからである。経済学的に戯画化された原罪、アダムのリンゴ、僧侶タウンゼンドの陽気な言葉では「〝切実な欲望〟」、「〝キューピッドの矢をにぶらせがちな抑制〟」——このむずがゆい問題が、プロテスタント神学またはむしろ教会のお歴々たちによって独占されていたし、また独占されている、ということは特徴的である。独創的で才気に満ちた著述家であるヴェネツィアの修道士オルテスをのぞけば、人口論者のおおかたは、プロテスタントの僧侶である。まず近代の全人口理論を論じ尽くし、ケネーとその弟子ミラボー（父）とのあいだでのこのテーマにかんする一時的論争[*4]から着想を得て著わされた『動物系統論』（ライデン、一七六七年）の著者であるブルックナー、次いで僧侶ウォリス、僧侶タウンゼンド、僧侶マルサスとその弟子の大僧侶 Th・チャーマズがそうであり、〝この種の〟もっと下級の僧侶の駄作者たちについては述べるまでもない。もともと経済学を研究したのは、ホッブズ、ロック、ヒュームのような哲学者や、トマス・モア、テンプル、シュリー、デ・ウィット〔オランダの政治家〕、ノース、ロー、ヴァンダリント、カンティロン、フランクリンのような実業家や政治家であり、とくに理論的には——しかももっとも成功したものとしては——ペティ、バーボン、マンデヴィル、ケネーのような医師であった。一八世紀のなかごろになってもまだ、当時の著名な経済学者タッカー師は、自分が富の研究にたずさわったことを弁解している。[*5] その後、しかも「人口原理」の出現とともに、プロテスタント僧侶たちの時代の終わりが告知された。人口を富の土台として取り扱い、アダム・スミスと同じように僧侶の公然の敵であるペティは、要務をぶちこわす僧侶のこの干渉をあたかも予感したかのように、「法は弁護士が飢えるときにもっとも栄えるように、宗教は、司祭がもっとも苦行するときにもっとも栄える」と言う。[*6] こうして彼は、プロテスタントの僧侶たちに次のように忠告する——もし彼らが使徒パウロにさえ従わず、独身によって「禁欲生活をする」ことを欲しないとしても、「やはり現在の聖職禄が吸収できないほど多くの僧侶を養成すべきではない。すなわち、もしイングランドおよびウェイルズに一万二〇〇〇〔人分〕の聖職禄しかないとすれば、二万四〇〇〇人の僧侶を養成するのは賢明ではない。〔……〕というのは、収入をあてがわれない一万二〇〇〇人は絶えず生計を得ようとつとめるであろうからで、彼らにとっては、人民のなかにはいっていき、あの一万二〇〇〇の聖職禄保有者たちは人々の霊を毒し、人々の霊を飢えさせ、天国への道を誤らせるものだと説き聞かせることほどに容易なことがあろうか?」（ペティ『租税貢納論』、ロンドン、一六六七年、五七ページ〔大内兵衛・松川七郎訳、岩波文庫、一九五二年、一三七—一三八ページ〕）。当時のプロテスタント僧侶にたいするアダム・スミスの立場は以下のことによって特徴づけられる。『法学博士A・スミスへの手紙。彼の友デイヴィド・ヒュームの生涯、死、および哲学について。キリスト教徒と呼ばれる人民の一人著』（第四版、オックスフォード、一七八四年）において、ノリッジ〔イギリス東部の工業都市〕の高教会の主教であるホーン博士がA・スミスを叱責しているが、その理由は、スミスがストラーン氏〔スミスとヒュームの著作の刊行者〕宛の公開状で、彼の「友デイヴィド」（すなわちヒューム）「を不滅にしている」からであり、また、彼が公衆にたいして「ヒュームは死の床でルキアノス〔ギリシアの諷刺作家〕やホイスト〔トランプゲーム」を楽しんでいた」と語り、それどころか厚かましくも、「私はヒュームを、彼の存命中でも死後でも、つねに、人間の本性の弱さが許す限りで、まったく賢明で有徳な、人間の理想に近い人物だとみなしてきた」と書いているからである。この主教は怒って叫びたてる――「宗教と呼ばれるいっさいのものに救いようのない反感をいだいてきたような、しかも、できる限り宗教という名前さえも人間の記憶から消し去ろうと全神経をとがらせたような人間の性格と行状を、まったく賢明で有徳であると私たちに描いて見せることが、あなたとして正しいことでしょうか？」（同前、八ページ）。「しかし真理を愛する人々よ、落胆したもうな、無神論は長続きしない」（一七ページ）。アダム・スミスは、「国中に無神論を宣伝する」（すなわち、彼の著書『道徳情操論』〔水田洋訳『道徳感情論』（初版）、岩波文庫、二〇〇三年、高哲男訳『道徳感情論』（第六版）、講談社学術文庫、二〇一三年〕によって）「という恐ろしい悪意を抱いている」。「……博士よ！　私たちはあなたの奸計を知っている。あなたはうまくもくろんだが、今回は誤算です。あなたはデイヴィド・ヒューム殿を例にとって、無神論が、打ちのめされた心にとっての唯一の元気回復剤であり、死の恐怖にたいする唯一の解毒剤であるとわれわれに思い込ませようとする。……廃墟のバビロンにただただほほえみ、冷酷な悪人ファラオ〔古代エジプト王の称号〕をただただ祝福なさるがよい！」（同前、〔二〇、〕一二一、一二二ページ）。A・スミスの講義の聴講者のなかの正統信仰派の一人物が、スミスの死後に次のように書いている――「ヒュームにたいする友情が〔……〕スミスにキリスト教徒であることをさまたげた。……スミスはヒュームの言葉はなんでも信じた。*7 もしヒュームが彼に、月はグリーン・チーズだと言えば、彼はそれを信じたであろう。だから、彼は、神も奇蹟も存在しないというヒュームの言葉をも信じた。……政治上の主義では彼は共和主義に近かった」（『蜜蜂』、ジェイムズ・アンダースン著、全一八巻、エディンバラ、一七九一―一七九三年、第三巻、一六六、一六五ページ）。僧侶 Th・チャーマズは、プロテスタントの僧侶たちが主のブドウ園で祝福された労働をしているにもかかわらず[8]、A・スミスが僧侶にたいして使うためにまったくの悪意から「不生産的労働者」というカテゴリーをことさら考案したのではないか、と疑っている[9]。

*1〔N・ランゲ『民法の理論』第一巻、ロンドン、一七六七年、二三六ページ、大津真作訳『市民法理論』、京都大学学術出版会、二〇一三年、一六四ページ〕

*2〔本訳書、第一巻、六二一ページの原注五一をも参照〕

*3〔イギリス国教会のなかの、聖職の権威や支配、礼拝儀式を重視する一派の俗称。それをあまり重視しない福音主義的な低教会に対する〕

*4〔フランスの重農学派のミラボーは、その著『人民の友』（一七五六年）で、フランスの人口減少は大農制を廃し小農業国にすることで救われうるとしたが、ケネーは人口よりも農業生産を取り上げて大農制を支持した。論争は、ミラボーが『農村哲学』（一七六三年）でケネーの立場を採用して過去の誤りを認めたので終わりを告げた。ミラボーは、フランス革命期の政治家ミラボーの父である〕

*5〔聖書には次のようなイエスの言葉がある。「……あなたがたは、神と富とに兼ね仕えることはできない」、新約聖書、マタイ、六・二四、ルカ、一六・一三〕

*6〔「未婚者たちとやもめたちとに言うが、わたしのように、ひとりでおれば、それがいちばんよい」、新約聖書、コリント第一、七・八〕

*7〔この文と次の二文は、マルクスが原文を意訳したもので、とくに次の「月はグリーン・チーズ……」の叙述は、もしスミスが天文学者ホロクスの友人であったならば、そう信じたであろうほどだれをも信じやすかったという意味である〕

*8〔新約聖書、マタイ、九・三七—三八、二〇・一—一六、二一・三三—四四、ヨハネ、一五・一—一一な

ど参照〕

＊9　〔トマス・チャーマズ『経済学について』第二版、ロンドン、一八三二年、三四四、三四六ページ。『資本論草稿集』5、四六〇ページ、邦訳『全集』第二六巻、第一分冊、三六七ページ参照〕

(645) これまで想定された、労働者たちにとってもっとも有利な蓄積条件のもとでは、資本への彼らの従
属関係は、がまんのできる、またはイーデンの言う「気楽で自由な」諸形態をまとっている。それは、
資本の増大にともなっていっそう内包的となるのではなく、ただいっそう外延的となっていくだけで
ある。すなわち、資本の搾取と支配との部面が、資本自身の大きさと資本の臣下たちの数とにともな
(646) って拡大するにすぎない。ますます膨脹し、ますます多く追加資本に転化されていく労働者たち自身
の剰余生産物のうち、より大きな部分が支払手段の形態で彼らの手に還流していき、その結果、彼ら
は自分の享受の範囲を拡大し、自分の衣服や家具などの消費元本を比較的十分に準備し、わずかなが
らの積立金をつくることができる。しかし衣食や待遇が改善され〝特有財産〟[*1]が増えても奴隷の従属
関係と搾取とがなくなるのではないのと同じように、賃銀労働者のそれもなくなりはしない。資本の
蓄積の結果としての労働の価格の騰貴は、実際には、賃労働者がみずからそれまでに鍛え上げていた
金《きん》の鎖の長さと重さが、いくらかその張りのゆるみを許す、ということを意味するにすぎない。この
(647) 問題にかんする論争では、たいてい、主要点が、すなわち資本主義的生産の〝種差〟[*2]が見のがされて
いる。資本主義的生産で労働力が買われるのは、その役立ちまたはその生産物によって、買い手の個
人的欲求を満たすためではない。買い手の目的は、彼の資本の増殖であり、彼が支払うよりもより多

くの労働を含む商品の生産であり、すなわち彼はなにも費やさないにもかかわらず、商品販売によって実現される〔剰余〕価値部分を含む商品の生産である。剰余価値の生産または貨殖が、この生産様式の絶対的法則である。労働力は、それが生産手段を資本として維持し、それ自身の価値を資本として再生産し、不払労働の形で追加資本の源泉を提供する限りでのみ、販売可能なのである。[（七六）]したがって、労働力の販売の諸条件は、労働者にとって有利であるか不利であるかを問わず、労働力が不断に再販売される必然性と、富が資本として不断に拡大再生産されることとを含んでいる。すでに見たように、労賃は、その本性から、労働者の側での一定分量の不払労働の提供をつねに条件としている。労働の価格低落をともなう労賃の騰貴などはまったく別として、労賃の増加は、せいぜい、労働者が提供しなければならない不払労働の量的減少を意味するだけである。この減少は、それが制度そのものを脅かす点までは決して進みえない。労賃率にかんする暴力的な衝突を別にすれば——そしてA・スミスがすでに明らかにしているように、このような衝突では一般に親方はやっぱり親方である[*3]——、資本の蓄積から生じる労働価格の騰貴は、次の二つの場合のどちらかを想定する。[*4]

（七六）　第二版への注。「とはいえ、工業労働者であれ農業労働者であれ、その就業の限界は同じもの——すなわち、事業主が彼らの労働生産物から利潤をしぼり出す可能性である。雇い主の利得が平均利潤よりも低下するほどまでに労賃率が高騰すれば、雇い主は彼らを就業させることをやめるか、または彼らが労賃の引き下げを承認するという条件のもとでのみ彼らを就業させる」（ジョン・ウェイド『中間階級および労働者階級の歴史』、二四〇ページ）。

＊1〔本訳書、第一巻、一〇六七ページの訳注＊参照〕

＊2〔ある種（ここでは資本主義的生産）を、同じ類（生産体制）の他の種（古代的、封建的生産など）から区別する特徴的性質〕

＊3〔大内・松川訳『諸国民の富』、岩波文庫、㈠、一二三―一二六ページ参照〕

＊4〔ここの一文は、フランス語版では次のようになっている――「われわれの仮定では、賃銀率は、労働供給の増加をしのぐ資本の増加によって騰貴した。ここでは次の二つの場合のどちらかだけしかない」〕

その一つは、労働の価格騰貴が蓄積の進行をさまたげないので、その価格が騰貴し続けるという場合である。これにはなんの不思議もない。というのは、A・スミスが言うように、「利潤が減少した場合でさえも、資本は増加する。それは以前よりも急速にさえ増加する。……大資本は、利潤が小さい場合でさえ、大きな利潤をあげる小資本よりも、一般に、いっそう急速に増加する」（『諸国民の富』〔ガルニエ訳、フランス語版、一八〇二年〕、第一巻、一八九ページ〔大内・松川訳、岩波文庫、㈠、一二七八 (648) ページ〕）からである。この場合には、不払労働が減少しても、資本支配の拡大が決してさまたげられないことは明白である。[*1]――そして、二者択一のもう一つの場合、労働価格の騰貴の結果として利得の刺激がにぶくなるので、蓄積が衰えるという場合である。蓄積は減少する。しかしこの減少とともに、減少の原因、すなわち、資本と搾取可能な労働力とのあいだの不均衡が消滅する。つまり、資本主義的生産過程の機構は、それが一時的につくり出す障害をみずから取りのぞく。労働価格は、ふたたび資本の価値増殖欲求に照応する水準にまで低下するのであって、この水準が、いまや賃銀増加の始まるまえに標準なものとみなされていた水準よりも低いか高いか、または等しいかは関係ない。〔右の二者択一のうち〕第一の場合には、労働力または労働者人口の絶対的または比例的増大の減退が資本を過剰にするのではなく、逆に、資本の増加こそが搾取可能な労働力を不足にすることがわかる。第二の場合には、労働力または労働者人口の絶対的または比例的増大の増進が資本を不足にするのではなく、逆に、資本の減少こそが搾取可能な労働力――またはむしろその価格――を過剰にする。資本の蓄積におけるこの絶対的運動こそが、搾取可能な労働力の総量における相対的運動として反映するのであり、したがって、この労働力の総量の独自な運動に起因するかのように見えるのである。数学的な表現を用いれば、蓄積の大きさは独立変数であり、賃銀の大きさは従属変数であって、その逆ではない。[*2]それと同じように、産業循環の恐慌局面では、商品価格の全般的低下が相対的貨幣価値の騰貴として現われ、繁栄局面では、商品価格の全般的騰貴が相対的貨幣価値の低下として現われる。いわゆる〝通貨学派〟は、そのことから、物価が高いときにはあまりに多くの貨幣が、物価が低いときにはあまりに少ない貨幣が流通していると、[*3]結論する。彼らの無知とまったくの事実誤認とは、[(七七)]前記の蓄積の諸現象を、一方の場合にはあまりに少ない賃労働者が、他方の場合にはあまりに多くの賃労働者が存在するからだと解釈する経済学者たちと似たり寄ったりである。

(七七)　カール・マルクス『経済学批判』、一六五ページ以下〔邦訳『全集』第一三巻、一五八ページ以下〕参照。

*1　〔この段落のはじめからここまでは、フランス語版にもとづき第三版で改訂された。フランス語版では、このあとに次の一文が補足されている――「この運動は、逆に、自分の雇い主の致富のなかに自分の唯一の

救済の機会を見るように労働者を習慣づける」〕

＊2〔ここからこの段落末までの文章は、フランス語版では次のように詳しく記述されている――「産業循環の有為転変において、われわれは、これとまったくよく似た現象に出会うであろう。恐慌が起これば、商品価格は全般的に低落し、この低落は貨幣の相対的価値の騰貴に反映する。それに反して信用が回復すると、商品価格は全般的に騰貴し、この騰貴は貨幣の相対的価値の低落に反映する。両方の場合とも、貨幣の現実的価値には少しの変化も生じないにもかかわらずそうなのである。しかし〝通貨学派〟の名で知られるイギリスの学派がこれらの事実を歪曲して、物価の騰貴を貨幣の過剰のせいにし、また物価の低落を貨幣の不足のせいにするのとちょうど同じように、経済学者たちは、結果を原因ととって、蓄積の諸変動を、あるときはあまりに多くの人手を供給し、またあるときはあまりに少ない人手を供給する労働者人口の運動によって説明しようとする」〕

＊3〔第三版、第四版、英語版では、「物価が高いときにはあまりに少ない貨幣が、物価が低いときにはあまりに多くの貨幣が流通している」と誤記されている〕

いわゆる「自然的人口法則」の基礎に横たわる資本主義的生産の法則は次のことに帰着する。すな
(649) わち、単に、資本の蓄積と賃銀率との関係は[＊1]、資本に転化された不払労働と、追加資本の運動に必要な追加労働との関係以外のなにものでもない、ということである。したがってそれは、一方では資本の大きさと、他方では労働者人口の数という、互いに独立した二つの大きさのあいだの関係では決してなく、むしろ結局は、同じ労働者人口の不払労働と支払労働との関係にすぎない。もし、労働者階級によって提供され、資本家階級によって蓄積される不払労働の量が、支払労働の異常な追加によら

なければ資本に転化されえないほど急速に増大するならば、賃銀が上昇し、そして他のいっさいの事情が不変ならば、不払労働がそれに比例して減少する。しかし、この減少が、資本を養う剰余労働がもはや標準的な量で提供されなくなる点に接触するやいなや、一つの反作用が生じる——すなわち、収入のうちの資本化される部分が減少し、蓄積が衰え、そして賃銀の騰貴運動は反撃を受ける。したがって労働価格の高騰は、資本主義制度の基礎を侵害しないだけでなく、より拡大された規模でのこの制度の再生産をも保証する限界のうちに閉じ込められ続ける。[*2] 要するに、自然法則にまで神秘化されている資本主義的蓄積の法則は、実際には、資本主義的蓄積の本性が、資本関係の不断の再生産、およびその絶えず拡大する規模での再生産に重大な脅威を与えかねないような、労働の搾取度のあらゆる減少または労働価格のあらゆる騰貴を排除する、ということを表現しているにすぎない。労働者が現存価値の増殖欲求のために存在するのであって、その逆に対象的富が労働者の発達欲求のために存在するのではないという生産様式においては、それ以外ではありえない。人間は、宗教において自分自身の頭脳の産物によって支配されるのと同じように、資本主義的生産においては、自分自身の手の産物によって支配される。[七七a]

（七七a）〔第二版への注〕「さて、資本そのものは人間労働の産物にすぎないこと……を示したわれわれの最初の研究に立ち返るならば……人間が自分自身の生産物——資本——の支配のもとにおちいってこれに隷属させられうるということは、どうしても理解できないように思われる。けれども、現実にはこのことは否定しえない事実なのだから、不本意ながらも次のような疑問が起こってくる。すなわち、労働者は、どのようにして資本の支配者——資本の創造者としての——から資本の奴隷になりえたのか、と」（フォン・チューネン『孤立国』第二部、第二篇、ロストック、一八六三年、五、六ページ）。疑問を出したことはチューネンの功績であるが、彼の解答はまったく幼稚なものである。

＊1〔フランス語版、英語版による。第三版、第四版では「資本、蓄積、賃銀率の関係」となっていた〕

＊2〔この段落のはじめからここまでは、フランス語版にもとづき第三版で追加された〕

（650）

第二節　蓄積とそれにともなう集積との進行中における可変資本部分の相対的減少＊

＊〔本節の表題は、フランス語版では「蓄積の進行中における資本構成の継起的変化、および労働力と交換される資本部分の相対的減少」と改められている〕

経済学者たち自身の言うところによれば、賃銀高騰を引き起こすものは、社会的富の現有量でも、既得の資本の大きさでもなく、蓄積の持続的増大とこの増大の速度のみである（A・スミス〔『諸国民の富』〕、第一篇、第八章〔とくに、大内・松川訳、㈠、岩波文庫、二三〇—二三四ページ〕）。これまでわれわれが考察したのは、この過程のうち、資本の技術的構成が不変のままで資本増大が生じる特殊的局面だけである。しかし過程は、この局面を超えて進む。

資本主義制度の一般的基礎がひとたび与えられれば、蓄積の経過中に、社会的労働の生産性の発展が蓄積のもっとも強力な槓杆《てこ》となる時点が必ず現われてくる。A・スミスは言う――「賃銀を高めるのと同じ原因、すなわち資本の増加は、労働の生産諸能力を増進させて、比較的少量の労働が比較的多量の生産物をつくり出せるようにする」〔同前、第一巻、エディンバラ、一八一四年、一四二ページ。同前訳、㈠、二六四ページ〕*。

＊〔ここまでの二段落は、フランス語版にもとづき第三版で改訂された〕

土地の豊度などのような自然的条件と、孤立して労働する独立生産者の熟練――とはいえこれは、生産物の総量において量的に実証されるよりも、むしろ品質において質的に実証されるのであるが――とを度外視すれば、労働の社会的生産性の度合いは、一人の労働者が所定の時間内に労働力の同じ緊張度をもって生産物に転化する生産諸手段の相対的な量的大きさで表現される。労働者が労働するさいに用いる生産諸手段の総量は、彼の労働の生産性にともなって増大する。これらの生産手段は、そのさい二重の役割を演じる。一方の生産諸手段の増大は労働の生産性の増大の結果であり、他方の生産諸手段の増大は労働の生産性の増大の条件である。たとえば、マニュファクチュア的分業と機械の使用とにともなって、同じ時間内により多くの原料が加工され、したがってより多量の原料および補助材料が労働過程にはいり込む。これは、労働の生産性の増大の結果である。他面では、使用される機械、役畜、鉱物性肥料、排水管などの総量は、労働の生産性の増大の条件である。建物、溶鉱炉、(651) 輸送手段などに集積される生産諸手段の総量についても同じことがいえる。*しかし、条件であろうと結果であろうと、生産諸手段に合体される労働力に比べての生産諸手段の量的大きさの増大は、労働の生産性の増大を表現する。したがって後者〔労働の生産性〕の増加は、労働によって運動させられる生産諸手段の総量に比べての労働総量の減少に、または労働過程の客体的諸要因に比べての主体的要因の大きさの減少に現われる。

＊〔フランス語版では、ここ以下に、パドル法と呼ばれる製鉄技術の革命にかんする比較的長い記述が四つの段落にわたって補足挿入されている〕

資本＊の技術的構成におけるこの変化、すなわち生産諸手段に生命を与える労働力の総量に比べての生産諸手段の総量の増大は、資本の価値構成に、すなわち資本価値のうちの可変的構成部分を犠牲とする不変的構成部分の増加に反映する。たとえば、一資本のうち、百分比で計算すれば最初は五〇％が生産諸手段に、五〇％が労働力に投下されていたのに、のちには労働の生産性の度合いの発展につれて、八〇％が生産手段に、二〇％が労働力に投下される、などとなる。可変資本部分に比べての不変資本部分の増大の進行というこの法則は、（すでに以前に展開したように）商品価格の比較分析――同一国民におけるさまざまな経済的時代を比較するのでもよいし、同じ時代におけるさまざまな国民を比較するのでもよいが――によって、一歩ごとに証明される。消費される生産諸手段の価値だけを、すなわち不変資本部分だけを代表する価格要素の相対的大きさは、蓄積の進行に正比例するであろうが、労働にたいして支払われる資本部分、すなわち可変資本部分を代表する他の価格要素の相対的大きさは、一般に蓄積の進行に反比例するであろう。

＊〔ここから三段落は、フランス語版にもとづき第三版で大幅に改訂された〕

とはいえ、不変資本部分に比べての可変資本部分の減少、または資本価値の構成のこの変化は、資本の素材的構成部分の構成〔フランス語版では「資本の技術的構成」〕における変動をただ近似的に示すだけである。たとえば、一八世紀のはじめには、紡績業に投下された資本価値のうち $\frac{1}{2}$ が不変部分で、$\frac{1}{2}$ が可変部分であったのに、こんにちではその $\frac{7}{8}$ が不変部分で、$\frac{1}{8}$ が可変部分であるとすれば、それにたいして、一定分量の紡績労働がこんにち生産的に消費する原料、労働諸手段などの総量は、一八世紀のはじめよりも何百倍も大きい。その理由は簡単である。すなわち、労働の生産性が増大するにともない、労働により消費される生産諸手段の量が増加するだけでなく、その量に比べてその価値が低下するからである。すなわち、生産諸手段の価値は絶対的には増大するが、しかし（652）その量に比例しては増大しない。そのため、不変資本と可変資本との差の増大は、不変資本がそれに転化される生産手段の総量と、可変資本がそれに転化される労働力の総量との差の増大よりもはるかに小さい。前者の差は、後者の差につれて増加するが、その増加の程度はより小さい。

なおまた、蓄積の進行は、可変資本部分の相対的大きさを減少させるとしても、だからといって、可変資本部分の絶対的大きさの増加を排除するわけでは決してない。ある資本価値が、当初は五〇%の不変資本と五〇%の可変資本とに分かれ、のちには八〇%の不変資本と二〇%の可変資本とに分かれると仮定しよう。その間に、たとえば六〇〇〇ポンドの最初の資本が一万八〇〇〇ポンドに増大したとすれば、その可変部分も $\frac{1}{5}$ だけ増大したことになる。それは三〇〇〇ポンドであったのに、いまでは三六〇〇ポンドである。しかし、労働にたいする需要を二〇%増加するためには、以前のままでであれば二〇％の資本増大で十分であったであろうが、いまでは最初の資本を三倍にすることが必要である。

第四篇で明らかにされたように、労働の社会的生産力の発展は大規模な協業を前提とし、そしてこの前提のもとでのみ、労働の分割および結合が組織され、生産諸手段が大量の集積によって節約され、素材的にはもはや共同でしか使用しえない労働諸手段、たとえば機械体系などが生み出され、膨大な自然力が生産に役立たせられ、生産過程は科学の技術学的応用に転化させられる、これらのことが可能になる。商品生産の基礎上では、生産諸手段は私人の所有であり、だから手労働者は、孤立して自立的に商品を生産するか、さもなければ、自己経営のための資力がないので自分の労働力を商品として売るのであるが、そこでは、右にのべた前提は、ただ個別的資本の増大によってのみ、または、社会的な生産諸手段および生活諸手段が資本家たちの私的所有に転化される程度に応じてのみ、実現される。[*1]商品生産という地盤は、資本主義的な形態でのみ、大規模な生産を担うことができる。だから、個々の商品生産者の手もとにおけるある一定の資本蓄積が、独自の資本主義的生産様式の前提をなす。だからこそ、われわれは、手工業から資本主義的経営への移行にさいし、このような蓄積を想定しなければならなかったのである。このような蓄積は、本源的蓄積と名づけることができるであろう。なぜならそれは、独自の資本主義的生産の歴史的結果ではなくて、その歴史的基礎だからである。この
(653) 蓄積そのものがどのようにして生じるかは、ここではまだ研究する必要がない。それが出発点をなすということだけで十分である。しかし、この基礎上で成長する、労働の社会的生産力を増加させるた

めのすべての方法は、同時に、それ自身がまた蓄積の形成要素である剰余価値または剰余生産物の生産を増大させる方法でもある。したがって、これらの方法は、同時に、資本による資本の生産の方法であり、または資本の加速度的な蓄積の方法である。剰余価値の資本への継続的再転化は、生産過程にはいり込む資本の大きさの増大として現われる。資本の大きさのこの増大は、それ自身がまた、生産の規模拡大の基礎、この拡大にともなう労働生産力の増加と剰余価値の加速度的生産との諸方法の基礎となる。したがって、ある一定程度の資本蓄積が独自の資本主義的生産様式の条件として現われるとすれば、逆作用としてこの生産様式が資本の蓄積の加速化を引き起こす。こうして、資本の蓄積にともなって独自の資本主義的生産様式が発展し、また独自の資本主義的生産様式にともなって資本の蓄積が発展する。これらの両方の経済的要因は、それらが相互に与え合う刺激に複比例して資本の技術的構成における変動を生み出し、この変動によって、可変的構成部分が不変的構成部分に比べてますます小さくなる。[*2]

＊1〔ここから「それが出発点をなすということだけで十分である」までは、フランス語版では次のようになっている——「こうしてある一定の先行的蓄積——その起源についてはのちに検討する——が、近代産業の、すなわち独自の資本主義的生産様式または本来的資本主義的生産とわれわれが名づけた社会的結合と技術的工程とのこの総体の、出発点となる」〕

＊2〔この一文は、フランス語版にもとづき第三版で追加された〕

それぞれの[*]個別的資本は大なり小なりの生産諸手段の集積であり、それに応じて、大なり小なりの労働者軍にたいする指揮権をともなう。それぞれの蓄積が新たな蓄積の手段となる。この蓄積は、資本として機能する富の総量の増加にともなって、個別資本家の手のなかにおけるこうした富の集積を拡大し、したがって、大規模生産と独自の資本主義的生産方法との基礎を拡大する。社会的資本の増大は、多数の個別的資本の増大を通じて行なわれる。他のすべての事情を不変と前提すれば、個別的諸資本、またそれとともに生産諸手段の集積は、それらの資本が社会の総資本の可除部分をなすのに比例して増大する。同時に、原資本から側枝が分離して、それが新たな自立的資本として機能する。この場合には、とりわけ資本家の家族内での財産の分割が大きな役割を果たす。こうして資本の蓄積につれて、多かれ少なかれ資本家の数も増大する。直接に蓄積にもとづく、またはむしろ蓄積と同じものであるこの種の集積は、二つの点によって特徴づけられる。第一に、個別資本家の手のもとでの社会的生産諸手段の集積の増大は、他の事情が不変ならば、社会的富の増大の度合いによって制限されている。第二に、社会的資本のうちそれぞれ特殊的生産部面に定着する部分は、多くの資本家のあいだに配分されて、彼らは互いに独立し、互いに競争する商品生産者として相対する。したがって、蓄積およびそれにともなう集積が多くの点に分散させられているだけでなく、機能資本の増大が新資本の形成と旧資本の分裂とによってさまたげられている。それだから蓄積は、一方では生産諸手段と労働にたいする指揮権との集積の増大として現われるとすれば、他方では多数の個別的資本の相互反発として現われる。(654)

＊〔この段落と次の段落の「集積」と「集中」にかんする記述は、フランス語版では六つの段落に再構成され、

文章もすっかり違っている〕

多数の個別的資本への社会的総資本のこのような分裂、または、社会的総資本の小部分の相互反発にたいしては、それらの小部分の吸引が反作用する。これはもはや、蓄積と同じものであるところの、生産諸手段と労働にたいする指揮権との単純な集積ではない。それは、すでに形成されている諸資本の集積であり、これらの資本の個別的自立性の廃棄であり、資本家による資本家の収奪であり、群小の資本のより大きな少数の資本への転化である。この過程が第一の過程から区別される点は、この過程が、すでに現存して機能しつつある諸資本の配分の変更のみを前提にしており、したがってこの過程の作用範囲が、社会的富の絶対的増大、または蓄積の絶対的限界によって制限されてはいない、ということである。一方において一人の人の手のなかで資本が膨脹して大きなかたまりとなるのは、他方において多数の人の手のなかで資本が失われるからである。これは、蓄積および集積とは区別される本来的集中である。*

＊〔この最後の一文は、初版、第二版では、「これは、蓄積とは区別される本来の集積である」となっていた。フランス語版で、この段落全体が次のように書き改められ、「集積」Konzentration とは区別された「集中」Zentralisation という規定が盛り込まれた。

「社会的資本の多数の個別諸資本への分割、またはその構成諸部分の反発の運動は、経済的進展のある一定の時点で、それらの相互吸引という逆の運動によってさまたげられるようになる。これはもはや蓄積と混同される集積ではなくて、根本的に違った過程である。すなわち蓄積および集積のさまざまな軸点を集める吸引、すでに形成されている総資本の集積、より多数の資本のより少数の資本への合併、ひとことで言えば、本来の集中である。」

以下、「集中」とある個所は、第三版、第四版で増補された部分などを除き、初版、第二版で「集積」となっていたものを、エンゲルスが第三版、第四版で、フランス語版の規定にしたがって「集中」に改めたものである。それ以外の場合は必要な訳注をほどこした〕

この諸資本の集中または資本による資本の吸引の諸法則は、ここでは展開されえない。簡単な事実の指摘だけで十分である。競争戦は、商品を安くすることによって行なわれる。商品の安さは、〝他の事情が同じであれば〟、労働の生産性に依存するが、この労働の生産性は生産の規模に依存する。だから大資本が小資本を打ち負かす。さらに思い起こされるのは、資本主義的生産様式の発展にともなって、標準的な条件のもとで事業を営むのに必要な個別的資本の最小規模が増大する、ということである。そのため小資本は、大工業がまだ散在的に、または不完全にしか支配していない生産部面に(655)殺到する。ここでは競争の激しさは、対抗する諸資本の数に正比例し、それらの資本の大きさに反比例する。この競争は、つねに、多数の小資本家たちの没落をもって終わり、彼らの資本は、一部は勝利者の手に移り、一部は消滅する。このことはさておき、資本主義的生産とともに一つのまったく新たな力である信用制度が形成され、それが、*最初は蓄積の控え目な助手としてひそかに忍び込み、社会の表面に大小の量で散在している貨幣資力を、目に見えない糸で個々の資本家または結合資本家の手にかき集めるが、やがて競争戦における一つの新たな恐るべき武器となって、ついには諸資本集中のための巨大な社会的機構に転化する。

＊〔ここから次の本文の五段落末までの文章は、フランス語版にもとづき、エンゲルスによって第四版で書き換えられた〕

資本主義的生産および蓄積が発展するのと同じ度合いで、集中のもっとも強力な二つの槓杆《てこ》である競争と信用も発展する。それとならんで、蓄積の進行が、集中されうる素材すなわち個別的諸資本を増加させ、それと同時に、資本主義的生産の拡大が、一方では社会的欲求をつくり出し、他方では、資本の先行的な集中と結びついて実現されるあの巨大な産業的企業の技術的手段をつくり出す。したがって、こんにちでは、個別的諸資本の相互吸引力および集中への傾向は、かつて見ないほど強くなっている。しかし、集中運動の相対的な広がりとエネルギーとは、資本主義的富の既成の大きさと経済的機構の優越とによってある程度規定されているとはいえ、集中の進行は、決して社会的資本の大きさの積極的増大に依存するのではない。そしてこのことが、集中を、拡大された規模での再生産を表わす別の表現であるにすぎない集積から、とくに区別する。集中は、既存の諸資本の単なる配分変更によって、すなわち社会的資本の諸構成部分の量的グループ分けの単純な変化によって生じうる。一方において一人の手のなかで資本が膨大な量へと膨張できるのは、他方において多数の個々人の手から資本が奪われるからである。ある与えられた事業部門において、もしそこに投下された諸資本のすべてがただ一個の資本に融合したとすれば、集中はその極限に達したことになるであろう。（七七b）ある与
(656) えられた社会において、社会的総資本が、ただ一人の資本家なり、ただ一つの資本家会社なりの手に

統合されたとすれば、その瞬間にはじめて、この限界は達成されたことになるであろう。

（七七b）〔第四版のために。――イギリスとアメリカの最近の「トラスト」*は、少なくとも一事業部門の大経営全部を統合して実際上の独占である一つの巨大株式会社にしようとすることによって、すでにこの目標に到達しつつある。――F・エンゲルス〕

*〔世界で最初のトラストは、アメリカのスタンダード石油トラスト（一八七九年成立）で、約四〇の石油会社を結合し、アメリカの全精油能力の九〇―九五％を支配したとされる。イギリスのユナイテッド・アルカリ・トラスト（一八九〇年成立）は、四七八の工場を併合して、イギリスの全アルカリ生産をにぎる一大株式会社となった〕

集中は、産業資本家たちにたいしてその事業規模を拡張できるようにすることによって、蓄積の仕事を補完する。さて、この事業規模拡張という成果が、蓄積の結果であれ、集中の結果であれ、また、集中が併合という力ずくの方法で行なわれるにせよ――この場合には特定の諸資本が、他の諸資本にたいして優勢な引力中心となるので、他の諸資本の個々の凝集を打ち砕いて、次にばらばらになった破片を吸引する――、または、既成の、もしくは形成中の多数の資本の融合が株式会社の形成というより円滑なやり方で行なわれるにせよ、その経済的作用は同じである。どこにおいても、産業設備のいっそうの拡張が、多数の者の全体労働をいっそう包括的に組織し、全体労働の物質的原動力をいっそう広範に発展させるための、すなわち、ばらばらな、慣行的に運営されている生産過程を、社会的に結合され科学的に配置された生産過程にますます変換していくための、出発点をなす。

しかし、円形からせん形に移行する再生産による資本の漸次的増加である蓄積は、社会的資本の構成部分の量的グループ分けを変更するだけでよい集中に比べれば、まったく緩慢なやり方であることは明らかである。蓄積によって若干の個別的資本が大きくなって鉄道を敷設しうるようになるまで待たなければならなかったなら、世界にはいまなお鉄道がなかったことであろう。ところが、集中は、株式会社を介して、たちまちのうちにそれをなしとげた。また集中は、このように蓄積の作用を高め促進すると同時に、資本の技術的構成における変革、すなわち、資本の可変部分を犠牲にして不変部分を増加させ、それによって労働にたいする相対的需要を減少させる変革を拡大し促進する。

（657）集中によって一夜のうちに鍛接《たんせつ》された資本塊は、他の資本塊と同じように——ただより急速に——みずからを再生産し増殖するのであり、こうして社会的蓄積の新たな強力な槓杆となる。したがって、社会的蓄積の進行について語る場合には、こんにちでは、そのなかに暗黙のうちに集中の作用が含まれている。

正常な蓄積の進行中に形成される追加資本（第二二章、第一節を見よ）は、おもに新しい発明と発見を、一般に産業的改良を、利用するための媒体として役立つ。しかし旧資本も、時がたつにつれて、全面的に更新すべき時点に到達するのであり、そのときには旧資本は、脱皮して、新資本と同じように、より多量の機械と原料とを運動させるのにより少量の労働で足りるような改良された技術的姿態に生まれ変わるのである。そこから必然的に起こってくる労働需要の絶対的減少は、言うまでもなく、この更新過程をたどる資本が集中運動によってすでに多量に堆積されていればいるほど、それだけはなはだしくなる。

したがって一方では、蓄積の進行中に形成される追加資本は、その大きさに比べればますます少数の労働者を吸引する。他方では、新たな構成で周期的に再生産される旧資本は、従来それが就業させている労働者をますます多く反発する。

第三節　相対的過剰人口または産業予備軍の累進的生産

はじめにはただ資本の量的拡大としてのみ現われた資本蓄積は、上述したように、資本構成の持続的な質的変動のなかで、すなわち資本の可変的構成部分を犠牲にしての不変的構成部分の不断の増加のなかで、行なわれるようになる。(七七c)＊

(七七c)〔第三版への注。――マルクスの自用本では、ここに次の欄外注がある。「後段のためにここに一言する――拡大がただ量的なものにすぎないならば、同じ事業部門の大小の資本については、利潤は前貸資本の大きさに比例する。量的拡大が質的に作用するならば、それと同時により大きな資本にとっての利潤率が上昇する」。――F・エンゲルス〕

＊〔この段落と次の本文の二段落は、フランス語版では、叙述はいっそう詳細に、内容上でも新しく補足して展開されている〕

独自の資本主義的生産様式、これに照応する労働の生産力の発展、それによって引き起こされる資

（658）本の有機的構成における変動は、蓄積の進行または社会的富の増大と歩調を合わせているだけではない。それらははるかに急速に進む。なぜなら、単純な蓄積または総資本の絶対的拡張は総資本の個別的諸要素の集中をともない、また追加資本の技術的変革は原資本の技術的変革をともなうからである。すなわち、蓄積の進行につれて、不変資本部分の可変資本部分にたいする比率が変動し、最初の1：1が2：1、3：1、4：1、5：1、7：1などとなり、その結果、資本が増大するにつれて、その総価値の $\frac{1}{2}$ ではなく、累進的に $\frac{1}{3}$、$\frac{1}{4}$、$\frac{1}{5}$、$\frac{1}{6}$、$\frac{1}{8}$ などだけが労働力に転化され、その反対に $\frac{2}{3}$、$\frac{3}{4}$、$\frac{4}{5}$、$\frac{5}{6}$、$\frac{7}{8}$ などが生産諸手段に転化される。労働にたいする需要は、総資本の大きさによってではなく、そのうちの可変的構成部分の大きさによって規定されるから、したがってこの需要は、総資本の増大につれて累進的に低下するのであって、前に想定したように総資本の増大に比例して増大するのではない。労働にたいする需要は、総資本の大きさに比べて相対的に低下し、しかも総資本の大きさの増大にともなって累加的に低下する。確かに総資本の増大につれて、その可変的構成部分、またはこの総資本に合体される労働力も増加するが、しかし、それは絶えず減少する比率で増加する。蓄積が与えられた技術的基礎上で単なる生産の拡大として作用する中休み期は短くなる。与えられた大きさの追加労働者数を吸収するためには、または――旧資本の絶え間ない変態のせいで――すでに機能している労働者を就業させるためにさえも、強まる累進度で加速される総資本の蓄積が必要となるというだけではない。この蓄積と集中の増大そのものが、それ自身また、資本の構成の新たな変動の一源泉、すなわち資本の不変的構成部分に比べての可変的構成部分の重ねての加速的減少の一源泉に転化する。総資本の増大につれてその可変的構成部分は加速的に、しかも総資本自身の増大よりもいっそう急速に相対的に減少するが、こうした減少は、他面では逆に、労働者人口が可変資本または労働者人口の雇用手段の増大よりもつねにいっそう急速に、絶対的に増大するように見える。そうではなく、むしろ資本主義的蓄積が、しかもその蓄積のエネルギーと大きさに比例して、相対的な、すなわち資本の中位の増殖欲求にとって余分な、したがって過剰もしくは追加的な労働者人口を絶えず生産するのである。

社会的総資本に目を向ければ、あるときはその蓄積の運動が周期的な変動を引き起こし、あるときはこの運動の諸局面がさまざまな生産部面に同時に配分される。若干の部面では、資本の構成における（659）変動が、資本の絶対的大きさの増大なしに、単なる集中[*1]の結果として起こる。他の諸部面では、資本の絶対的増大が、資本の可変的構成部分の、または、それによって吸収される労働力の絶対的減少と結びついている。また他の諸部面では、あるときは資本が、その与えられた技術的基礎上で増大し続け、その増大に比例して追加的労働力を吸引し、あるときは有機的変動が生じて、その可変的構成部分が収縮する。すべての部面において、可変的な資本部分の増大、したがって就業労働者数の増大は、つねに激しい動揺および一時的な過剰人口の生産と結びついている――この過剰人口が、既就業労働者の反発という比較的目立つ形態をとるにせよ、または、追加的労働者人口がいつもの排水溝に吸収されにくくなるという、比較的目立たないとはいえ、劣らず効果のある形態をとるにせよ、そうである（七八）。すでに機能しつつある社会資本の大きさおよびその増大度につれ、生産規模の拡大および動かされている労働者数の拡大につれ、彼らの労働の生産力の発展につれ、富のあらゆる源泉の流れがより広く豊かになるにつれ、資本による労働者のより大きな吸引が労働者のより大きな反発と結びついている規模もまた広がり、資本の有機的構成と資本の技術的形態とにおける変動の速度が増し、ときには同時に、ときには交互に、この変動にとらえられる生産部面の範囲がふくらむ。したがって労働者人口は、それ自身によって生み出される資本の蓄積につれて、それ自身の相対的過剰化の手段をますます大規模に生み出す。(七九)これこそが、資本主義的生産様式に固有な人口法則であって、実際に歴史上の特殊な生産様式はいずれも、その特殊な、歴史的に妥当する人口法則をもっているのである。抽象的な人口法則というものは、人間が歴史的に介入しない限りで、動植物にとってのみ存在する。(660)

(七八)　イングランドおよびウェイルズの国勢調査は、とりわけ次のことを示している――

農業に就業する人全員（土地所有者、借地農場経営者、菜園経営者、牧羊者などを含む）は、一八五一年には二〇一万一四四七人、一八六一年には一九二万四一一〇人、すなわち八万七三三七人の減少。梳毛織物業では、一八五一年には一〇万二七一四人、一八六一年には七万九二四二人。絹織物工場では、一八五一年には一万一九四〇人、一八六一年には一〇万一六七八人。キャラコ捺染業では、一八五一年には一万二〇九八人、一八六一年には一万二五五六人――この事業が大拡張したにもかかわらず、このように増加がわずかであるということは、就業労働者数の比率上の大きな減少をもたらしている。縁つき帽子製造業では、一八五一年には一万五九五七人、一八六一年には一万三八一四人。麦わら帽およびボンネット製造業では、一八五一年には二万三九三人、一八六一年には一万八一七六人。麦芽製造業では、一八五一年には一万五五六六人、一八六一年には一万六六七七人。ろうそく製造業では、一八五一年には四九四九人、一八六一年には四六八六人――この減少は、とりわけガス照明の増加のせいである。くし製造業では、一八五一年には二〇三八人、一八六一年には一四七八人。製材業では、一八五一年には三万五五二人、一八六一年には三万一六四七人――このわずかな増加は、製材機の飛躍的普及の結果である。釘製造業では、一八五一年には二万六九四〇人、一八六一年には二万六一三〇人――この減少は、機械の競争の結果である。錫《すず》鉱山および銅鉱山の労働者は、一八五一年には三一三六〇人、一八六一年には三万二〇四一人。これに反して、綿紡績業および織布業では、一八五一年には三七万一七七七人、一八六一年には四五万六六四六人。炭鉱では、一八五一年には一八万三三八九人、一八六一年には二四万六六一三人。「一般に、労働者の増加が一八五一年以後で最大であるのは、機械の採用にこれまで成功していなかった部門である」（『一八六一年度のイングランドおよびウェイルズの国勢調査』第三巻、ロンドン、一八六三年、三六ページ〔就業者数は、同前、三五―三九ページ〕）。

（七九）　可変資本の相対的大きさの累進的減少の法則、およびその法則が賃労働者階級の状態におよぼす影響は、若干の優れた古典派経済学者たちによって、把握されていたというよりもむしろ感づかれていた。この点では最大の功績はジョン・バートンに帰せられるものである――もっとも彼も、他の人々と同じように、不変資本を固定資本と、可変資本を流動資本と混同してはいるが。彼は次のように言う――[*2]「労働にたいする需要は、流動資本の増加に依存して、固定資本の増加には依存しない。もしこの二種類の資本のあいだの割合が、どの時代にもどの事情のもとでも同じであるということが真実であるとすれば、確かに、雇用される労働者の数は、国富に比例するということになる。しかしそのような命題はとうてい成り立ちえない。技術が発達させられ、文明が拡大されるにつれて、固定資本は流動資本にたいしてますます大きな割合を占める。イギリス製モスリンの一反の生産に使用される固定資本の額は、インド製モスリンの同様な一反の生産に使用される固定資本の額よりも、少なくとも一〇〇倍、おそらくは一〇〇〇倍も大きいであろう。そして流動資本の比率は、一〇〇倍、あるいは一〇〇〇倍も小さい。……年々の貯蓄の全部が固定資本に付加されるならば、労働需要を高める効果はもたないであろう」〔ジョン・バートン『社会の労働階級の状態に影響をおよぼす諸事情にかんする諸考察』、ロンドン、一八一七年、一六、一七ページ〔真実一男訳『社会の労働者階級の状態』、法政大学出版局、一九九〇年、二六ページ〕〕。「その国の純収入を増加させうるのと同じ原因が、同時に人口を過剰にし、労働者の状態を悪化させることがありうる」〔リカードウ『経済学および課税の原理』、四六九ページ〔堀訳『リカードウ全集』I、四四六ページ〕〕。資本の増加につれて、労働にたいする「需要は逓減的比率で減少するであろう」〔同前、四八〇ページの注〔同前訳、四五四ページ〕〕。「労働の維持に充てられる資本の量は、資本の総量におけるいかなる変化とも関係なく変化しうる。……資本そのものが豊富になるにつれて、雇用量の大きな変動と大きな窮乏とが、ますますひんぱんになりうる」〔リチャード・ジョウンズ『経済学序講』、ロンドン、一八三三年、一三ページ〔正しくは五二ページ〕。大野精三郎訳「政治経済学についての序講」、所収、『ジョーンズの経済学』、岩波書店、一九五三年、二四二ページ〕〕。労働にたいする「需要は……総資本の蓄積に比例しては増大しないであろう。……したがって、再生産に充てられる国民的資本《ストック》のすべての増大は、社会が進歩するうちに、労働者の状態に影響するところはますます少なくなる」〔ラムジー『富の分配にかんする一論』、九〇、九一ページ〕。

*1〔第三版による。第四版ではふたたび「集積」となっている〕

*2〔この注の冒頭からここまでの文章は、フランス語版にもとづき第四版に追加された〕

(661)　しかし、過剰労働者人口が、蓄積の、または資本主義的基礎の上での富の発展の必然的な産物であるとすれば、この過剰人口は逆に、資本主義的蓄積の槓杆、いやそれどころか資本主義的生産様式の存在条件となる。それは、あたかも資本が自分自身の費用によって飼育でもしたかのようにまったく絶対的に資本に所属する、自由に処分できる産業予備軍を形成する。それは、資本の変転する増殖欲求のために、現実の人口増加の制限にかかわりなくいつでも使える搾取可能な人間材料をつくり出す。蓄積とそれにともなう労働生産力の発展とにつれて、資本の突然の膨脹力が増大するが、それは、機能資本の弾力性が増大し、また〔社会の〕絶対的富——資本はそのうちの弾力的な一部分をなしているにすぎない——が増大するからばかりでないし、また、信用が、それぞれの特殊な刺激のもとで、たちまちこの富のうちの異常な部分*を、追加資本として生産の自由にまかせるからばかりでもない。生産過程そのものの技術的諸条件、すなわち機械、輸送手段などが、きわめて大きな規模で、剰余生産物が追加生産手段にきわめて急速に転化することを可能にする。大量の社会的富が、蓄積の進行につれてあふれ出て、追加資本に転化されうるのであるが、それは、市場が突然に拡大された旧来の生産部門に、または、旧来の生産部門の発展によって必要となった鉄道などのような新たに開発された部門に、熱狂的に殺到する。すべてこのような場合には、大量の人間を、突然に、しかも他の部面での生産規模に損害を与えることなく、決定的な部面に投げ込みうるのでなければならない。過剰人口がそれを提供する。近代的産業の特徴的な生活行路、すなわち、比較的小さな変動によって中断されながら、中位の活気、全力をあげての生産、恐慌、および停滞の諸期間からなる一〇ヵ年の循環という形態は、産業予備軍または過剰人口の不断の形成、大なり小なりの吸収、および再形成にもとづく。産業循環の浮き沈みは、それがまた、過剰人口に新兵を補充し、過剰人口のもっとも精力的な再生産動因の一つとなる。

＊〔「異常な部分」は、フランス語版では、「所有者が利殖したくてうずうずして絶えず適当な時機をうかがっている新たな諸資本」と説明されている〕

（662）

人類の従来のどの時代にも見られない近代的産業のこうした独自な生活行路は、資本主義的生産の幼年期にも存在しえなかった。資本の構成はきわめて徐々にしか変化しなかった。したがって、だいたいにおいて、資本の蓄積にはそれとつり合いのとれた労働需要の増大が対応した。資本蓄積の進行は、現代に比べて緩慢であったにせよ、搾取可能な労働者人口の自然的諸制限にぶつかったのであり、これらの制限は、後述するような暴力手段によってのみ取りのぞかれうるものであった。[*1] 生産規模の突然かつ飛躍的な膨脹は、その突然な収縮の前提である。収縮がまた膨脹を引き起こすが、しかし膨脹は、利用可能な人間材料がなければ、すなわち人口の絶対的増大にかかわりなく労働者が増加しなければ、不可能である。この増加は、労働者の一部分を絶えず「遊離させる」単純な過程によって、就業労働者数を生産増加に比べて減少させる諸方法によって、つくり出される。したがって、近代的産業の全運動形態は、労働者人口の一部の、失業者または半失業者への不断の転化から生じる。経済学の浅薄さはとりわけ、経済学が、産業循環の諸転換期の単なる徴候にすぎない信用の膨脹と収縮とを、こうした諸転換期の原因にすることのうちに示されている。天体は、ひとたびある一定の運動に投げ入れられれば、絶えずその運動を繰り返すのとまったく同じように、社会的生産も、ひとたび膨脹と収縮とを交互に行なうあの運動に投げ入れられると、この運動を絶えず繰り返す。結果がそれ自身また原因となるのであり、自分自身の諸条件を絶えず再生産するこの過程全体の浮き沈みは、周期性という形態をとる。[*2] この形態がひとたび確立されるや、経済学でさえも、相対的な――すなわち資本の中位の増殖欲求との関連で――過剰な人口の生産を、近代的産業の生存条件であると理解する。

＊１〔フランス語版では、ここに、次の文章が挿入されている。

「過剰人口の生産が富の生産の規則正しいバネとなるのは、ただ大工業体制のもとでのみである。

この体制は、社会的資本に突然の膨張力、驚くべき弾力性を与えるが、それは、信用が、有利な機会という刺激のもとに、増大する社会的富の非常に大きなかたまりを、すなわち、その所有者が利殖したくてうずうずして絶えず適当な時機をうかがっている新たな諸資本を、生産に流れ込ませるからであり、他方では、大工業の技術的なバネによって、突然きわめて多くの生産物を追加的生産手段に転化したり、商品をより急速に世界の隅から隅へ輸送したりすることができるようになるからである。これらの商品の低価格がまず新しい販路を開かせ、ついで古い販路を広げるとすれば、それらの過剰はしだいに一般市場を収縮させて、ついにはこれらの商品がそこから突然投げ返される。こうして商業の浮沈は、社会的資本の交互的な諸変動――社会的資本は蓄積の過程で、あるときは資本構成の変革をこうむり、あるときはすでに獲得された技術的基礎のうえで増大する――と結合されるにいたる。すべてのこうした作用があいまって、生産規模の突然の膨張と収縮を引き起こすのである。」〕

＊２〔フランス語版では、ここに次の文章が挿入されている。

「しかし、機械制工業が、一国の生産全体に優勢な影響力をおよぼすほどに深く根をおろすようになった時代、機械制工業のおかげで外国貿易が国内商業を追い抜きはじめた時代、世界市場が新世界で、アジアとオーストラリアで、つぎつぎに広大な領域を併合していった時代、最後に、競技場に登場する工業諸国が十分多数となった時代、このような時代以後はじめて、回帰的循環――この循環の相次ぐ諸局面が数年間を含み、しかもそれが、つねに、一つの循環の終点でもあれば、別の循環の出発点でもある全般的恐慌に帰着するような回帰的循環——が始まるのである。いままでのところ、この循環の周期的な長さは一〇年か一一年であるが、しかし、この年数を不変なものと見なすべき理由はなにもない。反対に、われわれが展開してきた資本主義的生産の諸法則からは、この年数は可変的であり、循環の周期がしだいに短くなるであろう、と推論せざるをえない。」」

(663) 以前にオックスフォードの経済学教授で、のちにイギリス植民省の役人となったH・メリヴェイルは言う——「恐慌にさいして、国民が、移民によって数十万人の過剰な人手をやっかい払いするために懸命に努力すると仮定すれば、その結果はどうなるであろうか？　労働需要が最初に回復するさいに不足が生じているであろう。人間の再生産がどんなに急速であるとしても、成年労働者を補填するにはとにかく一世代の合間が必要である。ところで、わが事業主たちの利潤は、おもに、需要のさかんな好況期を利用して不振期の損失を埋め合わせる力に依存する。この力は、機械と手労働とにたいする指揮権によってのみ彼らに保証されている。彼らは、すぐに使える工員を見いださなければならない。必要ならば、工員たちの作業の活動度を、市場の状況に応じていっそう強めたり緩めたりすることができなければならないのであって、さもなければ、彼らは、競争戦のなかで、この国の富の基礎である優越性を決して保持できない[八〇]」。マルサスは、その偏狭なやり方に従って、過剰人口を相対的な過剰化から説明しないで、労働者人口の絶対的な繁殖過剰から説明しているが、そのマルサスでさえ、過剰人口のうちに近代的産業の必要事を認識している。彼は言う——「結婚にかんする賢明な

(664)

習慣が、おもに商工業に依存している国の労働者階級のあいだでかなりの程度まで行なわれるならば、それはその国にとって有害となるであろう。……人口の性質上、一六年または一八年たってしまうまでは、特定の需要の結果として、労働者の増加が市場にもたらされえないのであり、そして貯蓄による収入の資本への転化は、はるかにすみやかに起こりうる。一国はつねに、人口〔の増加〕よりもその労働元本がよりすみやかに増大する状態におかれる」(八一)。経済学は、このように、労働者の相対的過剰人口の絶え間ない生産を資本主義的蓄積の必要事であると言明したあとで、しかも似つかわしくも年かさの未婚女性の姿を借りて、経済学の考える資本家の「〝美しい理想〟」の口から、自分たち自身が創造した追加資本によって街頭にほうり出された「余計者たち」に向かって、次のように語るようにしむける――「われわれ工場主は、諸君が生計のよりどころにしなければならない資本をふやすことによって、諸君のためにできるだけのことをしている。だから、諸君は、諸君の人数を生計維持手段に合致したものにすることによって、それ以外のことをしなければならない(八二)」と。

(八〇)　H・メリヴェイル『植民および植民地についての講義』、ロンドン、一八四一年および一八四二年、第一巻、一四六ページ。

(八一)　マルサス『経済学原理』、二一五、三一九、三二〇ページ〔吉田訳、岩波文庫、上巻、四二六ページ、下巻、一九四ページ〕。この著作で、マルサスはついに、シスモンディを介して、過剰生産―過剰人口―過剰消費という資本主義的生産のみごとな三位一体*を、〝三つの実にきわめて扱いにくい怪物〟を、発見している！　F・エンゲルス『国民経済学批判大綱』、前出、一〇七ページ以下〔邦訳『全集』第一巻、五六二―五六六ページ〕参照。

（八二）　ハリエト・マーティノウ『マンチェスターのストライキ』、一八三二年、一〇一ページ。

＊〔神は、聖父、聖子、聖霊の三つの位格（ペルソナ）と一つの実体（スブスタンティア）において存在するという、キリスト教の教理を示す用語〕

資本主義的生産にとっては、人口の自然的増加によって提供される、利用可能な労働力の分量だけでは決して十分でない。この生産は、それが自由に活動するためには、この自然的制限にかかわりのない産業予備軍を必要とする。

これまでは、可変資本の増減には就業労働者数の増減が正確に照応するものと想定された。しかしながら、可変資本によって指揮命令される労働者数が不変であれば、または減少してさえも、次の場合には、可変資本は増大する。それは、個々の労働者がより多くの労働を提供し、それゆえ、彼の労賃が増大する場合である――この場合には彼の労賃は、労働の価格が不変であっても増加するし、または労働の価格が低落しさえしても、労働量の増大よりも緩慢に低落するだけであれば増加する。この場合には、可変資本の増大は、労働増加の指標とはなっても、就業労働者の増加の指標とはならない。どの資本家も、一定分量の労働を、より多くの労働者――たとえそれが同じ安さであっても、またはより安上がりであってさえも――からではなく、より少ない労働者からしぼり出すことに、絶対的関心をいだいている。前者の場合〔より多くの労働者の場合〕には、流動させられる労働の量に比例して不変資本の支出が増大するが、後者の場合には、その増加ははるかに緩慢である。生産規模が大きくなればなるほど、それだけこの動機が決定的となる。この動機の重みは、資本の蓄積につれて増大する。

すでに述べたように、資本主義的生産様式および労働の生産力の発展――これらは蓄積の原因であると同時に結果でもある――によって、資本家は、個々の労働力の外延的、または内包的搾取を増大させることで、可変資本の同じ支出でより多くの労働を流動させることが可能になる。さらにすでに述べたように、資本家は、ますます不熟練労働者によって熟練労働者を、未成熟労働者によって成熟労働者を、女性労働者によって男性労働者を、年少または児童労働力によって成年労働力を駆逐することを通じて、同じ資本価値でより多くの労働力を購入する。

（665）したがって、蓄積が進むにつれて、一方では、より大きな可変資本が、より多くの労働者を募集することなしにより多くの労働を流動させ、他方では、同じ大きさの可変資本が、同じ量の労働力でより多くの労働を流動させ、そして最後に、より高級な労働力を駆逐することで、より低級な労働力をより多く流動させる。

したがって、相対的過剰人口の生産、または労働者の遊離は、それでなくても蓄積の進行につれて加速される生産過程の技術的変革や、この変革に照応して、可変資本部分が不変資本部分に比べて比率的に減少するよりも、いっそう急速に進行する。生産手段は、その規模と作用力が増すにつれて、労働者の就業手段となる程度をますます減らすとすれば、この関係そのものは、労働の生産力が増大するにつれて、資本は自己の労働者需要よりも自己の労働の供給〔労働日の延長、労働強化による労働供給量〕をより急速に増加させるということによって、ふたたび修正される。労働者階級の就業部分の過度労働は、彼らの予備軍の隊列を膨脹させるが、その逆に、この予備軍隊列がその競争によって就

（666）業部分に加える圧迫の増加は、就業部分に過度労働と資本の命令への服従を強制する。労働者階級の一部分の過度労働によって他の部分が強制的怠惰に突き落とされること、およびその逆は、個々の資本家の致富手段となり、（八三）しかも同時に、社会的蓄積の進行に照応する規模で産業予備軍の生産を速める。相対的過剰人口を形成するうえでこの契機がどれほど重要であるかは、たとえばイギリスがこれを証明する。労働を「節約」するためのイギリスの技術的手段*は途方もないものである。とはいえ、あすにでも全般的に労働が合理的な程度に制限され、労働者階級のさまざまな層にたいして労働が年齢と性とにふさわしく区別をつけて再配分されるならば、現在の規模で国民的生産を継続していくには、現存の労働者人口では絶対的に不十分であろう。現在「不生産的」な労働者の大多数が「生産的」な労働者に転化されなければならないであろう。

（八三）　一八六三年の綿花飢饉の中でさえ、ブラックバーンの綿糸精紡工たちのあるパンフレットには、過度労働――この過度労働に見舞われたのは、工場法のおかげで、もちろん成年男性労働者たちだけであった――に反対する激しい非難が見いだされる。「怠惰を強制されてはいるが、自分たちの家族を養うために、また自分たちの仲間を過度労働させることによる早死から救うために、一部の時間でもすすんで働きたがっている者が何百人もいるにもかかわらず、この工場では成年工が、一日あたり一二ないし一三時間、労働することを要求されてきた」。さらに続けて言う――「われわれは、超過時間を働くこの慣行が、主人と『召し使い』とのあいだのどうにかがまんのできる関係を可能にするのかどうか？　と問いたい。過度労働の犠牲者は、過度労働によって強制的怠惰に突き落とされた人々と同じく、不当と感じている。この地域には、もし労働が公正に配分されさえすれば、すべての者を部分的に就業させるのに十分なだけの、やるべき仕事がある。われわれは、他の者が仕事がないために慈善にすがって露命をつなぐことを余儀なくされているのに、一部の者に過度労働させることをやめて、少なくともこんにちの事態が続く限りは全般的に短時間労働にするよう雇い主に求めているのであって、これは正当な要求にすぎない」（『工場監督官報告書。一八六三年一〇月三一日』、八ページ）。――『工業および商業にかんする一論』の著者〔ジョン・カニンガム〕は、就業労働者にたいする相対的過剰人口の影響を、彼のいつもながらの確かなブルジョア的本能で理解している。「この王国における怠惰のもう一つの原因は、労働者の数が十分でないことである。〔……〕製品にたいするなんらかの異常な需要によって労働量が不足になると、いつでも、労働者たちは自分自身の重みを感じ、雇い主たちにもそれを感じさせようとする。これはおどろくべきことである。しかしこの連中の根性は実に堕落していて、こうした場合に、いくつかの労働者集団が団結して一日中〔みんなで〕仕事を放棄することにより雇い主たちを困らせようとしたほどである」（『……一論』、二七、二八ページ）。要するに、この連中は賃上げを要求したのである。

＊〔フランス語版では、「技術的手段の量、多様性、および完璧さ」となっている〕

全体としてみれば、労賃の一般的運動は、産業循環の周期的変動に照応する産業予備軍の膨脹と収縮とによってもっぱら調節される。したがってその運動は、労働者人口の絶対数の運動によってではなく、労働者階級が現役軍と予備軍とに分かれる比率の変動によって、過剰人口の相対的大きさの増減によって、過剰人口があるときは吸収され、あるときは遊離される程度によって、規定されている。一〇ヵ年の循環とその周期的諸局面――これらの諸局面は、そのうえ、蓄積の進行につれて、ますます急速に継起する不規則な諸振動と交錯する――をともなう近代的産業にとっては、労働の需要供給を資本の膨脹と収縮によって、したがって資本のそのときどきの増殖欲求に従って規制し、その結果、

（667）労働市場はあるときは資本が膨脹するから相対的に供給不足として現われ、あるときは資本が収縮するから供給過剰として現われるというのではなくて、逆に、資本の運動を人口数の絶対的運動に依存させるとすれば、それはまことにすばらしい法則であろう。とはいえ、これは経済学的ドグマである。このドグマに従えば、資本蓄積の結果、労賃が騰貴する。労賃の高騰は労働者人口の急速な増加に拍車をかけ、そしてこの増加は、労働市場が供給過剰となるまで、したがって資本が労働者供給に比べて不足になるまで、続く。労賃が低落する、するとこんどはメダルの裏の面が現われる。労賃の低下によって労働者人口はしだいに減少していき、その結果、労働者人口に比べて資本がふたたび過剰となるか、それともまた、他の人々が説明するように、労賃の低下とそれに照応する労働者の搾取の増大がふたたび蓄積を速め、他方では同時に低賃銀が労働者階級の増大を阻止する。こうしてふたたび、労働供給が労働需要よりも少なくなり、賃銀が騰貴する状態が生じる、等々。これは、発展した資本主義的生産にとって、なんとすばらしい運動方法であろう！　しかし、賃銀高騰の結果として実際に労働能力ある人口のなんらかの積極的増大が生じうるまえに、産業戦役が遂行され、会戦がもたれ、勝敗が決められなければならない期間が何度も何度も経過するであろう。

一八四九年から一八五九年までのあいだに、穀物価格の低下と同時に、実際を見れば名目的にすぎない賃銀高騰がイギリスの農業地方で生じたのであり、たとえばウィルトシャーでは週賃銀が七シリングから八シリングに、ドーシットシャーでは七ないし八シリングから九シリングに騰貴した、などである。これは、戦争需要*、鉄道敷設・工場・鉱山などの大拡張によって引き起こされた農業過剰人口の通常を超える流出の結果であった。労賃が低ければ低いほど、たとえどんなにわずかな労賃の騰貴でも、百分比ではそれだけ高く表現される。たとえば週賃銀が二〇シリングであり、それが二二シリングに騰貴すれば、一〇％の騰貴である。それにたいして、ただの七シリングの週賃銀が九シリングに騰貴すれば、二八$^{4}/_{7}$％の騰貴であり、実にたいした騰貴のように聞こえる。いずれにせよ、借地農場経営者たちはわめきたて、『ロンドン・エコノミスト』までが、この飢餓賃銀について、「〝全般的なそうとうな騰貴〟」であると大まじめでしゃべりたてた。(八四) ところで、借地農場経営者たちはなにをしたか？　彼らは、ドグマ的な経済学的頭脳のなかで起こる事態のように、このすばらしい支払いの結果として農業労働者が増加し、この労働者の賃銀がふたたび低下せざるをえなくなるまで、待ったであろうか？　彼らはより多くの機械を導入したのであり、たちまちのうちに労働者は、借地農場経営者たちにとってさえ満足な程度にふたたび「過剰」になった。いまや農業には、以前よりも「より多くの資本」が、(668) しかもより生産的な形態で投下された。そのため、労働にたいする需要は、相対的にだけでなく、絶対的にも減少した。

(八四)　『エコノミスト』一八六〇年一月二一日付〔、六四ページ〕。

＊〔一八四九年から一八五九年までの期間に、イギリスは、クリミア戦争（一八五三―五六年）、対中国戦争（一八五六―五八年、五九―六〇年）、対イラン戦争（一八五六―五七年）など、いくつもの戦争を行なった。そのほか、イギリスの軍隊は、インドの民族解放の蜂起を鎮圧するために出動した（一八五七―五九年）〕

さきの経済学的つくり話は、労賃の一般的運動を規制し、労働者階級すなわち総労働力と社会的総資本との関係を規制する法則を、労働者人口を特殊的生産諸部面に配分する法則と混同している。たとえば、好景気の結果特定の生産部面での蓄積がとくに活発で、そこでの利潤が平均利潤よりも大きく、追加資本がこの部面に殺到するとすれば、もちろん、労働需要が増し労賃が騰貴する。労賃の高騰は、労働者人口中のより大きな部分をこの好況部面に引き入れ、それはこの部面が労働力で飽和されるまで続き、賃銀は、長い間にはふたたびもとの平均水準に――または労働力の殺到が大きすぎた場合には平均水準以下に――低下する。そうなれば、この事業部門への労働者の移入がやむだけでなく、それどころか労働者の移出に取って代わられる。ここで経済学者は、「どこで、またどのようにして」賃銀の増加につれて労働者が絶対的に増加し、労働者のこの絶対的な増加につれて賃銀が減少するかを見ていると信じているが、実際には彼は、ある特殊な生産部面の労働市場の局部的振動を見ているにすぎず、資本の欲求の変動に応じて資本のさまざまな投下部面へ労働者人口が配分される現象を見ているにすぎない。

産業予備軍は、停滞および中位の繁栄の期間中には現役労働者軍を圧迫し、過剰生産および興奮の期間中には現役労働者軍の要求を押さえ込む。したがって、相対的過剰人口は、労働の需要供給の法則が運動するさいの背景である。相対的過剰人口は、この法則の作用範囲を、資本の搾取欲および支配欲に絶対的に適合する限界内に押し込める。ここで経済学的弁護論の大功績の一つに立ちもどってみよう。新しい機械の採用または古い機械の拡張によって、可変資本の一部が不変資本に転化される場合、資本を「拘束し」、まさにそうすることによって労働者を「遊離させる」この操作を、経済学

（669）

的弁護論者は、逆に、労働者のために資本を遊離させるものと解釈していることを思い出してほしい。[*1] いまやはじめて、この弁護論者の厚顔無恥に十分な評価を加えることができる。遊離されるのは、直接に機械によって駆逐される労働者たちだけでなく、彼らの補充員と、旧来の基盤の上における普通の事業拡張の場合に規則正しく吸収される追加要員も、そうである。彼らはいまやすべて「遊離され」ており、これから機能しようとする新たな資本はいずれも彼らを自由に使用することができる。この資本が彼らを吸引するのであれ他の労働者を吸引するのであれ、機械が市場に投げ出したのと同じ数の労働者を市場から救い出すのに、ちょうど十分な大きさである限り、一般的労働需要にたいする影響はゼロであろう。もしその資本がより少数の労働者を就業させるならば、過剰労働者の数が増大し、もしより多数の労働者を就業させるならば、一般的労働需要は、その就業者が「遊離労働者」を超える分だけ増大する。したがって、投資先を求める追加諸資本が他の場合なら一般的労働需要に与えたであろう飛躍は、いずれにしても、機械によって街頭に投げ出された労働者で足りる限りでは、中和される。すなわち、資本主義的生産の機構は、資本の絶対的増大が、それに照応する一般的労働需要の増加をともなうことのないように取り計らう。そして弁護論者は、これを、失業労働者を産業予備軍に縛りつける過渡期中の労働者の窮乏、苦悩、および起こりうる破滅にたいする補償であると言うのである！　労働にたいする需要は資本の増大と同一ではないし、労働の供給は労働者階級の増大と同一ではないのであり、したがって相互に独立した二つの力能が互いに作用し合うのではない。〝サイコロはいかさまだ〟[*2]。資本は、その両面に同時に作用する。資本の蓄積が、一方では労働にたいする需要を増大させるとすれば、他方では労働者の「遊離」によって労働者の供給を増加させるが、それと同時に、失業者の圧迫が就業者により多くの労働を流動させるよう強制し、したがってある程度、労働の供給を労働者の供給から独立させる。この基盤の上における労働の需要供給の法則の運動は、資本の専制支配を完成させる。それだから、労働者たちがより多く労働し、より多く他人の富を生産し、彼らの労働の生産力が増大すればするほど、資本の増殖手段としての彼らの機能さえもが、彼らにとってますます不安定なものになるのはどうしてなのか、という秘密を労働者たちがかぎつけるやいなや、また、彼ら自身のあいだの競争の強度がまったく相対的過剰人口の圧迫に依存していることを労働者たちが発見するやいなや、したがってまた、資本主義的生産の自然法則が彼らの階級におよぼす破壊的諸結果を打破または弱化するために、労働者たちが〝労働組合〟などによって就業者と失業者とのあいだの計画的協力を組織しようとつとめるやいなや、資本とそのへつらい者である経
(670)
済学者は、「永遠の」、そしていわば「聖なる」需要供給法則の侵害についてがなりたてるのである。というのは、就業者と失業者とのあいだのどんな結合も、あの法則の「純粋な」作用を撹乱するからである。他方で、たとえば植民地において、やっかいな諸事情が産業予備軍の創出をさまたげ、それとともに資本家階級への労働者階級の絶対的従属をさまたげることがあれば、資本は、彼のお定まりのサンチョ・パンサ[*3]と一緒に、「聖なる」需要供給法則に反抗し、強制手段によってこの法則を矯正しようと努める[*4]。

＊1　〔フランス語版では、この一文は次のようになっている――「賃銀元本の一部分が機械に転化されたばか

りのときには、経済学の空想家たちは、この操作が、このようにして固定される資本に応じて既就業労働者を追放しながら、それと同時に、彼らの将来の雇用と等しい大きさの、他のある産業部門の資本を遊離させるのであると主張する。われわれはすでに、そうではないこと、つまり、元の資本のどの部分も、追い出された労働者のためにこのように自由に使用されるのではなく、新資本がそこにあるとすれば、逆に彼ら自身が新資本のために自由に使用されることになるということを示した〔第一五章、第六節「補償説」〔本書、第一三章、第六節〕を見よ〕。〕

＊2〔「だまされるな」「気をつけろ」という意味のフランス語の慣用句〕

＊3〔セルバンテス『ドン・キホーテ』に登場する従者。ここでは資本家に従う経済学者をさす〕

＊4〔フランス語版では、「この『聖なる』法則の危険な傾向を阻止するように国家に命令する」となっている〕

第四節　相対的過剰人口のさまざまな存在形態。資本主義的蓄積の一般的法則

相対的過剰人口は、ありとあらゆる色合いのもとに存在する。どの労働者も、なかば就業しているかまたはまったく就業していない期間中は、相対的過剰人口に属する。相対的過剰人口は、大きな、周期的に反復される諸形態、すなわち産業循環の局面転換によって刻印され、それゆえ、ときには恐慌期に急性的に現われ、ときには事業不振期に慢性的に現われる諸形態を度外視すれば、つねに三つの形態――流動的形態、潜在的形態、および停滞的形態をもつ。

近代的産業の中心——工場、マニュファクチュア、冶金工場、鉱山など——では、労働者が、ときには反発され、ときにはふたたびいっそう大量に吸引され、そのため、生産規模との比率ではつねに減少していくとはいえ、就業者数は全体としては増加する。ここでは、過剰人口は流動的形態で存在する。

本来的工場においても、あるいは機械が要因としてはいり込んでいるか、近代的分業が行なわれているだけのあらゆる大作業場[*1]においても、年少期を過ぎる前の男性労働者が大量に必要とされる。ひとたびこの期限に達すると、きわめて少数しか同じ事業部門で使用され続けることはできず、通常は多数の者が解雇される。これらの者は、流動的過剰人口の一要素をなし、産業の規模につれて増大する。その一部は移住するが、実際には移出資本についていくにすぎない。その帰結の一つが、イギリスが証明するように、女性人口が男性人口より急速に増大することである。労働者大衆の自然的増大が、資本の蓄積欲求を満足させず、それにもかかわらず同時にこの蓄積欲求を超過するということは、資本の運動そのものの一矛盾である。資本は若年の労働者をより多く、大人の労働者をより少なく必要とする。この矛盾よりもっとひどい別の矛盾は、何千人もが失業している——なぜなら、分業が彼(671)らを特定の事業部門にがんじがらめに縛りつけるから——ちょうど同じときに、人手の不足が嘆かれることである(八五)。そのうえ、資本による労働力の消費はきわめて急激なので、中年の労働者はおおかた、すでに多かれ少なかれ老衰してしまっている。彼は、過剰者の隊列に落ち込むか、高い等級から低い等級に突き落とされる。われわれがぶつかるのは、大工業の労働者こそもっとも短命だということである。「マンチェスターの衛生官リー博士が確言したところでは、マンチェスター市においては富裕階級の平均寿命は三八歳であるが、労働者階級のそれは一七歳でしかない。リヴァプールでは、前者のそれが三五歳で、後者のそれが一五歳である。したがって、特権階級は、より恵まれないその同じ市民たちより二倍以上の寿命をもっていることになる」(八五a)*2。こうした事情のもとでは、プロレタリアートのこの部分の絶対的増大は、その構成分子が急速に消耗するにもかかわらずその数が膨脹するという形態を必要とする。すなわち労働者世代の急速な交替である。（この法則は人口中の他の諸階級には妥当しない。）この社会的必要は、大工業労働者の生活環境の必然的結果である早婚によって、また労働者児童の搾取が彼らの生産に与えるプレミアによって満たされる。

(八五)　一八六六年の後半期に、八万―九万人の労働者がロンドンで失業していたが、この半年間について工場報告書には次のように述べられている――「需要は、つねに、ちょうどそれが必要とされるときに供給を生み出すと言うのは、絶対に正しいとは思われない。労働の場合はそうはならなかった。なぜなら、昨年は多くの機械が人手の不足のために遊んでいたからである」（『工場監督官報告書。一八六六年一〇月三一日』、八一ページ）。

(八五a)　一八七五年一月一四日のバーミンガム衛生会議での、当時の同市市長で現在（一八八三年）の商務長官であるJ・チェインバリンによる開会演説（『マンチェスター・ガーディアン』一八七五年一月一五日付）。

*1〔フランス語版では、「機械が近代的分業のとなりで補助的役割しか果たしていない」となっている〕

*2〔「われわれが」からここまでと注八五aはフランス語版にもとづき第三版で追加された〕

資本主義的生産が農業を征服してしまうやいなや、またはこの征服の程度に応じて、農村労働者人口にたいする需要は、農業で機能する資本の蓄積とともに絶対的に減少するのであり、この場合には、非農業的産業においてとは異なり、労働者の反発がより多くの吸引によって補われることはないであろう。だから農村人口の一部分は、絶えず都市プロレタリアートまたはマニュファクチュア・プロレタリアートに移行しようとしていて、この転化に好都合な状況がくるのを待ちかまえている。（マニュファクチュアとは、ここでは、すべての非農業的産業という意味である。）(八六) したがって相対的過剰(672)人口のこの源泉は、絶えず湧き出ている。しかし、都市へのこの人口の絶え間ない流れは、農村自体において持続的な潜在的過剰人口を前提とするのであり、この潜在的過剰人口の大きさは、その排水溝が例外的に広く開かれるときにだけ目に見えるようになる。それゆえ農村労働者は、賃銀の最低限にまで押し下げられ、つねに片足を受救貧民的な貧困の泥沼に突っ込んでいる。

(八六)　一八六一年のイングランドおよびウェイルズの国勢調査では、「七八一の都市には一〇九六万九九九八人の住民がおり、村落と農村教区では九一〇万五二二六人という数でしかない。……一八五一年には、国勢調査に五八〇の都市があげられていて、その人口は、周囲の農村地域の人口とほぼ等しかった。ところがその後の一〇年間に、農村地域では人口は五〇万人増加しただけなのに、五八〇の都市では一五五万四〇六七人増加した。人口増加は、農村教区では六・五％、都市では一七・三％である。増加率のこの違いは農村から都市への移住のせいである。総人口の増加の四分の三が都市で起こっている」（『一八六一年度のイングランドおよびウェイルズの国勢調査』第三巻、一一、一二ページ）。

相対的過剰人口の第三のカテゴリーである停滞的過剰人口は、現役労働者軍の一部分をなすが、しかしまったく不規則な就業のもとにある。こうして、この人口は、資本に、自由に使用することのできる労働力の尽きることのない貯水池を提供する。彼らの生活状態は労働者階級の平均的な標準的水準よりも低落し、まさにこのために、彼らは資本の特有な搾取部門の広大な基礎となる。最大限の労働時間と最小限の賃銀とが彼らを特徴づける。われわれは彼らの主要な姿態をすでに家内労働の項〔本訳書、第一巻、八一六ページ以下〕で知っている。彼らは、大工業および大農業の過剰労働者から絶えず補充され、ことにまた、没落しつつある産業諸部門――そこでは手工業経営がマニュファクチュア経営に、後者が機械経営に屈服する――から絶えず補充される。彼らの範囲は、蓄積の大きさとエネルギーとともに「人口過剰化」が進むにつれて、拡大する。しかし同時に、彼らは、労働者階級のうちで、自己自身を自己自身で再生産し永久化している一要素をなしており、労働者階級の総数増大にあずかる割合は他の諸要素よりも比率的に大きい。実際には、出生数および死亡数だけでなく、家族の絶対的大きさも、労賃の高さに、すなわち労働者のさまざまな部類が自由に処分できる生活諸手段の総量に、反比例する。資本主義社会のこの法則は、未開の人々のあいだでは、または文明化した植民地住民のあいだでさえ、不合理なものに聞こえるであろう。この法則は、個体としては弱く、絶えず狩り立てられる動物種がたくさん子供を生むことを思い起こさせる。(八七)

(八七)「貧困は出産にとって好都合で〔さえ〕あるように思われる」(A・スミス〔『諸国民の富』、第一篇、第八章、ウェイクフィールド版、第一巻、ロンドン、一八三五年、一九五ページ。大内・松川訳、岩波文庫、㈠、二五〇ページ〕)。あか抜けして才気あふれるガリアーニ師によれば、このことは神のとくに賢明な摂理でさえある――「神は、もっとも有用な職業に従事する人間が十二分に生まれるように定められた」（ガリアーニ『貨幣について』、〔クストーディ編『イタリア古典経済学者叢書』近代篇、第三巻、ミラノ、一八〇三年、〕七八ページ〔黒須純一郎訳『貨幣論』、京都大学学術出版会、二〇一七年、四九ページ〕）。「飢餓と疫病という極限にまでいたる窮乏は、人口を抑制するどころか増加させる傾向がある」（S・ラング『国民的困窮』、一八四四年、六九ページ）。ラングは、これを統計的に例証したあとで、さらに続ける――「万人の境遇が安楽になれば、やがて世界の人口は減少するであろう」と。

（673）

最後に、相対的過剰人口の最深の沈澱物が住みつくのは、受救貧民の領域である。浮浪人、犯罪者、売春婦、要するに本来のルンペン・プロレタリアートを別にすれば、この社会層は三つの部類からなる。第一は労働能力ある者。イギリスの受救貧民統計をざっと見さえすれば、その量が恐慌のたびに膨脹し、景気回復のたびに減少することがわかる。第二は、孤児および受救貧民の子供。彼らは、産業予備軍の志願者であり、たとえば一八六〇年のような大高揚期には、急速かつ大量に現役労働者軍に編入される。第三は、零落者、落伍者、労働能力のない者。これはことに、分業のせいで転業能力がないために没落する人々、労働者の標準年齢を超えている人々、最後に、危険な機械、鉱山作業、化学工場などとともにその数を増す産業犠牲者、すなわち傷害者、病人、寡婦などである。受救貧民は、現役労働者軍の廃兵院を形成し、産業予備軍の重荷《デッド・ウエイト》を形成する。受救貧民の生産は相対的過剰人口の生産のうちに含まれ、受救貧民の必然性は相対的過剰人口の必然性のうちに含まれているのであり、受救貧民は、相対的過剰人口とともに、富の資本主義的な生産および発展の存在条件をなしている。受救貧民は、資本主義的生産の〝空費〟*に属するが、しかし資本は、その大部分を自分の肩から労働者階級および下層中間階級〔小ブルジョアジー〕の肩に転嫁することを心得ている。

＊〔本訳書、第一巻、五八二ページの訳注参照〕

社会の富、機能資本、機能資本の増大の範囲とエネルギー、したがってまたプロレタリアートの絶対的大きさおよび彼らの労働の生産力、これらが大きくなればなるほど、それだけ産業予備軍も大きくなる。自由に使用することのできる労働力は、資本の膨張力の場合と同じ諸原因によって発展させられる。したがって産業予備軍の相対的大きさは、富の力能につれて増大する。しかし、この予備軍が現役の労働者軍と比べて大きくなればなるほど、固定的過剰人口、したがって彼らの労働苦に反比例して貧困が増大していく労働者諸層が、それだけ大量的となる。*1 最後に、労働者階級中の貧民層《ラザロ》*2と
(674) 産業予備軍とが大きくなればなるほど、公認の受救貧民がそれだけ大きくなる。これこそが資本主義的蓄積の絶対的・一般的な法則である。他のあらゆる法則と同じように、この法則も、その実現にあたっては多様な事情によって修正されるが、これらの事情の分析はここでの問題ではない。

＊1〔初版および第二版にあり、フランス語版以後削除された「労働者諸層」の語を補って訳出した。なお、「労働苦に反比例して」の部分はフランス語版では「正比例」になっている〕

＊2〔新約聖書、ルカ、一六・一九―三一参照〕

労働者たちに向かって、彼らの数を資本の増殖欲求に適合させよと説教する経済学的知恵の愚かしさが、よくわかる。資本主義的な生産と蓄積との機構が、この数を絶えずこの増殖欲求に適合させる。

この適合の最初の言葉は、相対的過剰人口または産業予備軍の創出であり、その最後の言葉は、現役労働者軍の絶えず増大する諸層の貧困と、受救貧民の重荷とである。

社会的労働の生産性が進展したおかげで、累進的に減っていく人間力の支出で、ますます大きな量の生産諸手段が運動させられうるという法則――この法則は、労働者が労働諸手段を使用するのではなく、労働諸手段が労働者を使用する資本主義的基礎の上では、次のことのうちに表現される。すなわち、労働の生産力が高くなればなるほど、労働者たちが自分たちの就業手段に加える圧力がそれだけ大きくなり、したがって、他人の富の増加のために、または資本の自己増殖のために自分の力を販売するという彼らの生存条件がそれだけ不安定になるということである。したがって、生産的人口よりも急速な生産諸手段と労働生産性との増大は、資本主義的には逆に、労働者人口が資本の増殖欲求よりもつねに急速に増大するということのうちに表現される。

第四篇で相対的剰余価値の生産を分析したさいに見たように、資本主義制度の内部では、労働の社会的生産力を高めるいっさいの方法は、個々の労働者を犠牲にして行なわれるのであり、生産を発展させるいっさいの手段は、生産者の支配と搾取との手段に転化し、労働者を部分人間へと切り縮め、彼を機械の付属物へとおとしめ、彼の労働苦によって労働の内容を破壊し、科学が自立的力能として労働過程に合体される程度に応じて、労働過程の精神的力能を労働者から疎外するのであり、またこれらの方法・手段は、彼の労働条件をゆがめ、労働過程のあいだはあまりに細かいところまでこだわる悪意に満ちた専制支配のもとに彼を服従させ、彼の生活時間を労働時間に転化させ、彼の妻子を資

（675）本のジャガノート[*1]の車輪のもとに投げ入れる。しかし、剰余価値の生産のいっさいの方法は、同時に蓄積の方法であり、逆に、蓄積のどの拡大も、これらの方法の発展のための手段となる。だから、資本が蓄積されるのにつれて、労働者の報酬がどうであろうと――高かろうと低かろうと――労働者の状態は悪化せざるをえないということになる。最後に、相対的過剰人口または産業予備軍を蓄積の範囲とエネルギーとに絶えず均衡させる法則は、ヘファイストスの楔《くさび》がプロメテウス[*2]を岩に縛りつけたよりもいっそう固く、労働者を資本に縛りつける。この法則は、資本の蓄積に照応する貧困の蓄積を条件づける。したがって、一方の極における富の蓄積は、同時に、その対極における、すなわち自分自身の生産物を資本として生産する階級の側における、貧困、労働苦、奴隷状態、無知、野蛮化、および道徳的堕落の蓄積である。

＊1〔本訳書、第一巻、四九二ページの訳注＊参照〕

＊2〔ギリシア神話の英雄。鍛冶の神ヘファイストスの鍛冶場の火を盗んで人間に与えたために、怒ったゼウスによってカウカソスに鎖でつながれ、大ワシに毎日肝を食われた。アイスキュロスの『縛られたプロメテウス』（呉茂一訳、岩波文庫、一九七四年）でも有名。マルクスは、人類の解放に一身をささげた英雄的巨人として、プロメテウスを高く評価し、一八四一年にイェーナ大学に提出した学位論文（古代ギリシアの唯物論哲学を研究）の「序言」の最後に、岩に縛りつけられながら神々への隷従を拒否したプロメテウスの言葉を引き、彼を「哲学の年鑑のなかの最も高貴な聖者」と呼んだ。ここにプロメテウスを登場させたことは、プロメテウスが人間解放のためにヘファイストスの鎖とたたかったように、自分たちを過酷な搾取体制に縛りつけている資本主義の鉄鎖を断つたたかいに立ちあがれ、という労働者階級への呼びかけを意味していた〕

資本主義的蓄積のこの敵対的性格は、〔八八〕経済学者たちによってさまざまな形態で語られている。とはいっても、彼らは、それを、部分的には類似しているが、しかし根本的に異なる前資本主義的生産諸様式の諸現象と混同しているのであるが。

（八八）「こうして、ブルジョアジーがそのなかで活動する生産諸関係は、単一の性格、単純な性格をもつものではなく、二重の性格をもつものであること、富がそのなかで生産されるその同じ諸関係のなかで貧困もまた生産されること、生産諸力の発展がそのなかに存在するその同じ諸関係のなかに抑圧を生む力が存在すること、これらの諸関係が市民的富すなわちブルジョア階級の富を生産するのは、この階級の個々の構成員の富を不断に破壊し尽くし、絶えず増大するプロレタリアートを生み出すことによってのみであること、これらのことが日増しに明らかになっていく」（カール・マルクス『哲学の貧困』、一一六ページ〔邦訳『全集』第四巻、一四六ページ〕）。

一八世紀の偉大な経済学的著述家の一人であるヴェネツィアの修道士オルテスは、資本主義的生産の敵対関係を、社会的富の一般的自然法則と理解している。「経済的な善と悪とは、一国内ではつねに均衡しているのであり、ある人々にとっての財の豊富は、つねに、他の人々にとっての財の欠乏に等しい。〔……〕ある人々の大きな富は、つねに、他のはるかに多くの人々の必需品の絶対的剥奪をともなっている。〔……〕一国民の富はその人口に照応し、その貧困はその富に照応する。ある人々の勤勉は、他の人々の怠惰を強要する〔原文は「命じる」〕。貧乏と怠惰は、富裕と活動との必然的果実である」〔八九〕等々。オルテスから約一〇年後に、高教会のプロテスタント僧侶であるタウンゼンドは、まっ

(676)

たく荒々しいやり方で、貧困を富の必然的条件であると賛美した。「法律による労働の強制はあまりにも多くの面倒、暴力、および騒ぎをともなうが、〔……〕飢餓は、平穏で静かで絶え間のない圧迫であるだけでなく、勤勉と労働へのもっとも自然な動機として、力の最大限の発揮を引き出す」。したがって、すべては、労働者階級のあいだの飢餓を恒久化することにかかっており、このことは、タウンゼンドによれば、とくに貧民のあいだで作用する人口原理がそのように取りはからう。「貧民がある程度まで無思慮」（すなわち、金の匙《さじ》を口にくわえずに生まれてくる[*1]ほどに無思慮）「であるということ、その結果、社会のもっとも卑しく、もっとも不潔で、もっとも下等な職務を果たす貧民がつねに存在するということは、一個の自然法則であるように思われる。人間的幸福の元本はこれによっておおいに増加され、〔他方では〕より高雅な人々は骨折り仕事から解放され、〔……〕さまたげられることなく……より高尚な職業に専念することができる。……救貧法は、神と自然がこの世に打ち立てたこの制度の調和と美、均斉と秩序を破壊する傾向がある」[九〇]。あのヴェネツィアの修道士が、貧困を永遠化する運命の定めのうちに、キリスト教的慈愛、独身制、修道院、および慈善施設の存在理由を見いだしたとすれば、このプロテスタントの聖職禄受領者は、反対に、この定めのうちに、わずかばかり
(677) りの公の扶助を受ける権利を貧民に与えた法律を非難する口実を見いだすのである。――シュトルヒは次のように言う。「社会的富の進展〔……〕は、社会のあの有用な階級を生み出し……この階級は、もっとも退屈で、もっとも下等で、もっとも不快な仕事を引き受け、ひとことで言えば、人生における不快なもの、隷属的なもののすべてを自分の肩に担い、まさにそのことによって他の諸階級に、時

間、精神ののどかさ、慣習的な」（〝結構だ！〟）「人格的品位を与える、云々[九一]」と。シュトルヒは、では大衆の貧困と堕落をともなうこの資本主義文明が未開にまさる点はいったいなんなのか？　と自問する。彼の見いだす答えはただ一つ——安全！　である。——シスモンディは言う。「産業と科学との進歩のおかげで、どの労働者も、毎日、自分の消費に必要であるよりもはるかに多く生産することができる。しかし同時に、もし彼の労働が富を生産する一方で、彼がこの富を自分で消費しなければならないとすれば、この富は彼を、ほとんど労働に適さないものにしてしまうであろう」。彼によれば、「あらゆる工芸の完成も、産業がわれわれに与えるあらゆる享受も、もし人々が」（すなわち非労働者が）「労働者の労働と同じような休みない労働という犠牲を払って手に入れなければならないとすれば、おそらく彼らはそれらのものを断念するであろう。……こんにちでは、努力はその報酬から切り離されている。同じ人物がまず働いて、次に休息するのではない。反対に、一方の人が働くからこそ、他方の人が休息するに違いない。……したがって、労働の生産力の果てしない増大は、有閑な富者の奢侈と享受の増大以外のなんらの結果をももたらしえない[九二]」。——最後に、魚のように冷血なブルジョア理論家デスチュト・ド・トラシ[*2]は、残忍にもこう述べる。「貧乏な国とは人民が安楽に暮らしている国であり、富裕な国とは人民が概して貧乏な国である[九三]」。

（八九）　G・オルテス『国民経済学について。六冊本、一七七七〔正しくは一七七四〕年』、クストーディ編、近代篇、第二一巻、六、九、二二、二五ページ等〔正しくは六、八、九、二三―二五ページ〕。オルテスは同書の三二ページで言う——「人民の幸福にとって無用な体系を打ち立てる代わりに、私は人民の不幸の理由を調べることに限るであろう」。

（九〇）『救貧法にかんする一論。人類の幸福を願う者（タウンゼンド師）著、一七八六年』、新版、ロンドン、一八一七年、一五、三九、四一ページ。この「高雅な」僧侶――いまあげた彼の著作と彼の『スペイン旅行記』〔ロンドン、一七九一年〕をマルサスはしばしば何ページにもわたって引き写している――は、その学説の大部分をサー・J・スチュアトから借用しているのであるが、それでいながらその意味をねじまげている。たとえば、スチュアトは、「この奴隷制度には、人間を」（非労働者のために）「勤勉にさせる強力な方法があった。……当時は人々は他人の奴隷であったから、労働」（すなわち他人のための無償労働）「を強いられた。いまは人々は、自己の欲望の奴隷であるから、労働」（すなわち非労働者のための無償労働）「を強いられている」〔J・スチュアト『経済学原理の研究』第一巻、ダブリン、一七七〇年、三九―四〇ページ。中野正訳『経済学原理』、岩波文庫、㈠、一九六七年、一二六ページ〕と述べているとしても、だからといって彼は、この肥満した聖職禄受領者のように、賃労働者はつねに飢餓状態にさいなまれているべきだとは結論していない。反対に、彼は、賃労働者の欲望を増加させ、またこの欲望の数が増加することも「より高雅な人々」のための彼らが労働する刺激にしようとしている。

（九一）シュトルヒ『経済学講義』、パリ版、一八二三年、第三巻、二二三ページ。

（九二）シスモンディ『経済学新原理』〔第二版、パリ、一八二七年〕、第一巻、八五、七九、八〇ページ〔菅間訳、上、三七五―三七六、九七、九八ページ〕。

（九三）デスチュト・ド・トラシ『意志および意志作用論』、〔パリ、一八四六年、〕二三一ページ。

＊1〔ドイツ語の慣用句で、金持ちの家に生まれることを「金の匙を口にくわえて生まれる」という〕

＊2〔「彼によれば」からここまでは、フランス語版にもとづき第三版で追加された〕

第五節　資本主義的蓄積の一般的法則の例証

a　一八四六*—一八六六年のイギリス

*〔一八四六年は穀物法が廃止された年である〕

近代社会の時期のうちでも、最近二〇年間の時期ほど資本主義的蓄積の研究に好都合な時期はない。それはちょうど、フォルトゥナートゥス*1の財布をみつけたかのようである。しかし、すべての国のうちで、イギリスがまたしても典型的な実例を提供する。なぜなら、イギリスは世界市場で首位の座を確保し、資本主義的生産様式はこの国でのみ十分に発展しており、そしてついに、一八四六年以来の自由貿易の千年王国*2の開始は俗流経済学の最後の逃げ場を遮断したからである。(678)生産の巨大な進展——その結果、この二〇年のうちでも後半の一〇年間は、これまた前半の一〇年間をはるかにしのぐ——については、すでに第四篇で十分に指摘した。

*1〔一六世紀はじめのドイツの通俗小説（初版一五〇九年）に登場する人物。空にならない財布を持っていた〕

10年ごとのイングランドおよびウエイルズの年人口増加百分率*

1811—1821年	………………1.533%
1821—1831年	………………1.446%
1831—1841年	………………1.326%
1841—1851年	………………1.216%
1851—1861年	………………1.141%

*〔『1861年度のイングランドおよびウェイルズの国勢調査』、ロンドン、1863年による〕

＊2〔本訳書、第一巻、四九四ページの訳注＊3参照〕

最近半世紀のイギリス人口の絶対的増大は、きわめて大きかったとはいえ、公式の国勢調査から借りてきた先の表〔前ページ〕が示すように、その相対的増大すなわち増加率は絶えず減少した。

次に、他方で、富の増大を見てみよう。この場合もっとも確実なよりどころとなるのは、所得税を課される利潤、地代などの変動である。納税義務のある利潤（借地農場経営者およびその他の若干の部類は含まれていない）の増加は、一八五三年から一八六四年までに、大ブリテンでは五〇・四七％（すなわち年平均四・五八％）であったが、(九四) 同期間の人口増加は約一二％であった。課税されうる土地（家屋、鉄道、鉱山、漁場などを含む）の賃料の増加は、一八五三年から一八六四年までに三八％、すなわち年々三5/11＊％であったが、この増加にもっともあずかって力があったのは右の部類であった。

	1853年を超える1864年の年所得超過率	年ごとの増加率
家　　屋	38.60%	3.50%
採石場	84.76%	7.70%
鉱　　山	68.85%	6.26%
製鉄所	39.92%	3.63%
漁　　場	57.37%	5.21%
ガス工場	126.02%	11.45%
鉄　　道	83.29%	7.57% (95)

(九四)『内国収入調査委員会、第一〇次報告書』、ロンドン、一八六六年、三八ページ。

(九五) 同前。〔右の表〕

(679)

*〔初版以来、「三$\frac{5}{12}$%」となっていた〕

一八五三―一八六四年の期間の四年ごとを比較すれば、所得の増加度は絶えず上がっている。たとえば利潤から生じる所得の増加度は、一八五三―一八五七年には年一・七三%、一八五七―一八六一年には年二・七四%、一八六一―一八六四年には年九・三〇%である〔同前〕。連合王国における所得税を課される所得の総額は、一八五六年には三億七〇六万八八九八ポンド、一八五九年には三億二八一二万七四一六ポンド、一八六二年には三億五一七四万五二四一ポンド、一八六三年には三億五九一四万二八九七ポンド、一八六四年には三億六二四六万二二七九ポンド、一八六五年には三億八五五三万二〇ポンドであった[九六]〔同前、LIX ページ〕。

（九六）　これらの数値は比較をするのには十分であるが、絶対的なものと見なされれば誤りである。というのは、おそらく一億ポンドの所得が年々「隠匿」されるからである。組織的な欺瞞――とくに商工業部面での――にかんする内国収入調査委員たちの苦情が、彼らのどの報告書でも繰り返されている。たとえば次のように言われている――「ある株式会社は、その課税されうる利潤を六〇〇〇ポンドと申告したが、租税査定官はそれを八万八〇〇〇ポンドと評価し、結局、この査定額で税が支払われた。もう一つの会社は一九万ポンドと申告したが、実際額は二五万ポンドであると白状することを余儀なくされた」〔同前、四二ページ〕。

資本の蓄積は、同時に、資本の集積および集中[*1]をともなった。イングランドについての政府の農業統計は存在しなかったが（しかしアイルランドのものはある）、一〇州からは任意に提供された。それらの統計によれば、そこでは、一八五一年から一八六一年までに、一〇〇エーカー未満の借地農場

	1864年4月5日に終わる1年		1865年4月5日に終わる1年	
	利潤所得（ポンド）	人　数	利潤所得（ポンド）	人　数
総所得	95,844,222	308,416	105,435,787	332,431
うち	57,028,290	22,334	64,554,197	24,075
うち	36,415,225	3,619	42,535,576	4,021
うち	22,809,781	822	27,555,313	973
うち	8,744,762	91	11,077,238	107

は三万一五八三から二万六六五六七に減少し、したがって五〇一六が大借地農場と合併されるという結果が生じた[九七]。一八一五年から一八二五年までには、相続税を課された一〇〇万ポンドを超える動産は一つもなかったが、一八二五年から一八五五年までに八つ、一八五五年から一八五九年六月までに――すなわち四ヵ年半で――四つ生まれた[九八]。とはいえ、一八六四年および一八六五年におけるD部類（借地農場経営者などをのぞいた利潤）にたいする所得税を簡単に分析すれば、集中はもっともよく見てとれる。あらかじめ注意しておくと、この源泉からの所得で六〇ポンド以上のものには所得税が課される。納税義務のあるこれらの所得は、イングランド、ウェイルズ、およびスコットランドでは、一八六四年には九五八四万四二二二ポンド、一八六五年には一億五四三万五七八七ポンドであり[九九][*2]、納税者数は、一八六四年には総人口二三八九万一〇〇九人のうち三〇万八四一六人、一八六五年には総人口二四一二万七〇〇三人のうち三三万二四三一人であった。両年度におけるこの所得の配分については、上の表を参照。

1847年…………	58,842,377ポンド
1849年…………	63,596,025ポンド
1856年…………	115,826,948ポンド
1860年…………	135,842,817ポンド
1865年…………	165,862,402ポンド
1866年…………	188,917,536ポンド

*〔『連合王国統計摘要』第８号、第13号、第15号による。数値は原資料により訂正〕

(九七)『一八六一年度のイングランドおよびウェイルズの国勢調査』第三巻、二九ページ。一五〇人の地主がイングランドの土地の半分を所有し、一二人の地主がスコットランドの土地の半分を所有している、というジョン・ブライトの主張は反駁されなかった。

(九八)『内国収入調査委員会、第四次報告書』、ロンドン、一八六〇年、一七ページ。

(九九) これらは純所得、すなわち法定の諸控除を行なったあとの所得である。

*1〔この「資本の集積および集中」は、初版、第二版では「資本の集積」となっていた〕

*2〔この数値および統計表の数値は、マルクスの利用した報告書の原表にもとづき訂正した。『内国収入調査委員会、第一〇次報告書』、LXII－LXIIIページ〕

(680)　連合王国では、*石炭の生産は、一八五五年には六一四五万三〇七九トン、価額にして一六一一万三二六七ポンド、一八六四年には九二七八万七八七三トン、価額にして二三一九万七九六八ポンドであり、また銑鉄の生産は、一八五五年には三二一万八一五四トン、価額にして八〇四万五三八五ポンド、一八六四年には四七六万七九五一トン、価額にして一一九一万九八七七ポンドであった。連合王国で経営されている鉄道の営業距離は、一八五四年には八〇五四マイルで、払込資本は二億八六〇六万八七九四ポンドであり、一八六四年には一万二七八九マイルで、払込資本は四億二五七一万九六一三ポンドであった。連合王国の輸出入総額は、一八五四年には二億六八二一万一四五ポンド、一八六五年には四億八九九九万三二一八五ポンドであった。先の表〔前ページ〕は輸出の変動を示す(一〇〇)。

（一〇〇）　現在――一八六七年三月――では、インドおよび中国市場は、イギリスの綿工場主たちの委託販売によって、すでにふたたび完全に供給過剰になっている。一八六六年には、綿業労働者のあいだで五％の賃銀切り下げが始まり、一八六七年には、同じような処置の結果、プレストン〔ランカシャーの州都〕で二万人のストライキが始まった。〔これは、すぐ続いて勃発した恐慌の序曲であった。――F・エンゲルス〕

＊〔以下の数値は、『連合王国統計摘要』第一三号、一八六六年、による〕

(681)

このわずかな資料によっても、イギリス人民の戸籍本署長官[*1]の次のような勝利の叫びが理解できる――「人口は急速に増加したとはいえ、産業および富の進展には追いつけなかった(一〇一)」。こんどは、この産業の直接的担当者またはこの富の生産者である労働者階級に目を向けてみよう。グラッドストン[*2]は言う――「人民の消費力が減退し、労働者階級の窮乏と貧困とが増加しているのに、それと同時に上層階級において富が絶えず蓄積され資本が絶えず増大しているということは、この国の社会状態のもっとも憂鬱《ゆううつ》な特徴の一つである(一〇二)」と。この終油の秘蹟[*3]に満ちた〔もったいぶった〕大臣は、一八四三年二月一三日に下院でこのように述べた。その二〇年後の一八六三年四月一六日に、彼は予算演説で次のように言う――「一八四二年から一八五二年までに、この国の課税可能な所得は六％増加した。……一八五三年から一八六一年までの八年間には、一八五三年を基準にすれば、それは二〇％増大した。この事実は実におどろくべきことで、ほとんど信じられないほどである。……人を酔わせるよう

(682)

な、富と力のこの増大も……まったく有産階級だけに限られているが……しかし、それは一般消費物品を安くするのだから労働者人口にとっても間接的利益であるに違いない。——富者はいっそう富裕になっているが、いずれにせよ、貧者もいっそう少ない貧困になっている。極限の貧困が減少した*4とはあえて言わないが(一〇三)」と。なんというへたな語勢の弱化〔竜頭蛇尾〕だ！　労働者階級が依然として「貧困」であり、彼らが所有階級のために「人を酔わせるような、富と力の増大」を生産したのに比べて「いっそう少ない貧困さ」になっているだけだとすれば、彼らはやはり相対的には同じように貧困である。極限の貧困が減少しなかったとすれば、それは増大したのである。なぜなら富裕の極限が増大したからである。生活諸手段の低廉化について言えば、公式統計、たとえばロンドン孤児院の報告によれば、一八六〇年から一八六二年までの三年間の平均は、一八五一—一八五三年に比べて二〇%騰貴している。続く一八六三—一八六五年の三年間に、肉、バター、牛乳、砂糖、塩、石炭、その他の多くの生活必需品は累進的に騰貴した(一〇四)。一八六四年四月七日に行なわれたグラッドストンの次のような予算演説は、貨殖の進展と、「貧困」によってほどほどにされた人民の幸福とにたいするピンダロス的*5熱狂賛歌である。彼は「受救貧民になりかかっている」大衆や「賃銀が騰貴しなかった」事業部門について語り、最後に労働者階級の幸福を要約してこう述べる——「人生は一〇中の九までは単なる生存闘争である(一〇五)」と。フォーシット教授は、グラッドストンのように公的気づかいに縛られることなく、ありのままにこう語る——「もちろん私は、資本のこうした増加」(ここ一〇年間の)「とともに、貨幣賃銀も騰貴したことを否定はしないが、この外見上の利益は、おおかたふたたび失われている。なぜなら生活必要品の多くが絶えず騰貴するからである」〔彼はその理由を貴金属の価値低下のせいだと信じている〕「……富者は急速にいっそう富裕になるが、労働者階級の安楽の増加は少しも認められない。……労働者たちは、ほとんど、彼らの債権者である小売商人の奴隷となる」。(一〇六)

(一〇一)『一八六一年度のイングランドおよびウェイルズの国勢調査』第三巻、一一ページ。

(一〇二)一八四三年二月一三日の下院でのグラッドストンの演説〔『タイムズ』一八四三年二月一四日付――ハンサード発行のイギリス議会討議集、二月一三日付〕。〔括弧内は英語版および第四版で追加された〕

(一〇三)一八六三年四月一六日の下院でのグラッドストンの演説。『モーニング・スター』四月一七日付。[*6]

(一〇四)青書『連合王国の各種統計、第六部』、ロンドン、一八六六年、二六〇―二七三ページの各所に見られる公式報告を見よ。〔以下、第二版への追加〕孤児院などの統計の代わりに、王家の子女の結婚調度品を紹介する政府刊行物の熱弁も証拠書類として役立ちうるであろう。そこには必ず生活諸手段の高騰が語られている。

(一〇五)一八六四年四月七日の下院におけるグラッドストンの演説。ハンサードによれば、次のような句になっている――「もう一度、もっと一般的に言えば、人生はたいていの場合生存闘争にほかならない」。[*7]――一八六三年および一八六四年のグラッドストンの予算演説のなかの相次ぐまぎれもない矛盾を、あるイギリスの著述家は、ボワロ[*8]からの次の引用によって特徴づけている――

「実際こんな人がいる。彼は白から黒へ移る。
ゆうべにもった感じを、朝には非難する。
他人みんなに迷惑をかけ、自分自身にも耐えがたい。
衣装を替えるように、いつも考えを変える」

〔H・ロイ〕『取引所の理論』、ロンドン、一八六四年、一三五ページ〔より引用〕)。

（一〇六）　H・フォーシット『イギリスの労働者の経済状態』、六七、八二ページ。労働者たちが小売商人にますます従属するようになるのは、彼らの就業がますます不安定になり中断する結果である。

＊1〔本訳書、第一巻、八二七―八二八ページの訳注参照〕

＊2〔以下の叙述については、本訳書、第一巻、五四ページ以下参照〕

＊3〔聖油を塗って瀕死の重病人を救うキリスト教の秘蹟〕

＊4〔ドイツ語各版では、初版以来、「変化させられた」となっていた。ヴェルケ版で訂正〕

＊5〔本訳書、第一巻、二六三ページ、訳注＊参照〕

＊6〔「『モーニング・スター』四月一七日付」は、英語版および第四版で追加された〕

＊7〔「ハンサードによれば」以下ここまでは、英語版および第四版で追加された〕

＊8〔ボワロ－デプレオ。一七世紀のフランスの詩人。この詩は、『諷刺詩集』（一六六六年）、第八より。なお、初版以来「モリエール」となっていた。ヴェルケ版で訂正〕

（683）

イギリスの労働者階級が、どのような事情のもとで、所有階級のために「人を酔わせるような、富と力の増大」を創造したかは、労働日と機械とにかんする諸章で明らかにした。とはいえ、そのときわれわれが主として問題にしたのは、自分の社会的機能を遂行中の労働者であった。蓄積の諸法則を十分に解明するためには、作業場の外での労働者の状態、すなわち彼の栄養状態および住宅状態にも注目しなければならない。紙幅に限りがあるので、ここではなによりもまず工業プロレタリアートと農業労働者との最薄給部分を、すなわち労働者階級の多数派を取り上げることにしよう。

そのまえに、公認の受救貧民、すなわち労働者階級のなかでも自分の生存条件である労働力の販売を失ってしまって、公的な救済によってやっと生活している部分について、なお一言しておこう。イングランド(一〇七)における公式の受救貧民数は、一八五五年には八五万一三六九人、一八五六年には八七万七七六七人、一八六五年には九七万一四三三人であった[*1]。綿花飢饉の結果、その数は一八六三年および一八六四年には、一〇七万九三八二人および一〇一万四九七八人に膨張した[*2]。ロンドンをもっとも激しく襲った一八六六年の恐慌は、スコットランド王国よりも人口の多いこの世界市場の中心地で、一八六六年には、一八六五年に比べて一九・五％増、一八六四年に比べて二四・四％増の受救貧民を生み出し、それは一八六七年の最初の数ヵ月間には、一八六六年に比べてさらにいちじるしく増大した。受救貧民統計の分析にあたっては、次の二点が重視されなければならない。一方では、受救貧民数の増減の動きは、産業循環の周期的浮き沈みを反映する。他方では、資本の蓄積とともに階級闘争が、したがって労働者の自覚が発展するにつれて、公式統計は受救貧民の実際の規模についてますます欺瞞的となる。たとえばイギリスの新聞（『タイムズ』、『ペル・メル・ガゼット』など）は、最近の二年間、受救貧民の取り扱いの野蛮さについて実に声高に非を鳴らしたが、この野蛮さは昔からのことである。F・エンゲルスは、一八四四年に、まったく同じ残虐さ、そして「煽情文学」〔人気取りのきわもの文学〕に属するまったく同じつかの間の、偽善的な悲鳴を確認している[*3]。しかし最近一〇年間のロンドンにおける餓死の恐るべき増加は、労働者が〝労役場〟(一〇八)——この貧困処罰所——の奴隷状態への嫌悪をいっそう強めていることを、無条件に証明する。

（一〇七）　イングランドにはつねにウェイルズが含まれ、大ブリテンにはイングランド、ウェイルズ、およびスコットランドが含まれ、連合王国には、この三地方とアイルランドとが含まれる。

（一〇八）　A・スミスが workhouse〔労役場〕という言葉をときおり manufactory〔仕事場〕と同義に用いているのは、スミス以後に生じた進歩に独自の光を投げかけるものである。たとえば、彼の分業にかんする章の冒頭——「仕事のさまざまな部門の各々に従事する人々が、しばしば同じ workhouse〔仕事場〕に集められることがありうる」。〔スミス『諸国民の富』第一巻、エディンバラ、一八一四年、六ページ。大内・松川訳、岩波文庫、㈠、九九ページ〕〔第三版への追加〕

*1　〔『連合王国統計摘要』第一三号、一一一ページ〕

*2　〔マルクスがなにからこの数字をとったかは不明だが、数字自体は『救貧法庁第一八次年次報告書、一八六五—一八六六年』、ロンドン、一八六六年、一一一ページにもとづいたものである。訳注＊1の『連合王国統計摘要』第一三号の数字とは異なっている〕

*3　〔エンゲルス『イギリスにおける労働者階級の状態』（浜林訳、古典選書、邦訳『全集』第二巻）をさす。これは、一八四四—一八四五年に執筆され、一八四五年に刊行された〕

b　イギリスの工業労働者階級の薄給層

（684）

次にわれわれは、工業労働者階級の薄給層に目を向けよう。綿花飢饉中の一八六二年に、医師スミスは、ランカシャーとチェシャー〔どちらもイングランド北西部の州〕における窮乏綿業労働者の栄養状態の調査を〝枢密院〟から委嘱された。それ以前の長年にわたる観察から彼が得ていた結論は、「飢餓病を避けるには」平均的女性一人の一日の食物は少なくとも三九〇〇グレーン〔一グレーンは〇・〇六四八グラム〕の炭素と一八〇グレーンの窒素とを、また平均的男性一人のそれは少なくとも四三〇〇グレーンの炭素と二〇〇グレーンの窒素とを含有していなければならず、女性には二重量ポンドの良質小麦パンに含まれているのとほぼ同じだけの栄養素が、男性にはその $\frac{1}{9}$ 増しのそれが必要であって、成人男女の週平均では少なくとも二万八六〇〇グレーンの炭素と一三三〇グレーンの窒素とが必要である、ということであった。綿業労働者の消費は困窮によってみじめな栄養量にまで押し下げられていたが、彼の計算は、それがこのみじめな栄養量と一致したことによって、思いがけないやり方で実際に確証されることになった。綿業労働者は、一八六二年一二月には、一週間に二万九二一一グレーンの炭素と一二九五グレーンの窒素とを摂取した。

一八六三年に〝枢密院〟は、イングランドの労働者階級のうちもっとも栄養事情の悪い部分の窮状の調査を命じた。〝枢密院〟医務官サイモン医師は、この仕事に前記の医師スミスを選任した。彼の調査は、一方では農業労働者に、他方では絹織布工、女性裁縫工、革手袋製造工、靴下編み工、手袋製織工、および靴工におよんでいる。後者の部類は、靴下編み工をのぞけば、もっぱら都市労働者である。各部類のなかでもっとも健康で比較的よい境遇の家族を対象に選ぶことが、調査のルールとされた。

一般的結果として次のことがわかった――「調査された都市労働者の部類のうち、一つの部類においてだけは、窒素の供給が絶対的最低限度」――それ以下では飢餓病になる――「をわずかに超えているが、二つの部類では窒素含有食物および炭素含有食物の供給が不足し、しかもそのうちの一つの

(685)

部類では、はなはだしく不足しており、また調査された農業家族のうち $\frac{1}{5}$ 以上が炭素含有食物の最低必要供給量以下しか摂取しておらず、$\frac{1}{3}$ 以上が窒素含有食物の最低必要供給量以下しか摂取しなかったのであり、そして三州（バークシャー、オックスフォードシャー、およびサマシットシャー）*では、平均して窒素含有食物の最低限に達していないのが支配的な状態であった[一〇九]」。農業労働者のうちでは、連合王国中の最富裕地方であるイングランドの農業労働者が栄養最悪であった[一一〇]。農村労働者のうちで栄養不足であったのは、一般に主として女性と児童たちとであった。というのは「成年男性は仕事をするために食べなければならない」からである。調査された都市労働者の部類のもとでは、不足はさらにはなはだしかった。「彼らの栄養はきわめて悪いので、多くの場合は悲惨で健康破壊的な欠乏」（これはすべて、資本家の「禁欲」なのだ！　すなわち、彼の工員たちが単にやっと生活するのに不可欠な生活諸手段の支払いを禁欲することである！）「を引き起こすに違いない[一一一]」。

（一〇九）『公衆衛生、第六次報告書。一八六三年』、ロンドン、一八六四年、一三ページ。

（一一〇）同前、一七ページ。

（一一一）同前、一三ページ。

＊〔いずれもイングランド南部の農業地方の州〕

次の表[一一二]〔次ページ〕は、前述の純都市労働者部類の栄養状態と、医師スミスによって仮定された最低限度、および、最困窮期の綿業労働者の栄養度との関係を示している。

（一一二）同前、付録、二三二ページ。

男　女　両　性	炭素の週平均（グレーン）	窒素の週平均（グレーン）
５つの都市的事業部門	28,876	1,192
ランカシャーの失業工場労働者	29,211	1,295
男女同数としてのランカシャー労働者のために提案された最低必要量	28,600	1,330

(686)

調査された工業労働者部類のうち、半分、すなわち $\frac{60}{125}$ はまったくビールを飲まず、二八％はミルクを飲まなかった。家族における飲み物の週平均は、女性裁縫工の七オンス〔一オンスは普通約二八・三五グラム〕から靴下編み工の二四$\frac{3}{4}$オンスまでの変動があった。ミルクを飲まない者の多くはロンドンの女性裁縫工からなっていた。毎週のパンの消費量は、女性裁縫工の七$\frac{3}{4}$重量ポンドから靴工の一一$\frac{1}{4}$重量ポンドまで変動し、成人の総平均は週九・九重量ポンドであった。砂糖（糖蜜類）は、革手袋製造工の週四オンスから靴下編み工の一一オンスまで変動し、すべての部類の週総平均は成人一人あたり八オンスであった。バター（脂肪類）の週総平均は成人一人あたり五オンス。肉（ベーコン類）の週平均は、成人一人あたり絹織布工の七$\frac{1}{4}$オンスから革手袋製造工の一八$\frac{1}{4}$オンスまで変動した。さまざまな部類の総平均は一三・六オンス。成人一人あたりの毎週の食費の一般的平均値は次のとおりであった——絹織布工は二シリング二$\frac{1}{2}$ペンス、女性裁縫工は二シリング七ペンス、革手袋製造工は二シリング九$\frac{1}{2}$ペンス、靴工は二シリング七$\frac{3}{4}$ペンス、靴下編み工は二シリング六$\frac{1}{4}$ペンス。マクルズフィールド〔イングランド北西の絹業の中心地〕の絹織布工の週平均は一シリング八$\frac{1}{2}$ペンスにすぎなかった。栄養最悪の部類は、女性裁縫工、絹

織布工、および革手袋製造工であった。(一一三)

(一一三)　同前、二三二、二三三ページ。

医師サイモンは、この栄養状態について彼の一般衛生報告のなかで次のように言う――「栄養不足が病気を引き起こしたり悪化させたりする事例が無数にあることは、貧民医療〔原文は「救貧法医療」〕に通じ、また、入院患者であれ外来患者であれ、病院患者の事情に通じている者ならだれでも、確認するであろう。……しかしここに、衛生的見地から見てさらにもう一つきわめて重要な事情がつけ加わる。……食物の欠乏に耐えるのはきわめてつらいということ、また通例では、食事のひどい貧しさは、それに先立つ他の欠乏のあとにはじめて起こるということが、想起されなければならない。栄養不足が衛生学的に問題となるずっと以前から、生理学者が生と餓死の境目となる窒素および炭素が何グレーンか計算することを思いつくずっと以前から、世帯はいっさいの物質的享受をすっかり欠いていたであろう。衣服と燃料は食料よりもいっそう乏しくなっていたであろう。きびしい寒さも十分に防げなかったであろうし、住居の広さは病気を引き起こしたり悪化させたりする程度にまで切り詰められていたであろうし、食器や家具はほとんど残っていなかったであろう。清潔にすることすら、高価すぎるか困難になっていたであろう。たとえ、なお自尊心から清潔に保とうとする努力がされるにしても、そのような努力はすべて、飢えの苦しみを増すことになる。家庭がある場所は、もっとも安く夜露がしのげる場所、すなわち、衛生当局の手がもっとも及ばず、下水溝がもっとも貧弱で、交通の便がもっとも悪く、汚物がもっとも多く、給水状態がもっとも貧弱または不良である地区であろう

(687)

し、また都市ならば光と空気とがもっとも少ない地区であろう。貧困が食物の不足をも含む場合には、その貧困はどうしてもこのような衛生上の危険にさらされる。これらの害悪の総計は生命にたいして恐るべき大きさのものになるが、食物不足はそれだけでも由々しいことである。……ことに、問題にしている貧困が怠惰にしていたという自分に責任のある貧困ではないことを想起すれば、胸の痛くなる思いである。それは労働する人たちの貧困である。それどころか、都市労働者について言えば、ほんのわずかばかりの食物を買うための労働は、たいていの場合、あらゆる限度を超えて延長されている。それにもかかわらず、この労働が自己維持に足りているとは、ごく限られた意味でしか言えない。……名目的な自己維持は、きわめて大きな程度において、受救貧民にいたる、あるいは長い、あるいは短い回り道でありうるのみである」(一一四)。

(一一四)　同前、一四、一五ページ。

勤勉このうえない労働者層の飢えの苦しみと、資本主義的蓄積にもとづく富者の粗野または上品な浪費的消費との内的連関は、経済的諸法則の知識によってのみ暴露される。住宅状態については事情は異なる。偏見のない観察者ならだれでも認めるように、生産諸手段の集中[*1]が大規模になればなるほど、それに応じて労働者は同じ空間にますます山積みされるのであり、そのため資本主義的蓄積が急速になればなるほど、労働者の住宅状態はますます悲惨なものとなる。富の進展にともなう都市の「改良」――不良建築地区の取りこわし、銀行や百貨店などのための豪壮な建物の建築、商業交通と豪華儀装馬車のための道路の拡張、鉄道馬車の敷設、等々による――は、明らかに貧民をますます劣

（688）

悪で密集した巣窟に追い込む。他方では、だれでも知っているように、住宅はその質に反比例して高価であり、貧困という鉱山は、かつてのポトシの鉱山〔一五四五年に発見された南米ボリヴィアの銀山〕の場合よりも多くの利潤とわずかな費用とをもって、家屋投機師たちによって開発〔搾取〕される。資本主義的蓄積の、したがってまた資本主義的所有諸関係一般の敵対的性格は、(一一五)この場合きわめて明白になるので、この問題にかんするイギリス政府の報告書ですら、「所有および所有の権利」にたいする異端的な非難で満ちあふれているほどである。工業の発展、資本の蓄積、都市の膨脹および「美化」と歩調を合わせて害悪が増えていったので、「立派な方々」といえども容赦しない伝染病にたいする恐怖だけから、一八四七年から一八六四年までに、一〇を下らない衛生取締法が生み出された。またリヴァプールやグラスゴウなどの若干の都市では、ブルジョアはおどろいて市当局を通じて介入した。にもかかわらず、医師サイモンは一八六五年の報告でこう叫んでいる――「概して言えば、イングランドでは害悪は取り締まられていない」。〝枢密院〟の命令によって、一八六四年に農村労働者の住宅事情にかんする調査が、また一八六五年に都市下層貧困階級の住宅事情にかんする調査が実施された。「公衆衛生」にかんする第七次および第八次報告書のなかには、医師ジューリアン・ハンターの優れた論文が見いだされる。農村労働者については後述しよう。都市の住宅事情については、まず医師サイモンの一般的意見をあげておこう。彼は次のように言う――「私の公的見地はもっぱら医者のそれではあるが、きわめて普通のヒューマニズムからでも、この害悪の他の面を無視することは許されない。〔……〕害悪〔過密〕の度が高まると、ほとんど必然的に、あらゆる慎み深さの否定、それによる肉体と肉体的諸機能との不潔な混乱、人間的ではなく獣的であるような赤裸々な性的露出が引き起こされる。この影響下におかれることは一つの堕落であって、この堕落は、それが作用し続ければし続けるほど深まっていく。この呪いのもとに生まれる子供たちにとっては、この呪いは破廉恥への洗礼である。そして、このような境遇に置かれた人々が、他の点では、肉体的および精神的純潔を本質とする文明のあの環境を求めて努力するなどとは、望んでもとうてい見込みのないことである」(一二六)。

(一二五)「勤労階級の住宅事情におけるほど、公然かつ破廉恥にも人格の権利が所有の権利の犠牲に供されたところはない。いずれの大都市も人身犠牲の場所であり、年々数千人が貪欲のモロク*2のために屠《ほふ》られる祭壇である」(S・ラング『国民的困窮』、一五〇ページ)。

(一二六)『公衆衛生、第八次報告書』、ロンドン、一八六六年、一四ページの注。

*1〔フランス語版では「集積」のままであったが、第三版で「集中」に改められた〕

*2〔古代シリアやパレスチナの神で、人身犠牲の祭儀をともなっていた。モロクという神の実体については最近の学説には諸説がある。旧約聖書、レビ、一八・二一、二〇・二―五、列王記上、一一・七、列王記下、二三・一〇、エレミヤ、三二・三五参照〕

過密住宅、あるいはまた人間的な居住が絶対に不可能な住宅という点では、ロンドンが第一位である。医師ハンターは言う――「二つの点は確かである。第一に、ロンドンにはそれぞれ約一万人ばかりの大居住地が約二〇あり、その窮状はかつてイングランドのどの地方でも見られなかったほどひどいものであるが、それは、ほとんどまったく居住設備の不良の結果である。第二に、これらの居住地の家屋の過密状態および荒廃状態は二〇年前よりもはるかに悪い」〔一一七〕。「ロンドンとニューカースルの多くの地区の生活は地獄だと言ってもいいすぎではない」〔一一八〕。

〔一一七〕　同前、八九ページ。医師ハンターは、これらの居住地における子供たちについて次のように言う――「われわれは、貧民がこれほど密集して暮らす時代が来る前に、子供たちがどのように育てられたかを知らない。そして、いまや子供たちは、この国では前例のない状態のもとで、酔っぱらって、わいせつで、けんか好きなあらゆる年齢の人々と半夜をいっしょに過ごすことによって、危険な階級としての将来の実践のための教育を修了しているが、このような子供たちからどのような行状を期待すべきかを予言しようとする人がかりにあるとすれば、それは向こう見ずな予言者であろう」（同前、五六ページ）。

〔一一八〕　同前、六二ページ。

（689）

ロンドンでは、「改良」と、それにともなう古い街路および家屋の取りこわしとが進行するにつれて、また、都心部で工場と人口流入が増大し、ついに家賃が都市の地代とともに値上がりするにつれて、労働者階級のうちの比較的暮らし向きのよい部分も、小売商人その他の下層中間階級の諸分子と一緒に、この厭《いと》うべき住宅事情の呪いのもとにおちいっていく。「家賃が法外に重くなったので、二部屋以上借りることができる労働者はほとんどいない」〔一一九〕。ロンドンの家屋財産で、無数の「〝周旋屋〟」の手をわずらわさないものは、ほとんどない。というのは、ロンドンの土地購入者はだれもが、その土地を早晩〝査定価格〟（公用徴収のさい審査官によって確定される価格）でふたたび売りとばそうと思惑したり、なんらかの大事業の近接による土地の異常な値上がりでもうけをくすね取ろうと思惑することにより、地価がその年間収入に比べて、つねに非常に高いからである。その結果、満期に近い賃貸借契約の買い取りが通常の商売となる。「この商売にたずさわっている紳士から期待しうることは、彼らがやりたいようにやること――すなわち、できるだけ多く借家人からしぼり取り、家屋そのものはできるだけみじめな状態にして、次の借家人に残しておくということである」（二〇）。家賃は週払いなので、紳士諸君はなんら危険をおかさない。市内に鉄道が敷かれた結果、「最近ロンドン東部では、自分のもとの住居から追い出された多くの家族が、土曜日の夜、〝労役場〟以外には憩いの場もなく、わずかばかりの持ち物を背負ってさまよっているのが見受けられた」（二一）。〝労役場〟はすでに超満員であり、しかも議会によってさきに承認された「改良」はようやく着手されたばかりである。労働者たちは彼らのもとの家屋の取りこわしによって追い立てられても、その教区を立ち去らず、あるいは立ち去ってもせいぜいもとの教区の境界にもっとも近いところに定住する。「彼らは、もちろんできるだけ仕事場の近くに住もうとする。〔……〕その結果、家族は二部屋の代わりに一部屋に住まなければならない。〔……〕家賃が高くなっても、住宅は、彼らが追い出された不良住宅よりもいっそう悪くなる。ストランド街〔ロンドン中央、テムズ川沿いの街〕の〔……〕労働者たちの半分は〔……〕すでに仕事場まで二マイル歩かなければならない」。このストランド街――その大通りは外国人にはロ（690）ンドンの富についての堂々たる印象を与えるが――は、ロンドンの人間詰め込みの実例として役立ちうる。保健官の計算によれば、そこの一教区の人口は――しかもテムズ河の半分を教区〔の面積〕に算入しながら――エーカーあたり五八一人であった。これまでロンドンでそうであったように、使用に適さない家屋の取りこわしによって労働者を一地区から追い出す衛生当局の措置は、いずれも、労働者を他の地区にそれだけますます密集させる役にしか立たないということは自明である。医師ハンターは言う――「こうした全施策は愚かしいものとして当然中止しなければならない。あるいは、資本がないので自分で住まいを建てることはできないが周期的支払いによって家主に弁済しうる人々のために要するに住まいを建ててやるという、いまや誇張でなく国民的義務と呼びうることのために、公共的同情心（！）が目覚めなければならない(一二二)」と。感嘆すべき資本主義的正義よ！　地主、家主、実業家は、鉄道敷設、道路新設などのような「〃改良〃」によって公用徴収されても、完全に補償されるだけではない。彼はその強制された「禁欲」にたいして、神と法とによって、さらにそのうえ、莫大な利潤によって慰められるに違いない。労働者は妻子や持ち物もろとも街頭に投げ出され、しかも――市当局が体面を保とうとしている市区にあまりにも大量に押しかけると、衛生当局の手で迫害されるのである！

（一一九）『セント・マーティンズ・イン・ザ・フィールズの保健官報告書。一八六五年』〔『公衆衛生、第八次報告書』、九三ページから引用〕。

（一二〇）『公衆衛生、第八次報告書』、ロンドン、一八六六年、九一ページ。

（一二一）同前、八八ページ。

（一二二）同前、八九ページ。

一九世紀はじめには、イングランドには、人口一〇万人を数える都市はロンドン以外には一つもなかった。人口五万人以上の都市は五つにすぎなかった。現在では人口五万人以上の都市は二八ある。「この変動の結果は、都市人口の非常な増大だけではなかった。ぎっしり建て込んだ古くからの小都市は、いまや、その四方ぐるりに建物が建ちならび、どこも新鮮な空気が通らない中心地になっている。もはやこれらの都市は金持ちたちには住み心地がよくないので、楽しい郊外を求める金持ちたちから見捨てられる。これら金持ちの移ったあとの大家屋には、各室に一家族ずつ、それもしばしば又借り人をともなって、*入居する。こうして、住民たちは、彼ら向きに建てられたのではなく、彼らにまったく適しない家に追い込まれるのであって、その環境はまことに大人には堕落的、子供には破滅的である」（一一三）。ある工業都市または商業都市において資本が急速に蓄積されればされるほど、搾取可能(691)な人間材料の流入はそれだけ急速となり、労働者の急造住宅はそれだけみじめなものとなる。絶えず生産増を続けている採炭・採鉱地域の中心地であるニューカースル・アポン・タイン〔イングランド北部の鉱工業都市〕が、ロンドンに次ぎ、住宅地獄で第二の地位を確保しているのは、このためである。この地域では、一部屋住まいの人は三万四〇〇〇人を下らない。最近、ニューカースルおよびゲイツヘッド〔イングランド北部の工業都市〕では、公共にとって絶対に有害だという理由から、多数の家屋が警察によって破壊された。新家屋の建設がきわめて徐々にしか進まないのに、その事業はきわめて急速に進む。そのため一八六五年には、市は未曽有の人口過密となった。一部屋を借りることもほとんどできなかった。ニューカースル熱病病院の医師エンブルトンは次のように言う――「チフスの持続と蔓延との原因が、人間の過密とその住宅の不潔とにあることは、疑いの余地がない。労働者たちが多く住んでいる家は行き止まりの小路や囲い地にある。これらの家は、日あたり、風通し、広さ、清潔さという点では、不足と不衛生との真の見本であり、およそ文明国の恥辱である。夜になると、そこで男性と女性、児童が雑魚寝をする。男性について言えば、夜勤組と日勤組が絶えず入れ替わって寝るので、ベッドの冷える暇がない。家屋は給水が悪く、便所はさらに悪くて、不潔で換気不良で悪疫を生じやすい」(一二四)。こうした穴の週家賃は八ペンスから三シリングにわたる。「ニューカースル・アポン・タインは」——と医師ハンターは言う——「わが国民のもっとも優良な部族の一つが、家屋と街路という外的環境によって、しばしばほとんど野蛮に近い退化に落ち込んでいることの一事例を提供している」(一二五)。

(一二三)『公衆衛生、第八次報告書』、五六ページ。
(一二四)同前、一四九ページ。
(一二五)同前、五〇ページ。
* 〔「それもしばしば又借り人をともなって」の句は原文にない〕

資本と労働との潮の満ち引きのような動きの結果、工業都市の住宅状態は、きょうはがまんできるものであっても、あすは嫌悪すべきものとなるであろう。あるいは都市の造営監督官が最悪の弊害を取りのぞこうとついに奮起することになったかもしれない。しかし、あすは、ぼろをまとったアイルランド人やおちぶれたイングランドの農業労働者が、イナゴの大群のように流れ込んでくる。彼らは地下室や屋根裏に押し込められるか、さもなければ、これまでの立派な労働者の家が木賃宿に変わり、そこに住む顔ぶれは、三〇年戦争中の舎営[*1]〔軍隊の、兵営外での家屋への宿泊〕のようにすぐに変わる。その実例――ブラッドフォード。ここでは、市当局がちょうど都市改造に従事していた。しかもここには、一八六一年にはまだ一七五一戸の空き家があった。ところがその後、黒人の友で穏健な自由主義者であるフォースター氏[*2]が最近ごく上品に歓声をあげたほどの好景気となった。もちろん、好景気
(692) とともに、絶えず流動している「予備軍」（一二六）または「相対的過剰人口」の波による氾濫が生じた。医師ハンターは一保険会社の代理店からリストを手に入れたが、そこに記録されている身の毛もよだつ地下室住居や予備室は、たいてい、高給労働者の住居であった。彼らは、もし借りられるなら、もっとよい住居を借りたいと言っていた。そうこうするうちに、彼らは一人残らず落ちぶれて、病気になる――穏健な自由主義者の下院議員フォースターが、自由貿易の恩恵とブラッドフォードの著名な梳毛《ウーステッド》業者のあげる利潤とに感泣しているあいだに。ブラッドフォードの救貧医の一人ベル医師は、一八六五年九月五日の報告書のなかで、彼の管区の熱病患者たちの恐るべき死亡率を、彼らの住宅事
(693) 情から説明して次のように言う――「一五〇〇立方フィートの一地下室には〔……〕一〇人が住んでいる。……ヴィンセント街、グリーン・エア・プレイス、およびリーズには、二二三戸の家屋があり、そこには一四五〇人の居住者がおり、四三五床のベッドと三六ヵ所の便所がある。……その一ベッド――といっても一巻きのよごれたぼろ布か、ひと抱えのかんな屑のことであるが――は平均三・三人分であり、四人ないしは六人〔原文では「五人ないしは六人」〕分の場合も多い。〔……〕多くの人々は、若い男女も、既婚者も未婚者も、すべて入り乱れて、ベッドなしに服を着たまま床にじかに寝る。こ

れらの住まいがたいていうす暗くて、湿気が多く、不潔で、臭い穴であって、人間が住むにはまったく適していないということを付言する必要があろうか？　ここを中心にして病気や死が広がるのであり、この悪疫腫瘍が街の真ん中で化膿するのを許しておいた、よい境遇の人々のあいだからでも犠牲者が出る」(一一七)。

(一一八)　ブラッドフォードの一労働保険会社の代理店の表

ヴァルカン街一二二番	一部屋	一六人
ラムリー街一三番	一部屋	一一人
バウアー街四一番	一部屋	一一人
ポートランド街一一二番	一部屋	一〇人
ハーディー街一七番	一部屋	一〇人
ノース街一八番	一部屋	一六人
ノース街一七番	一部屋	一三人
ワイマー街一九番	一部屋	成年者八人
ジャウエット街五六番	一部屋	一二人
ジョージ街一五〇番	一部屋	三家族
ライフル・コート、メアリゲイト一一番	一部屋	一一人
マーシャル街二八番	一部屋	一〇人
マーシャル街四九番	三部屋	三家族

ジョージ街一二八番	一部屋	一八人
ジョージ街一三〇番	一部屋	一六人
エドワード街四番	一部屋	一七人
〔ジョージ街四九番	一部屋	二家族〕
ヨーク街三四番	一部屋	二家族
ソールト・パイ街	二部屋	二六人
地下室		
リージェント・スクウェア	一地下室	八人
エイカー街	一地下室	七人
ロバーツ・コート三三番	一地下室	七人
バック・プラット街（真鍮細工師の仕事場として使用されていた場所）	一地下室	七人
エビニーザ街二七番	一地下室	六人

（『公衆衛生、第八次報告書』、一一一ページ）

（二七）　同前、一一四ページ。

＊1〔一六一八―一六四八年にヨーロッパでたたかわれた戦争。ドイツ国内のカトリックとプロテスタントの宗教的対立を契機とする紛争に諸外国の介入がくわわって、ドイツを主要な戦場とした長期戦争となり、一六四八年のウェストファリア条約によって終結した〕

＊2〔イギリスの羊毛工場主W・E・フォースター（一八一八―一八八六年）は、一八四〇年代末、チャーティスト運動に参加、五〇年代にはアメリカの奴隷制に反対し、南北戦争時にはコブデンやブライトに次ぐ北

部の擁護者であった。一八六一年以降、ブラッドフォード選出の自由党下院議員〕

ブリストル〔イングランド南西部の都市〕は、住宅の悲惨さにおいて、ロンドンから三番目である。「ヨーロッパのもっとも富裕な都市の一つであるこの地には、まったくの貧困と住宅の悲惨さが満ちあふれている」(一一八)。

(一一八)『公衆衛生、第八次報告書』、五〇ページ。

c　移動民

さて、われわれは、出身は農村であるが、大部分が工業的な仕事に従事している人民層に目を向けよう。彼らは資本の軽歩兵であり、資本は自己の必要に従って、これをあるときにはこの地に、あるときにはあの地へと派兵する。行軍しないときには、彼らは「野営する」。移動労働は、さまざまな建設・排水作業、煉瓦製造、石灰製造、鉄道敷設などに使用される。彼らは、疫病の移動隊列であって、彼らが設営した付近に、天然痘、チフス、コレラ、猩紅《しょうこう》熱などを輸入する(一一九)。鉄道敷設などのような資本投下の大きい企業では、たいてい企業家自身が、自分の部隊に木造小屋のたぐいを提供し、衛生設備のまったくない集落を地方当局の監督のおよばないところに急造するが、それは請負業者の旦那にとってはたいへん利益のあるもので、彼は、労働者を産業兵士として、また借家人として、二重に搾取する。木造小屋に穴のような小部屋が一つあるか、二つあるか、三つあるかに応じて、その
(694) 住人である土木作業員などは週二シリング、三シリング、四シリングを払わなければならない(一二〇)。一例

をあげれば十分であろう。医師サイモンの報告によれば、一八六四年九月に、セヴンオウクス〔ロンドン南南東の町〕教区の、〝不法妨害排除委員会〟*議長から次のような告発が、内相サー・ジョージ・グレイのもとに送られてきた――「天然痘はおよそ一二ヵ月前までは、この教区ではまったく知られていませんでした。その少し前に、ルウィシャムからタンブリジへの鉄道工事が始められました。主工事が当市のすぐ近辺で行なわれたうえに、当市に全工事の本部が設けられました。そのため多くの人が当市で仕事を行なっています。彼らのすべてを〝小屋〟に収容することができなかったので、請負人ジェイ氏は、線路沿い数ヵ所に労働者の住居用の小屋を建てさせました。これらの小屋は、換気装置も排水施設もなく、そのうえどうしても過密になりました。なぜなら、どの借家人も、彼自身の家族がどんなに多かろうと、またどの小屋にも二部屋しかないのに、他の止宿人をおかなければならなかったからです。われわれが受け取った医師の報告によれば、その結果、これらの哀れな人々は夜になると、窓のすぐ下の不潔なたまり水と便所とから立ちのぼってくる悪臭を避けるため、まったく窒息の苦しみに耐えなければなりませんでした。ついに本委員会は、たまたまこれらの小屋を訪れたある医師から苦情の申し立てを受け取りました。彼は、この住宅と呼ばれるものの状態についてきわめて厳しい口調で語り、若干の衛生措置がとられなければ、非常に憂慮すべき結果を引き起こす恐れがあると言っています。約一年前にジェイ（敬称略）は、伝染病を発症した場合、雇用者をすぐに隔離する家を建てると約束しました。彼はこの約束を去る七月末にも繰り返しましたが、しかし、そのとき以降天然痘が数件発生し、その結果死者二名が出たにもかかわらず、約束実行の措置はなに一つとられませんでした。九月九日に、ケルスン医師は私に、同じ小屋で天然痘がさらに発生していると報告し、その状態は身の毛もよだつと書いています。貴下の」（大臣の）「ご参考までにつけ加えますと、わが教区には伝染病にかかった教区民を看護する一軒の隔離家屋、いわゆる避病院があります。この病院はここ数ヵ月間ずっと患者で満員です。ある家族では、五人の子供が天然痘と熱病で死亡しました。本年四月一日から九月一日までに天然痘による死亡者は一〇名を下りませんが、そのうち四名は疫病の巣である前述の小屋の住人です。病人を出した家族は、できるだけそれを内密にしようとするので、患者数を示すことはできません（二三一）」。

（二二九）『公衆衛生、第七次報告書』、ロンドン、一八六五年、一八ページ。
（二三〇）同前、一六五ページ。
（二三一）同前、一八ページの注。チャプル・アンルフリス〔イングランド中部のダービシャー山地の町〕教区連合の救貧官は、戸籍本署長官に以下のように報告している――「ダヴホウルズ〔ダービシャー山地の石灰岩洞穴の景勝地〕では石灰焼成屑の大きな丘に多数の小さな穴があけられていた。これらの穴は〔……〕鉄道工事に従事する土木作業員その他の労働者の住居にあてられている。これらの穴は狭くじめじめして、下水溝も便所もない。そこには、煙突としても使用される天井にうがった穴があるだけで、換気設備がまったくない。〔……〕天然痘が猛威をふるい、すでに何人もの死者を」（穴居人のあいだに）「出している」（同前、注二）。
＊〔「不法妨害」については、本訳書、第一巻、四三六ページ訳注＊1参照〕

（695）　炭鉱その他の鉱山の労働者は、イギリスのプロレタリアートのうちで最高給の部類に属する。彼らがその賃銀をどんな代価であがなうかは、前の個所で述べた（二三二）。ここでは彼らの住宅事情を一べつしよう。たいていの場合、採鉱業者は、鉱山所有者であれ賃借人であれ、自分の労働者用の〝小屋〟を何軒か建てる。労働者は〝小屋〟と燃料用石炭を「無償で」もらう。すなわちそれらは、賃銀の〝現物〟支給部分をなす。こうしたやり方で宿が与えられない労働者は、その代償として年に四ポンド受け取る。鉱山地域は、鉱山人口そのものおよびその周辺に群がり集まる手工業者や小売商人などからなる一大人口を急速に引き寄せる。人口が稠密《ちゅうみつ》なところはどこでもそうであるように、ここでは地代が高い。そのため鉱山業者は、坑口のそばのできるだけ狭い敷地に、労働者とその家族を詰め込むのにちょうど必要なだけの〝小屋〟を建てようとする。新坑が近くに開かれたり、旧坑がふたたび採掘されたりすると、雑踏は増大する。〝小屋〟を建築するさいに考慮される唯一の観点は、絶対に避けられないもの以外のいっさいの現金支出にたいする資本家の「禁欲」である。医師ジューリアン・ハンターは言う――「ノーサンバランドおよびダラム〔いずれもイングランド北部の州〕の鉱山に縛りつけられている炭坑労働者その他の労働者の住宅は、おそらく平均して、イングランドにおいて大規模に見られるこの種のもののうちでもっとも劣悪でもっとも高価なもの――ただしモンマスシャー〔ウェイルズ東南部の州〕における類似の地域をのぞいて――であろう。〔……〕極端に劣悪な点は、一室に入れられる人数が多いこと、狭い敷地に多数の家が建てられていること、水が不足し便所がないこと、しばしば用いられる方法であるが、一軒の家屋の上に家屋を重ねたり、家屋をいくつもの〝階〟に（いくつもの〝小屋〟が縦に重なり合って階層をなすように）「分けたりすることである。……企業家〔鉱山賃借人〕は、全集落をまるで野営しているだけで、定住していないかのように取り扱う」[一三三]と。ま

(696)

た医師スティーヴンズは言う――「私への指示に従って、私は、ダラム教区連合の大きな鉱山集落のほとんどを訪れた。……居住者の健康を確保するいっさいの手段が怠られているということが、ごくわずかの例外をのぞいて、すべての集落についてあてはまる。……炭坑労働者はすべて、一二ヵ月のあいだ、鉱山の賃借人または所有者に契約で縛り《バウンド》つけられている」(bound という表現は bondage〔隷農身分〕と同じく、農奴制時代に由来する)。「彼らが不平を漏らしたり、なんらかの形で監督の手をわずらわせたりすれば、監督は、監督帳に載っている彼らの名前の上に符号をつけたりメモをつけたりして、毎年の契約更改のときに彼らを解雇する。……〝現物支給制度《トラック・システム》〟*のどの部分も、この人口稠密地域で支配しているものより悪いものはありえないように思われる。労働者は、その賃銀の一部として、悪疫の影響に取り囲まれた家屋を受け取ることを強制される。彼は自分ではどうすることもできない。彼はどう見ても農奴である。所有者以外でだれか他の人が彼を助けることができるかどうかは疑問に思えるし、この所有者がまず検討するのは自分の残高勘定であって、その結果はほぼ確実である。労働者はまた、所有者から給水も受ける。水質がよかろうと悪かろうと、給水があろうと止められようと、彼はその代価を支払わなければならないか、あるいはむしろ賃銀からの天引きを甘受しなければならない」[一二四]。

(一二三)　四六〇ページ以下〔本訳書、第一巻、八六五―八七六ページ〕で述べた詳細は、とくに炭鉱労働者にかんするものである。金属鉱山におけるいっそう劣悪な状態については、一八六四年の勅命委員会の良心的報告書〔『ヴィクトリア女王治下第二三年および第二四年の法……大ブリテンの全鉱山の状態を調査するために任命された委員会の報告書』〕を参照せよ。
（二三三）『公衆衛生、第七次報告書』、一八〇、一八二ページ。
（二三四）同前、五一五、五一七ページ。
＊〔本訳書、第一巻、三〇五ページ参照〕

「世論」またはさらに衛生当局と衝突しようとも、資本は、自分が労働者の機能および家庭生活を呪縛する諸条件が、危険であったり、屈辱的であったりしても、労働者を有利に搾取するにはそれらが必要であるとして、「正当化する」ことを決してためらわない。たとえば、資本が、工場で危険な機械にたいする防護設備を禁欲し、鉱山で換気装置と安全施設を禁欲する場合などがそうである。ここであげる鉱山労働者の住居の場合もそうである。〝枢密院〟医務官サイモン医師はその公式報告書のなかで言う――「〔……〕劣等な家屋設備の弁解としてあげられるのは、鉱山は普通は賃借して採掘されること、賃借契約期間（炭鉱ではたいてい二一年間）があまりに短すぎて、この企業によって引き寄せられる労働者や小売商人などに良好な家屋設備を提供することは鉱山賃借人には労に値するとは思われないこと、彼自身はこうした方面で気前よくふるまいたい意図をもっていても、土地所有者によってそれが水泡に帰させられるであろうこと、である。というのは、土地所有者は、地下の財産を掘り出す労働者を住まわせるために地上に見苦しくない快適な集落を設けるという特権にたいしては、ただちに法外な割り増し賃料を要求する傾向をもっているからである。この禁止的価格は、直接的禁止ではないとしても、そうでなければ建てたがる他の者を同じくひるませる、と。……私はこの弁解の価値についても、また、見苦しくない住宅のための〔……〕追加支出はいったい結局はだれが負担することになるのか――地主か、鉱山賃借人か、労働者か、公衆か――についても、調べをすすめようとは思わない。……しかし」（ハンター医師、スティーヴンズ医師などの）「付属報告書が暴露しているような恥ずべき事実に直面しては、救済策がとられるべきである。……土地所有権原が公的大不正を犯すのに利用されている。地主は、鉱山所有者としての彼の資格では、自分の領有地に労働のための産業的集落を誘致し、次いで地表の所有者としての彼の資格では、彼によって集められた労働者たちがその生活に不可欠な適当な住まいをみつけ出すのを不可能にする。鉱山賃借人」（資本主義的採鉱業者）「は、この商取引の分割に反対すべき金銭的利害をなにももたない。というのは、彼は、地表所有者の諸要求が法外であっても、その結果が自分の身にふりかかりはしないこと、それがその身にふりかかる労働者たちは自分たちの健康権を認識するだけの教育を受けていないこと、また、不潔このうえない住居も腐り切った飲料水も、ストライキの誘引には決してならないことを、よく知っているからである」(一三五)。(697)

(一三五)『公衆衛生、第七次報告書』、ロンドン、一八六五年、一六ページ。

d　労働者階級中の最高給部分におよぼす恐慌の影響

本来の農業労働者に移るまえに、なお一例をあげて、恐慌が労働者階級中の最高給部分にさえ――労働者階級の貴族層にさえ――どのような影響をおよぼすかを示さなければならない。一八五七年には、毎回産業循環を締めくくる大恐慌の一つが勃発したということが思い起こされる。次の締めくくり期がやってきたのは一八六六年であった。恐慌は、本来の工場地域では、多額の資本を通例の投資部面から貨幣市場の大中心地に駆り立てた綿花飢饉によってすでに割り引きされていたので、こんどはそれは主として金融的性格を帯びた。一八六六年五月におけるその勃発は、ロンドンの一巨大銀行〔オーバーエンド銀行〕の破産が導火線となり、すぐ続いて無数の金融的思惑会社の倒産が起こった。破局に見舞われたロンドンの大事業部門の一つは、鉄船建造業であった。この事業の大立者たちは思惑の時期に[*1]際限もなく過剰生産したばかりでなく、そのうえ信用の泉が相変わらず豊富に流れ続けるだろうという思惑から、巨額の引渡契約を引き受けていた。そこへ恐るべき反動が生じたのであって、(698)この反動はロンドンの他の諸産業でも、（一二六）現在、すなわち一八六七年三月末まで続いている。労働者の状態を特徴づけるために、一八六七年のはじめに苦悩の中心地を訪れた『モーニング・スター』紙の一通信員の詳細な報告から次の一節をあげよう。「ロンドンの東部〔イースト・エンド〕のポプラー、ミルウォール、グリニジ、デットフォード、ライムハウス、およびキャニング・タウンの地区では、少なくとも一万五〇〇〇人の労働者とその家族が極貧状態にあるが、そのうち三〇〇〇人以上が熟練機械工である。〔……〕彼らの貯えは六ないし八ヵ月の失業の結果、使い果たされている。……私は、ようやくのことで（ポプラーの）〝労役場〟の入口にたどりついた。というのは、そこは飢えた群集に取り巻かれていたからである。〔……〕彼らはパン券を待っていたが、配布時間がまだ来ていなかった。構内は大きな四角形をなしており、それを囲む壁には差掛け屋根が設けられている。厚い積雪が構内の中央の敷き石をおおっていた。そこには、羊の囲い場のような、柳造りの垣根をめぐらした小さな場所がいくつかあって、天気がよければ人々がそこで労働をする。私が訪ねた日には、この囲い場はだれもはいれないほど雪に埋まっていた。それでも人々は、張出し屋根のもとで舗装用の石の打ち砕きに余念がなかった。だれもが大きな敷き石に腰をかけ、霜におおわれた花崗岩《かこう》を、五ブッシェルだけ砕き終えるまで重いハンマーで叩いていた。それから彼の一日仕事を終え、三ペンス」（二銀グロッシェン、六ペニッヒ）「とパン券一枚をもらった。構内の他の場所には倒れそうな小さな木小屋が一軒あった。戸を開けるとそのなかは、互いに暖め合うために肩と肩を寄せ合った人々でいっぱいであった。彼らは楨肌《まいはだ》*2をつくりながら、彼らのうちだれが最低量の食物でもっとも長く働けるかを論じ合っていた。なぜなら耐久力は、〝名誉にかかわる問題〟だったからである。〔……〕この〝労役場〟だけで七〇〇〇人が〔……〕扶助を受けていたが、そのうち数百人は、六ないし八ヵ月前には、わが国の熟練労働の最高賃銀をかせいでいた。〔……〕もし、貯えを完全に使い果たしても質に入れられるようなものがまだある限り教区にたよるのを尻込みする人々がそんなに多くなければ、彼らの数は二倍にもなったであろう。……〝労役場〟を出て通りを歩いたが、通りのたいていの家は、ポプラーに多い平屋であった。案内人は失業委員会の委員であった。〔……〕われわれが最初に訪れたのは、二七週間このかた失業している製鉄工の家であった。夫は家族みんなと一緒に奥の一室にいた。部屋にはまだ家具が皆無というわけではなく、そこには火の気もあった。ひどく寒い日だったので、幼い子供の素足が凍傷にかかるのを防ぐのに、火は必要であった。火の手前に置かれた盆には、〝労役

(699)

場〟からもらうパンの返礼に妻子がつくっているいくらかの槙肌が載っていた。夫は、前記の構内の一つでパン券一枚と一日三ペンスをもらうために働いた。彼がわれわれにわびしい笑いを浮かべて語ってくれたところでは、彼はちょうど腹ぺこになって昼食に家へ帰ってきたところであり、昼食はラードを塗った二、三切れのパンと牛乳なしの紅茶一杯であった。……次に訪ねた家の戸は、中年の女性によって開けられたが、ひとことも言わずにわれわれを奥の小さな一間に案内した。そこには彼女の家族全員が、みるみる消えていく火をじっと見つめながら黙ってすわっていた。二度と同じ光景を見たいとは思わないほどの荒涼と絶望とがこの人々と彼らの小部屋にただよっていた。『あの子たちはまったくかせぎがなかったのですよ』――と、その女性は自分の息子たちを指さしながら言った――『二六週間のあいだまったく。私たちのお金は全部なくなりました――不景気のときの支えにと思って、私と父さんが景気のよかったときに貯えておいたお金が全部です。ごらんください』と彼女はほとんど荒々しいばかりに叫んで、預け入れと引き出しの金額をすべてきちんと記帳してある通帳を取り出した。それを見てわかったのであるが、その小さな財産は第一回目の預金五シリングから始まって、だんだんふえて二〇ポンドになり、それからふたたび減っていって、ポンドからシリングになり、ついに最後の記帳によって通帳はただの紙切れ同然の無価値なものになった。この家族は〝労役場〟から一日一回かつかつの食事をもらっていた。……次に訪れたのは、かつて造船所で働いていたアイルランド人の妻のところであった。見ると彼女は栄養不足で病気になり、服のまま敷きぶとんに横たわっており、わずかに敷物一切れをかけていた。寝具類はすべて質にはいっていたからである。

哀れな子供たちが彼女を看病していたが、彼らのほうが逆に母親の看護を必要としているように見えた。一九週間仕事を取り上げられたことが彼ら彼女らをこのようにひどく衰弱させたのであって、彼女は、つらい過去の話をしているあいだに、よりよい未来への希望がすっかりなくなったかのように嘆いた。……その家を出ると、若い男性がわれわれを追いかけてきて、自分の家に来てなんとか助けてもらえないか見てほしいとたのんだ。若い妻と、二人のかわいらしい子供と、質札一束と、まったくなにもない部屋とが、彼の見せることのできたすべてであった」〔『モーニング・スター』一八六七年一月七日付〕。

（一三六）「ロンドンの貧民の大量の飢餓！……ここ数日間ロンドンの壁に、次のような注目すべき声明を載せている大きなポスターがはり出された――『肥えた雄牛たち、飢えた人間たち！　肥えた雄牛たちはその水晶宮を出て、ぜいたくな住まいにいる金持ちどもを太らせに行き、一方、飢えた人間たちはその惨苦の茅屋《ぼうおく》で朽ち果てて死ぬ』。この不吉な文句が書かれているポスターは絶えずはり替えられた。一組のポスターが取りのぞかれたり、はり隠されたりすると、すぐに新しい一組が同じ場所か、同じように人の目につく場所にふたたび登場した。……それは、フランス国民に一七八九年の事件〔フランス大革命〕を準備させたあの〝前兆〟〔原文は、「秘密革命結社の一つ」〕を思い起こさせる。……イギリスの労働者が妻子もろとも寒さと飢えで死につつあるこの瞬間に、イギリス人の労働の生産物である何百万ポンドものイギリス貨幣が、ロシア、スペイン、イタリア、その他の外国の借款に〔原文は「外国企業に」〕投資されつつある」〔『レノルズ・ニューズペイパー』一八六七年一月二〇日付〕。

＊1〔フランス語版では「繁栄の頂点期に」となっている〕

＊2〔木造船の張板などの間に詰めて漏水を防ぐために用いるぼろ屑で、古い麻綱などをほぐしてつくる。これは囚人や貧民の仕事であった〕

一八六六年の恐慌の後陣痛については、トーリー党の一新聞の抜粋を次にあげておこう。＊ここで問題にされているロンドンの東部は、この章の本文で述べた鉄船建造業の所在地であるばかりでなく、つねに最低限よりも安く支払われているいわゆる「家内労働」の所在地でもあることを忘れてはならない。「昨日、首都の一部で恐ろしい光景が繰り広げられた。イースト・エンドの数千人の失業者が、黒い弔旗を掲げて大勢でパレードをしたわけではないが、人の奔流はきわめて印象的であった。これらの人々がどんなに苦しんでいるかを思い起こそう。彼らは飢え死にしかけている。それは単純で恐るべき事実である。その数は四万人にのぼる。……われわれの目の前で、このすばらしい首都の一角で、前代未聞の膨大このうえない富の蓄積のすぐ隣り合わせに、四万人が寄る辺もなく飢え果てている！　いま、こうした数千人が他の地区にも侵入している。いつも餓死寸前である彼らは、われわれの耳もとで彼らの苦痛を叫び、天に向かって訴え、彼らの悲惨な住宅について、仕事をみつけるのは不可能であり物乞いをしてもむだなことを、われわれに語って聞かせる。地方の救貧税納付者みずからも、教区のもろもろの負担によって、受救貧民の淵《ふち》に追い詰められている」（『スタンダード』一八六七年四月五日付）。(700)

＊〔初版および第二版では、「ベルギーでは」で始まる次ページの段落からこの項の終わりまでが、前段落の末尾につけられた注一三七となっており、この段落は、巻末の「補遺」で、この注一三七に追加するように

指示されていた。フランス語版では、この段落は注一三六のあとに組み込まれ、同時に注一三七の引用がより詳しくされた。これらは第三版で本文に組み込まれた〕

ベルギーでは「労働の自由」――または「資本の自由」と言っても同じである――が〝労働組合〟の専制によっても工場法によっても侵害されていないという理由で、ベルギーを労働者の楽園として描くことがイギリスの資本家たちのあいだで流行しているので、ベルギーの労働者の「幸福」についてここで少しだけ述べておこう。ベルギーの刑務所および慈善施設の総監でベルギー中央統計委員会委員でもあった故デュクペティオ氏以上に、この幸福の秘密に深く精通していた人はきっといないであろう。彼の著書『ベルギー労働者階級の家計予算』、ブリュッセル、一八五五年、を取り上げてみよう。そこでは、とりわけ、ベルギーの標準的労働者家族の一年間の収支がきわめて正確なデータにもとづいて計算されており、次いで彼らの栄養状態が兵士、水兵、および囚人のそれと比較されている。その家族は「父母と四人の子供とからなっている」。この六人のうち「四人は一年中有用な仕事についていることができる」。前提とされているのは、「その家族には病人も労働不能者もいないこと」、「ごくわずかの教会礼拝費以外に宗教的、道徳的、および知的諸目的のための支出がないこと」、「貯蓄銀行または養老金庫への出費もないこと」、また「奢侈その他の余計な支出がないこと」、である。しかし父親と長男はタバコを吸い、日曜日には居酒屋に行ってもよいとされており、そのための費用として一週に総額八六サンチームが彼らにあてがわれる。「さまざまな事業部門の労働者に支給される賃銀を全部比較してみると……一日の賃銀の最高平均は、男性一フラン五六サンチーム、女性

〔表Ⅰ〕

父親	1.56フランで300労働日	……………………	468フラン
母親	0.89フラン　〃　〃	……………………	267フラン
少年	0.56フラン　〃　〃	……………………	168フラン
少女	0.55フラン　〃　〃	……………………	165フラン
			計1,068フラン

〔表Ⅱ〕

水兵の栄養をとる場合	……1,828フラン	――	不足分	760フラン
兵士　〃	……1,473フラン	――	〃	405フラン
囚人　〃	……1,112フラン	――	〃	44フラン

八九サンチーム、少年五六サンチーム、少女五五サンチームになる。これで計算すれば、この家族の収入は年に最高一〇六八フランとなるであろう。……典型的なものと仮定されているこの家計においては、われわれは、すべての可能な収入を合算した。しかし母親が労賃をかせぐものと計算するとすれば、われわれは彼女から家政の指揮を奪うことになる。だれが家のきりもりをし、だれが幼子たちの面倒をみるのか？　だれが食事の支度をし、洗濯し、繕いをするのか？　労働者は毎日このジレンマに出くわす」。

　これによれば、この家族の予算は上〔表Ⅰ〕のとおりである。

(701)　労働者が水兵、兵士、囚人なみの栄養をとるとすれば、この家族の年支出およびその不足分は上〔表Ⅱ〕のようになるであろう。

「水兵や兵士の栄養どころか、囚人の栄養すら、とりうる労働者の家族がほとんどないことがわかる。一八四七―一八四九年にベルギーでは、囚人一人あたりの費用は一日平均六三サンチームであったが、これは労働者の一日の生計費と比べて一三サンチームの差である。管理費や監視費は、囚人が家賃を払わないということによって相殺される。……しかし労働者の多数が――大多数と言ってもよいが――いっそうつましい状態で生活しているというのは、どうしてなのか？　労働者のみがその秘密を知る窮余の策に訴えることによってである。すなわち、彼らが日々の糧《かて》を切り詰め、小麦パンの代わりにライ麦パンを食べ、肉はほとんどまたはまったく食べず、バターや調味料についても同様だからであり、また彼らが家族を一部屋か二部屋に詰め込み、そこに娘と息子を一緒に寝かせる――しかもしばしば同じわらぶとんに――からであり、さらに服装も洗濯も清潔用具も節約するからであり、日曜日の気晴らしをあきらめるからであり、要するに苦痛きわまりない窮乏生活を覚悟するからである。ひとたびこの最後の限界に達すると、生活手段の価格がほんのわずか上がったり、仕事が途絶えたり、病気になったりすれば、労働者の貧困が増して彼は完全に破滅してしまう。借金はかさみ、掛け買いは拒否され、衣服や必要不可欠な家具も質に入れられ、ついには一家が貧民名簿への登録を願い出る（一二七）」。実際、この「資本家の楽園」では、生活必需品の価格がほんの少しでも変化すると、死亡数と犯罪数とが変化する！（『進めフランドル人！協会の宣言』、ブリュッセル、一八六〇年、一五、一六ページ〔正しくは一三、一四ページ〕を見よ）。ベルギー全体で九三万家族がある。公式統計によれば、そのうち九万家族＝四五万人が富者（選挙権者）であり、三九万[*1]家族＝一九五万人が都市および農村の小中間階級であり、彼らの大部分は絶えずプロレタリアートに転落しつつある。最後に四五万家族＝二二五万人が労働者家族であって、そのうち典型的な家族がデュクペティオによって描写された幸福を享受している。四五万の労働者家族のうち二〇万以上の家族が貧民名簿に載っている！[*2]

（一三七）　デュクペティオ、前出、一五一、一五四、一五五、一五六ページ。

＊１〔初版以来「一九万」となっていた。アドラツキー版で訂正〕

＊２〔『進めフランドル人！協会の宣言』、一一ページ〕

e　大ブリテンの農業プロレタリアート

(702) 資本主義的生産および蓄積の敵対的性格が、イギリスの農業（牧畜を含む）の進歩とイギリスの農村労働者の退歩とにおけるほど、残忍に実証されているところはどこにもない。彼らの現状に移るまえにざっと回顧しておこう。イギリスでは、近代農業は一八世紀なかば以降のものである。ただし、生産様式の変化がそれを基礎としてそこから出発したところの土地所有関係の変革は、はるか以前に始まっているが。

皮相な思想家ではあったが厳密な観察者であったアーサー・ヤングの一七七一年の農村労働者にかんする報告を見ると、当時の農村労働者は、「都市および農村におけるイギリス労働者の黄金時代」[*1]である一五世紀は言うまでもなく、「豊かに生活し富を蓄積することのできた」(一三八)一四世紀末の彼らの先行者と比較しても、きわめてみじめな役割を演じている。とはいえ、そんなにさかのぼってみる必要はない。一七七七年のたいへん内容豊かなある著作には次のように書かれている――「大借地農場経営者はほとんどジェントルマン[*2]の水準にまでのぼったが、一方、貧しい農村労働者はほとんど地べたに押しつぶされている。彼の不幸な状態は、彼のこんにちの生活環境と四〇年前の生活環境とを比較してみれば明らかとなる。……土地所有者と借地農場経営者は、手をたずさえて労働者を抑圧している」(一三九)。次いで、一七三七年から一七七七年までに農村の実際の労賃が 1/4 すなわち二五％近く低下したことが詳しく証明される。「現代の政治は」――と同時代にリチャード・プライス博士は言う――「上流階級にとって有利である。早晩、王国全体はジェントルマンと物乞い、貴顕と奴隷だけから成り立つ結果になるであろう」(一四〇)。

(一三八)　ジェイムズ・E・Th・ロジャーズ（オックスフォード大学経済学教授）『イギリスにおける農業および物価の歴史』、オックスフォード、一八六六年、第一巻、六九〇ページ、営々と仕上げられたこの労作は、既刊の最初の二巻ではまだ一二五九―一四〇〇年の時期しか含んでいない。第二巻は統計資料を含むだけである。これは、われわれがこの時代について有する最初の信頼すべき「〝物価史〟」である。

(一三九)　『最近の救貧税増加の諸理由、または労働価格と食糧価格との比較考察』、ロンドン、一七七七年、五、一一ページ。

(一四〇)　リチャード・プライス博士『生残年金支払いにかんする諸考察』、第六版、W・モーガン編、ロンドン、一八〇三年、第二巻、一五八、一五九ページ。プライスは一五九ページで述べる――「日労働の名目価格は、現在では、一五一四年の約四倍、せいぜい五倍よりも高くはなっていない。しかし穀物の価格は七倍、生肉および衣服の価格は約一五倍にあがっている。だから労働の価格は、生活費の増加に比例して増加するどころではなく、いまでは生活費にたいするその割合は、かつての割合の半分にも達しないように思われる」。

＊1〔ソーントン『過剰人口とその救済策』、ロンドン、一八四六年、一八五ページ〕
＊2〔ヨーマン（本訳書、第一巻、一二五七ページの訳注＊1参照）と貴族との中間の土地所有者。一五―一七世紀の王朝を支えた〕

(703)

とはいえ、一七七〇年から一七八〇年までのイングランドの農村労働者の状態は、その栄養状態と住宅状況から見ても、彼の自尊心、娯楽から見ても、その後二度とは到達されなかった理想である。彼の平均賃銀を小麦のパイント〔一パイントは約〇・五七リットル〕で表現すれば、一七七〇年から一七七一年までは九〇パイント[＊]であったが、イーデン〔『貧民の状態』の著者〕時代（一七九七年）にはもはや六五パイント、一八〇八年には六〇パイントにすぎなかった。[二四一]

（二四一）バートン『社会の労働者階級の状態に影響をおよぼす諸事情にかんする諸考察』、二六ページ〔真実訳、前出、三六ページ〕。一八世紀末についてはイーデン『貧民の状態』を参照せよ。

＊〔バートンの著書に掲げられた表では「一七六一年から一七七〇年まで」となっている〕

反ジャコバン戦争[＊1]――そのあいだに土地貴族、借地農場経営者、工場主、商人、銀行家、相場師、軍需品納入者などは法外な大もうけをした――の末期における農村労働者の状態はすでに以前に指摘した〔本訳書、第一巻、九一七―九一九、一〇四九―一〇五〇ページ参照〕。一部は銀行券の価値低下、一部はこれとはかかわりのない第一次生活諸手段の価格騰貴の結果、名目賃銀は騰貴した。しかし現実の賃銀運動は、ここにあげるわけにはいかない細目にたよらなくても、非常に簡単に確認することができる。救貧法およびその施行は、一七九五年と一八一四年とでは同じであった。この法律が農村でどのように施行されたかを想起しよう。教区が施し物の形で名目賃銀を、労働者がやっと生きていくだけに必要な名目額まで補った。*2 借地農場経営者によって支払われた賃銀と、教区によって補充された賃銀不足額との関係から次の二つのことがわかるが——その第一は、最低限より下への労賃の低落であり、第二は、農村労働者が賃労働者と受救貧民とから構成されていた度合い、または農村労働者が教区の農奴に転化した度合いである。他のすべての州における平均状態を代表する一州を選んでみよう。ノーサンプトンシャーでは、一七九五年には、平均的な週賃銀が七シリング六ペンス、六人家族の年総支出が三六ポンド一二シリング五ペンス、年総収入は二九ポンド一八シリング、教区によって補われた不足額が六ポンド一四シリング五ペンスであった。同州で一八一四年には、週賃銀が一二シリング二ペンス、五人家族の年総支出が五四ポンド一八シリング四ペンス、総収入は三六ポンド二シリング、教区によって補われた不足額が一八ポンド六シリング四ペンスであった。（一四二） 一七九五年には不足額は労賃の $\frac{1}{4}$ よりも少なかったのに、一八一四年には半分よりも多くなった。こうした事情のもとでは、イーデンが農村労働者の〝小屋〟になお見いだしていたわずかばかりの楽しみも一八一四年には消えうせていた、ということは自明である。（一四三） このとき以来、借地農場経営者が飼っているすべての (704) 動物のうち、〝ものを言う道具〟*3 である労働者がもっとも酷使され、もっとも粗食させられ、もっとも残酷に取り扱われ続けた。

（一四二）　パリ『現行穀物法の必要性の問題』、八〇ページ。〔一八一四年の不足額は一八ポンド一六シリング四ペンスになるが、パリ原文がそうなっている〕

〔一四三〕　同前、二一三ページ。

＊1〔フランス語版は、ここに「反ジャコバン戦争とは、革命フランスに反対する戦争にたいして、ウィリアム・コベット〔イギリスの政治家〕がつけた名称である」と付記している〕

＊2〔初版、第二版、フランス語版では、「最低額」となっている〕

＊3〔本訳書、第一巻、三四三ページの訳注＊2参照〕

同じ事態はそのままずっと続き、ついに、「一八三〇年にスウィング一揆＊が、穀物の山の炎々たる焔《ほのお》によって、貧困と漠然たる謀反的不満とが工業的イングランドの地下と同じく農業的イングランドの地下でも激しく燃えていることをわれわれ」（すなわち支配階級）「に暴露した」(一四四)。当時、サドラーは下院で農村労働者を「白人奴隷」と命名し、ある僧正はこの呼び名を上院で繰り返した。当時のもっとも著名な経済学者E・G・ウェイクフィールドは言う――「イングランド南部の農民は〔……〕奴隷でもなければ自由人でもない。彼は受救貧民である」(一四五)。

〔一四四〕　S・ラング『国民的困窮』、六二ページ。

〔一四五〕『イギリスとアメリカ』、ロンドン、一八三三年、第一巻、四七ページ〔中野訳、㈠、世界古典文庫、日本評論社、五四ページ〕。

＊〔打穀機の使用に反対し、賃上げを要求して一八三〇―一八三一年に穀物の焼き払いや打穀機の打ちこわしを行なった農村労働者の運動。「キャプテン・スウィング」の名前で地主や借地農場経営者に回状を送ったところから「スウィング一揆」と呼ばれる〕

穀物法廃止直前の時代は、農村労働者の状態に新しい光を投じた。一方で、あの保護法が現実の穀物生産者を守るところがほとんどないことを証明するのは、ブルジョア的扇動家たちの利益になることであった。他方で、工業ブルジョアジーは、土地貴族の側からの工場状態の告発について――この腐敗し切った無情で上品ぶった怠け者たちが、工場労働者の苦悩に同情するように見せかけ、工場法にたいして「外交的熱意」を示したことについて――憤怒でたけりたった。盗人ども二人が争うと、きっとためになることが起こるとは[*1]、古いイギリスの諺である。また実際、支配階級の両派のあいだで行なわれた、どちらが労働者をもっとも破廉恥に搾取しているかという問題にかんするそうぞうしい激論は、互いに真理の助産師となった。シャーフツバリー伯、別称アシュリー卿は、貴族の反工場博愛戦の急先鋒[*2]であった。そのために彼は、一八四四年から一八四五年にかけて、農業労働者の状態にかんする『モーニング・クロニクル』紙の暴露記事で攻撃の的にされている。当時もっとも有名な自由党機関紙であったこの新聞は、農村地方に特派員を何人も送ったが、彼らは一般的な記述や統計だけで満足せず、調査した労働者家族およびその地主の氏名を公表した。次の表（一四六）〔一一七九ページ〕は、ブランフォード、ウィムボーン、およびプールの近接三ヵ村〔イングランド南部ドーセット州の村〕で支
(705) 払われた賃銀を示している。これらの村はG・バンクス氏とシャーフツバリー伯の所有地である。「低教会[*3]」のこの教皇、イギリスの敬虔派[*4]のこの頭目が、バンクスと同じように、労働者のみじめな賃銀のうちから、さらに大きな部分を家賃という口実で手に入れていることに気づくであろう。

（一四六）ロンドン『エコノミスト』一八四五年三月二九日号、二九〇ページ。

＊1 〔普通は「盗人どもが争うと、正直者が自分のものを手に入れる」。J・ヘイウッド『対話体イギリス格言集』、初級、一五四六年、第二部、第九章、七六ページ〕
＊2 〔シャーフツバリー伯は、一八三三年の「一〇時間労働法案」を議会に提出して以来、工場労働者の労働条件を規制する法案の成立に努力した〕
＊3 〔イギリス国教会のなかの福音主義的な一派の俗称。教会の権威、礼拝儀式を重視する高教会に対する〕
＊4 〔本来は、敬虔と厳格な道徳をめざすプロテスタントの一派。ここでは「信心家ぶった人」の意〕

(706)

穀物法の廃止〔一八四六年〕は、イングランドの農業に大きな衝撃を与えた。きわめて大規模な排水、〔一四七〕畜舎飼いおよび秣《まぐさ》の人工栽培の新方式、機械式施肥装置の採用、粘土地の新処理、鉱物性肥料の使用増、蒸気機関およびあらゆる種類の新しい作業機などの使用、より集約的な耕作一般が、この時代の特徴をなしている。王立農業協会会長ピュージー氏の主張によれば、（相対的）経営費が、新たに採用された機械によってほぼ半減された。他方、積極的な土地収益は急速に高められた。一エーカーあたりの資本投下の増加、したがってまた借地集積の促進が、新しい方法の基本条件であった。〔一四八〕同時に、一八四六年から一八五六年までに、耕地面積は四六万四一一九エーカーだけ拡大された――養兎場ややせた牧場地から豊かな穀物畑にみごとに変えられた東部諸州の広大な面積は言わなくても。同時に農業従事者総数が減少したことは、すでに述べた〔本訳書、第一巻、一一〇一ページ、注七八参照〕。男女両性およびあらゆる年齢層の本来的農耕民について言えば、その数は、一八五一年の一二四万一二六九人から、一八六一年の一一六万三二二七人に減少した。〔一四九〕それゆえイギリスの戸籍本署長官が「一八

子供数 a	家族数 b	大人の週賃銀 c	子供の週賃銀* d		全家族の週収入 e		週家賃 f		家賃控除後の総週賃銀 g		一人あたりの週賃銀 h	
第1の村落												
		シリング	シリング	ペンス	シリング	ペンス	シリング	ペンス	シリング	ペンス	シリング	ペンス
2	4	8	—	—	8	—	2	—	6	—	1	6
3	5	8	—	—	8	—	1	6	6	6	1	$3\frac{1}{2}$
2	4	8	—	—	8	—	1	—	7	—	1	9
2	4	8	—	—	8	—	1	—	7	—	1	9
6	8	7	{1 2	6 —	10	6	2	—	8	6	1	$\frac{3}{4}$
3	5	7	—	—	7	—	1	4	5	8	1	$1\frac{1}{2}$
第2の村落												
6	8	7	{1 1	6 6	10	—	1	6	8	6	1	$\frac{3}{4}$
6	8	7	—	—	7	—	1	$3\frac{1}{2}$	5	$8\frac{1}{2}$	—	$8\frac{1}{2}$
8	10	7	—	—	7	—	1	$3\frac{1}{2}$	5	$8\frac{1}{2}$	—	7
4	6	7	—	—	7	—	1	$6\frac{1}{2}$	5	$5\frac{1}{2}$	—	11
3	5	7	—	—	7	—	1	$6\frac{1}{2}$	5	$5\frac{1}{2}$	1	1
第3の村落												
4	6	7	—	—	7	—	1	—	6	—	1	—
3	5	7	{2 2	— 6	11	6	—	10	10	8	2	$1\frac{1}{2}$
0	2	5	—	—	5	—	1	—	4	—	2	—

*〔d欄については、『エコノミスト』の原表により数値を改めた〕

〇一年以来の借地農場経営者および農村労働者の増加は農業生産物の増加〔……〕と決してつり合っていない」（一五〇）と正しく述べているが、この不均衡は、最近の時代には――すなわち、農耕面積の拡張、より集約的な耕作、土地に合体されて土地の耕作に充てられた資本の未曽有の蓄積、イングランド農業史上に類例を見ない土地生産物の増加、土地所有者の地代収入の激増、および資本主義的借地農場経営者の富の膨脹、これらのことと手をたずさえて、農村労働者人口の積極的な減少が進んだ最近の時代には、もっとはるかに顕著である。この事情を、都市販売市場の不断の急速な拡大や自由貿易の支配と合わせ考えれば、農村労働者が、〝かくも多くの有為転変を乗り越えて〟*、最後におかれた状態は、〝原理どおり〟であったなら、彼を幸福に酔わせるはずのものであった。

（一四七）　土地貴族はこの目的のために国庫から――もちろん議会を通して――きわめて低利で基金を借り出したが、借地農場経営者はこれを二倍にして土地貴族に返済しなければならない。

（一四八）　中位の借地農場経営者の減少は、とくに『国勢調査』〔一八六一年、第三巻、三五ページ〕の「借地農場経営者の息子、孫、兄弟、甥、娘、孫娘、姉妹、姪」、要するに借地農場経営者が使用する彼自身の家族員の項目からうかがえる。これらの項目は、一八五一年には二一万六八五一人を数えたが、一八六一年には一七万六一五一人にすぎなかった。〔以下、フランス語版にもとづく第三版への追加〕一八五一年から一八七一年までに、イングランドでは、二〇エーカー未満の借地農場が九〇〇以上も減少した。五〇ないし七五エーカーの借地農場は八二五三から六三七〇に減少した。一〇〇エーカー未満の他のすべての借地農場の場合も同様であった。これにたいして同じ二〇年間に大借地農場は増加した。三〇〇―五〇〇エーカーの借地農場は七七七一から八四一〇に、五〇〇エーカー以上のそれは二七五五から三九一四に、一〇〇〇エーカー以上のそれは四九二から五八二に増加した。

（一四九）　羊飼いの数は、一万二五一七人から二万五五五九人に増加した。〔同前、三五ページ。第三版以降、一八六一年の数字が「一一六万三二一七人」と誤っていた〕

（一五〇）　『国勢調査』、前出、三六ページ。

＊〔ウェルギリウス『アエネイス』第一巻、二〇四行。泉井久之助訳、岩波文庫、一九七六年、上、一八ページ〕

（707）

ところがロジャーズ教授が到達した結論によれば、こんにちのイングランドの農村労働者の状態は、一四世紀後半および一五世紀のその先行者は言うにおよばず、一七七〇―一七八〇年の時期のその先行者と比較してもきわめて悪くなっており、「彼はふたたび農奴となった」、しかも食事も住まいも劣る農奴となった（一五一）。医師ジューリアン・ハンターは、農村労働者の住居にかんするその画期的な報告書のなかで言う――「ハインド」（農奴制の時代に使われた農村労働者の名称）「の生活費は、彼が生活しうる可能な限り低い額に固定されている。……彼の賃銀と住居は、彼からしぼり出される利潤をもとにして計算されるのではない。彼は借地農場経営者の計算上ではゼロである（一五二）。……彼の生活維持手段はつねに固定量として取り扱われる」（一五三）。「彼の収入のこれ以上の削減については、彼は、〃私はなにも持っていないのだから、なにも心配しない〃＊1と言うことができる。生活に絶対に不可欠なもの以外にはなにも持たないので、彼は将来のことについてはなにも案じない。彼は、借地農場経営者の計算の出発点であるゼロ点に行きついている。なにが起ころうとも、彼は幸福の分け前にも不幸の分け前にもあずからない（一五四）」。

（一五一）　ロジャーズ、前出、六九三ページ。「〝彼はふたたび農奴となった〟」、同前、一〇ページ。ロジャーズ氏は自由主義派に属し、コブデンおよびブライトの親友であり、したがって〝若かりし日の賛美者＊2〟ではない。

（一五二）　『公衆衛生、第七次報告書』、ロンドン、一八六五年、二四二ページ。だから労働者が少しでも多くかせいでいると聞けばすぐに家主が家賃を上げることも、「労働者の妻が仕事をみつけたからという理由で」（同前）借地農場経営者が労働者の賃銀を切り下げることも、なにも異常なことではない。

（一五三）　同前、一三五ページ。

（一五四）　同前、一三四ページ。

＊1〔「持たない者は、なくす心配をする必要がない」などの諺にちなむ〕

＊2〔ホラティウス『詩論』、一七三行。岡道男訳、岩波文庫、一九九七年、二四〇ページ〕

流刑および懲役刑に処された犯罪者の給養状態および就業状態にかんする公式調査が一八六三年に行なわれた。調査結果は分厚い二冊の青書に収められている。そこではとりわけ次のように言われている――「イギリスの刑務所における服役者の食事と、〔……〕同じ国の〝労役場〟の受救貧民および自由な農村労働者の食事とを詳細に比較してみると、前者が、後者の二つの部類のいずれよりもかな
（708）りよい給養を受けていることは議論の余地なく示されている（一五五）」が、「懲役刑に服している者に要求される労働量は、普通の農村労働者によってなされる労働量の約半分である（一五六）」。ほんの二、三の特徴的な証言をあげよう。エディンバラ刑務所長ジョン・スミスへの審問。第五〇五六号「イギリスの刑務所の食事は普通の農村労働者のそれよりも、はるかによいものです」。第五〇五七号「スコットラン

一週間の食物量

	窒素含有成分（オンス）	無窒素成分（オンス）	鉱物性成分（オンス）	総　計（オンス）
ポーランド刑務所の囚人	28.95	150.06	4.68	183.69
海軍水兵	29.63	152.91	4.52	187.06
兵士	25.55	114.49	3.94	143.98
馬車製造工	24.53	162.06	4.23	190.82
植字工	21.24	100.83	3.12	125.19
農村労働者	17.73	118.06	3.29	139.08

ドの普通の農業労働者がおよそ肉を食べることはまったくまれであるということは〔……〕事実です」。第三〇四七号＊「犯罪者に普通の農村労働者よりもはるかによい食事を与える必要性について、なにかその理由をご存知ですか？——いいえなにも知りません」。第三〇四八号＊「懲役刑に服している者の食事を自由な農村労働者の食事に近づけるために、さらに実験することを適切とお考えですか？」[一五七] またこうも言われている——「農村労働者は言うかもしれない。私は激しく働いているが十分に食べられない。私が服役していたときには、こんなに激しい労働はしなかったが、食事はたっぷりとった。だから外にいるよりは刑務所にはいっているほうがましだ、と」[一五八]。報告書第一巻の付録の諸表から比較一覧表[一五八a]を作成しておいた〔上の表参照〕。

（一五五）『流刑および懲役刑にかんする……調査委員会報告書』〔第一巻〕、ロンドン、一八六三年、四二ページ、第五〇号。

（一五六）同前、七七ページ、「首席裁判官の覚え書」。

（一五七）同前、第二巻、証言。

（一五八）同前、第一巻、付録、二八〇ページ。

（一五八a）　同前、一一七四、一一七五ページ。〔数値の誤りは原表により訂正した〕

＊〔この第三〇四七、三〇四八号の審問は、ジョン・スミスへのものではなく、医師ウィリアム・オーガスタス・ガイへのものである〕

(709)

栄養失調の人民階級の栄養状態にかんする一八六三年の医事調査委員会の一般的結果は、すでに読者には知られている〔本訳書、第一巻、一一四二―一一四三ページ参照〕。農村労働者家族の一大部分の食事が「飢餓病を防ぐため」の最低限を下回っていることが想起される。コーンウォル、デヴォン、サマーシット、ウィルトシャー、スタッフォード、オックスフォード、バークシャー、およびハートフォードシャーのすべての純農業地域では、とくにそうである。「農村労働者がとる栄養は」――と医師スミス＊1は言う――「平均量が示すものよりも多い。というのは、彼自身は、自分の労働に必要な食物を他の家族員よりもはるかに多く――より貧しい地域では肉とベーコンのほとんどすべてを――とるからである。〔……〕妻や発育ざかりの子供に与えられる栄養量は、多くの場合、しかもほとんどすべての州で、とくに窒素分が不足している」（一五九）。借地農場経営者自身の家に住み込む僕婢《ぼくひ》は十分に食事を与えられる。彼らの数は、一八五一年の二八万八二七二人から、一八六一年の二〇万四九六二人＊2に減少した。「女性の屋外での労働は」――と医師スミスは言う――「他のどのような不利益をともなおうとも〔……〕、現在の事情のもとでは家族にとって大きな利益である。というのは、それは〔……〕家族に靴、衣服、家賃の支払いのための金を供給し、こうして家族がよりよい食事をすることができるようにするからである」（一六〇）。この調査のもっとも注目すべき結果の一つは、イングランドにおける農村労働者が連合王国の他の諸地方におけるよりもはるかに粗食であるということであり、それは左の表が示すとおりである。(一六一)

農村の平均的労働者による
炭素および窒素の週消費量

	炭　素（グレーン）	窒　素（グレーン）
イングランド	40,673	1,594
ウェイルズ	48,354	2,013
スコットランド	48,980	2,348
アイルランド	43,366	2,434

（一五九）『公衆衛生、第六次報告書。一八六三年』、二三八、二四九、二六一、二六二ページ。

（一六〇）同前、二六二ページ。

（一六一）同前、一七ページ。イングランドの農村労働者は、アイルランドの農村労働者の $\frac{1}{4}$ のミルクと $\frac{1}{2}$ のパンしか受け取らない。後者の栄養状態のほうが優れていることは、すでに今世紀はじめにA・ヤングがその著『アイルランド旅行』で述べた。その理由は単純であって、アイルランドの貧しい借地農場経営者はイングランドの豊かな借地農場経営者よりも比較にならないほど人道的だという点にある。ウェイルズにかんしては、本文の数値〔ウェイルズの数値がイングランドよりも高いこと〕はその南西部にはあてはまらない。「その地域のすべての医師が一致して認めるところでは、結核、腺病などによる死亡率は、住民の身体状態が悪化するにつれ、いちじるしく増加するのであって、医師全員が、この悪化は貧困のせいであるとしている。その地域では農村労働者の一日の生計費は〔約〕五ペンスと推算されているが、多くの地域では借地農場経営者」（彼自身が貧しい）「は、これよりも少なくしか支払わない。〔……〕マホガニーさながらに固く乾かされていて、苦労して消化するにはほとんど値しない一切れの塩漬肉、またはベーコンが、〔……〕粗粉とタマネギでつくった大量のスープまたは薄がゆの薬味に使用されるのであって、これが農村労働者の連日の昼食である。……工業の進歩がこのきびしく湿気の多い地域に住む農村労働者にもたらした結果は、自家製の丈夫な織物をやめて安い綿製品を用い、度の強い飲物をやめて『名ばかりの』茶を飲むことであった。……長時間風雨にさらされたのちに、農耕者は小屋にもどり、泥炭の火、または粘土と石炭屑をこね合わせた、炭酸ガスと硫酸ガスをもうもうと出す豆炭の火のそばに腰をおろす。小屋の壁は粘土と石でできており、床《ゆか》は、小屋の建つ前のままの地べたであり、屋根は、ゆるんでふやけた藁《わら》のかたまりである。隙間はすべて保温のためにふさがれているので、彼は、ひどい悪臭のする空気のなかで、泥の地べたで、しばしば一枚きりの着物を着たまま乾かしながら、妻子と一緒に夕食をとる。これらの小屋で夜の一部を過ごさなければならなかった産科医たちが書いたところによれば、彼らの足が床の泥に埋まり、小さくそっと息をするために壁に穴をあけるという簡単な仕事！　を余儀なくされた、とのことである。さまざまな身分の多くの証人たちの証言によれば、栄養不足の農民は健康を害するあれこれの影響に毎晩さらされており、その結果が身体の弱い腺病質の人民だということについては、実際、証明に事欠かない。……カマーゼンシャーやカーディガンシャー〔いずれもウェイルズ南部の州〕の教区役人の報告はこうした状態をはっきりと示している。加えて知的障害の蔓延といういっそう恐るべき悪疫がある。さらに気候状態について言えば、強い南西風が一年のうち八―九ヵ月間この地方全体に吹きすさび、それにともなって豪雨が、主として丘陵の西斜面をおそう。遮蔽された場所以外には樹木はまれであり、防護されていない所では、樹木は跡形もなく吹き飛ばされる。小屋は山裾にはいつくばり、峡谷や石切り場にあることも多く、牧場には、ごく小型の羊と土着の有角獣しか住むことができない。……若者たちはグラモーガンやモンマスの東部鉱山地域に移住する。……カマーゼンシャーは鉱山人口の養成所であり、その廃兵院である。

	1851年	1861年
男性………	45,155	44,446
女性………	52,459	52,955
	97,614	97,401

……住民はかろうじてその数を維持している。たとえばカーディガンシャーでは前ページの表のとおりである」（『公衆衛生、第七次報告書。一八六四年』、ロンドン、一八六五年、四九八ないし五〇二ページの各所にある医師ハンターの報告）。

＊1〔初版以来、英語版を除いて「医師サイモン」となっていた〕

＊2〔初版以来「二八万八二七七人」となっていた。『国勢調査』、一八六一年、第三巻、三五ページにより訂正〕

（710）医師サイモンは、その公式の衛生報告書で言う――「ハンター医師の報告のどのページも、わが農村労働者の住居の量の不十分さと質の悲惨さについての証拠を提供する。何年も前から農村労働者の状態はこの点で累増的に悪化した。いまでは彼にとっては、おそらく数世紀前からよりも住居をみつけることがはるかに困難になっており、もしみつかったとしても、彼の必要にはるかにそわないものになっている。とくにここ二、三〇年間に弊害が急速に増大し、農村民の住宅事情はいまや極度に悲惨である。彼の労働によって富裕になる人々が、思いやりある寛大なやり方で彼を扱うことを労に値すると考える場合以外には、事態は彼にはまったくどうにもならない。自分が耕作する土地に彼が住居を見いだすかどうか、その住居が人間向きか豚向きか、貧困の圧迫をおおいに緩和する小庭があるかないか――すべてこうしたことは、彼が妥当な家賃を支払う用意または能力があるかないかにかかっているのではなく、他人が『自分の財産を思うがままに処理する権利』をどう行使するかにかかっている。借地農場がどれほど大きかろうとも、そこに一定数の労働者用住宅が――ましてやまともな住宅が――なければならないという法律は存在しない。また、土地にとっては労働者の労働が雨や日光と同じように必要であるのに、法律は労働者のためにはその土地にたいするどんな小さな権利すら
(711) もとっておいてくれない。……周知の一事情が、はかりの皿を労働者の反対側にさらに傾ける。……定住および救貧税負担にかんする諸規定を含む救貧法の影響がそれである。（一六二）＊1 その影響のもとでは、どの教区も、その居住農村労働者の数を最小限に制限するのが金銭的に利益になる。というのは、農村労働は、不幸にも、苦役する労働者とその家族にたいし確実で永続的な独立を保証するものではなく、たいていはただ、長いか短いかの回り道をしたあとで受救貧民に――この回り道のあいだに病気になったり一時的に失業したりすればじかに教区の救済にたよらざるをえないほど間近に迫っている受救貧民に――導くのであり、したがって一教区における農業人口の定住はすべて明らかにその教区の救貧税を増加させるからである。……大土地所有者たち（一六三）は自分の地所に労働者の住宅を建てさせないでおこうと決心しさえすればよいのであって、彼らはただちに貧民にたいする責任からなかばまぬがれることになる。『自分の財産を思うままに処理する』地主に、土地耕作者たちをよそもの扱いし彼らを自分の領地から駆逐することができるようにさせるこの種の無条件的土地所有権が、どの程度までイギリスの憲法および法律の意図したところであったかの議論は、私の範囲外の問題である。……この追い立て権は単なる理論ではない。それは実際にきわめて大規模に実行されている。〔……〕それは
(712) 農村労働者の住宅状態を支配する事情の一つである。……弊害の範囲は最近の国勢調査から判断できるが、それによれば、最近一〇年間に、イングランドの八二一のそれぞれ異なる地域で、家屋にたい

する地方的需要が増加したにもかかわらず家屋の破壊が進行し、その結果非定住者（すなわち彼らが働く教区内で）となることを余儀なくされた人々を除外しても、一八六一年には一八五一年に比べて、五1/3%だけ大きな人口が四1/2%だけ小さい家屋面積に追いやられた。……ハンター医師が言うには、人口減少過程がその目標を達したあとの結果は、展示村《ショー・ヴィレッジ》であって、そこでは〝小屋〟の数はわずかばかりに減らされ、羊飼い、庭師、猟場番人のような、情け深い主人からその階級相当のよい待遇を受けている常雇いの召し使い以外には住むことが許されない〔一六四〕。しかし土地は耕作を必要とする。そしてそこに見いだされるのは、その土地で働いている労働者たちは土地所有者の借家人ではなく、おそらく三マイルも遠く離れた開放村からやってくるということであり、そこは、閉鎖村における彼らの〝小屋〟が破壊されたのちに、多数の小家主が彼らを迎え入れたところであるということである。事態がこうした結果にすすんでいるところでは、これらの〝小屋〟は、そのみすぼらしい外観によって、そのおちいらざるをえない運命を示している。それらは、自然的荒廃のさまざまな段階をたどっている。屋根が壊れていない限り、労働者はそれを賃借りすることを許されるのであって、たとえ立派な住宅なみの家賃を支払わなければならない場合でも、それを支払わせてもらって大喜びの労働者がしばしばいる。しかし修繕や改善は、文なしの借家人がなしうる以外のものはなに一つ行なわれない。とうとうまったく住めないものになると〔……〕〝小屋〟が一軒さらに破壊されることになるだけで、将来の救貧税がそれだけ少なくなる。大所有者たちがその管理する土地の人口を減少させることによって、こうして救貧税をのがれる一方、近接の町や開放村が、投げ出された労働者たちを受け入れる。

近接といっても、この『近接』は、労働者の一日仕事には、彼が毎日苦役しなければならない借地農場から三、四マイル離れていることもありうる。こうして労働者の一日仕事には、彼が日々のパンをかせぐために六―八マイル毎日歩かなければならないことが、まるで造作のないことのようにつけ加えられる。彼の妻子によって行なわれる農業労働も、いまやすべて同じ困難な事情のもとで行なわれる。しかもこれは遠くなったために労働者がこうむる苦しみのすべてではない。開放村では、建築投機師たちが小地面を買い、そこにおよそあらゆるあばら屋のうちでも、もっとも安いものを、できるだけびっしり建てる。そしてこれらのみすぼらしい住居――それは広い田園に隣接するとはいえ、最悪の都市住宅の最悪の特徴のいくつかをそなえている――にイングランドの農業労働者は押し込め
(713) られている。(一六五)……他方、自分が耕す土地に住んでいる労働者でさえ、その生産的勤労生活にふさわしい住居を見いだすとは想像すらしてはならない。〔……〕君侯のきわめて豊かな領地においてすら〔……〕その〝小屋〟はしばしば悲惨きわまりない種類のものである。自分の使う労働者とその家族には豚小屋で十分だと信じていながら、それなのにその家賃からできるだけ多くのもうけをしぼり取る
(714) ことを軽蔑すべきことと思わない地主もいる。(一六六)寝室一つの腐朽しつつある掘っ立て小屋だけで、炉も便所も開けることのできる窓もなく、溝以外には給水もなく、庭もないかもしれないが、労働者はその不当にたいしてどうすることもできない。〔……〕したがってわが国の『不法妨害排除法』*2は〔……〕死文である。〔……〕その法律の実施は、よりにもよって、このような穴を貸している家主その人にゆだねられている。*3……例外的な輝かしい光景に幻惑されて、イギリス文明の汚辱である事実の

圧倒的重みを見落としてはならない。現在の住居のひどい劣悪さは明白であるとはいえ、権限ある観察者が異口同音に次のような結論に達していることは、実際、身の毛もよだつ事態であるに違いない。それは、住居の一般的劣悪さすらもその単なる数的不足に比べれば、その弊害の重圧はなお無限に小さい、というものである。数年来、農村労働者の住居の過密は、衛生を重んじる人々にとってばかりでなく、慎み深く道徳的な生活を重んじるすべての人々にとっても、深い心痛の対象であった。というのは、農村地域における伝染病の蔓延にかんする報告者たちは、再三再四、紋切り型と思えるほど同じ表現を用いて、家屋過密は、ひとたび発生した伝染病の進行をくい止めようとするあらゆる試みを、すっかりだめにする一原因であるとして告発しているのである。また、農村生活の数多くの健康的影響にもかかわらず、伝染病の蔓延をはなはだしく加速する密集状態が非伝染病の発生をも促進するものであることは、再三再四、指摘されたことである。そして、こうした状態を告発した人々は、他の害悪についても沈黙してはいない。彼らの最初の主題が衛生管理だけにかかわるものであった場合ですら、彼らは、ほとんど否応なく、対象の他の側面に踏み込まざるをえなかった。既婚および未婚の成年の男女が狭い寝室に詰めこまれることがいかにしばしば起こっているかを指摘することによって、彼らの報告書は、そこに述べられている事情のもとでは羞恥心と礼儀作法がこのうえなくひどくそこなわれ、あらゆる道徳性がほとんど必然的にだいなしにされる、ということを確信させたに違いない。〔一六七〕……たとえば私の最近の報告書の付録に収録してあるが、オード医師はバッキンガムシャーのウィングにおける熱病の発生にかんする報告書において次のように述べている。一人の青年が熱病

(715) にかかってウィングレイヴから当地に帰ってきた。発病当初の数日間、彼は一つの部屋で他の九人と一緒に寝た。二週間のうちに数人が感染し、数週間のうちに九人中五人が熱病を発症し、一人が死亡した！〔……〕同じころ私的要務の機会に伝染病流行当時のウィングを訪れたセント・ジョージ病院のハーヴィー医師は、私に同じ意味の報告をした。『〔……〕熱病にかかった一人の若い女性は、夜になると同じ部屋で、父母、彼女の子供、兄弟である二人の青年、それぞれ子供を一人ずつかかえた二人の姉妹と一緒に、総勢一〇人で寝た。ほんの数週間前には、一三人の子供が〔原文は単に「一三人が」となっている〕この同じ部屋で寝たのである』(一六八)と」。

(一六二)　一八六五年にこの法律はいくらか改善された。同じようなやっつけ仕事はなんの役にも立たないことが、まもなく経験によって学ばれるであろう。

(一六三)　以下に述べることを理解するために説明しておこう。閉鎖村《クローズド・ヴィレッジ》とは、一人または二、三人の大地主がその土地所有者である村のことであり、開放村《オープン・ヴィレッジ》とは、その土地が多数の小土地所有者のものになっている村のことである。建築投機師が〝小屋〟や宿所を建てることのできるのは、後者の村である。

(一六四)　このような展示村は、非常に小ぎれいに見えるが、それはエカテリーナ二世がクリミア旅行のさいに見た*4村と同じように非現実的である。最近では、羊飼いもこの展示村からしばしば追い出される。たとえば、マーケット・ハーバラー〔イングランド中部の町〕付近の約五〇〇エーカーの牧羊場で必要とされるのは、一人の羊飼い労働だけである。レスターおよびノーサンプトンの美しい牧場であるこの広大な平原を横切って延々と歩き続けることを避けるために、羊飼いは農場に、〝小屋〟をもらうのがつねであった。いまでは彼は、宿代にもう一シリングもらって、遠く離れた開放村に住まいをさがさなければならない。

（一六五）「労働者の家」（もちろんつねに人の過密な開放村における）「は、通常、建築投機師が自分のものだと言う小地面の外周に背を向けて、ぐるりと建てられている。そのため、それらの家には正面から以外には光も空気もはいらない」（ハンター医師の報告書、同前、一三五ページ）。村のビール酒場の主人または雑貨屋が同時に家主であることもたいへん多い。この場合には、農村労働者にとっては、この家主が借地農場経営者とならぶ第二の主人である。と同時に、農村労働者はこの家主の顧客でなければならない。「週一〇シリングから〔……〕年四ポンドの家賃を差し引いた残りで、彼は〝わずかばかり〟の茶、砂糖、小麦粉、石鹸《せっけん》、ろうそく、ビールを、雑貨屋のいいなりの値段で買わざるをえない」（同前、一三四〔正しくは一三二〕ページ）。これらの開放村は、実際に、イングランドの農業プロレタリアートの「流刑地」である。〝小屋〟の多くは単なる宿所にすぎず、そこへは付近のすべての放浪者たちが出入りしている。まったく恥知らずな状態のなかで、しばしば真に驚嘆すべきことに、有能さと品性の純潔さとを保持してきた農村民とその家族も、ここですっかりだめになる。もちろん、上流のシャイロックたちのあいだでは、建築投機師や小地主や開放村についてパリサイ人《びと》*5のように肩をすくめてみせることがはやっている。彼らは、彼らの「閉鎖村と展示村」が「開放村」の発生地であり、また後者なくしては前者は存在しえないことを、十分に承知している。「開放村の小地主がいなかったならば〔……〕大部分の農村労働者は、彼らが労働する農場の木の下で寝なければならなかったであろう」（同前、一三五ページ）。「開放」村と「閉鎖」村の制度は、イングランドのすべての〝中部地方〟および東部全体で支配的である。

（一六六）「家主」（借地農場経営者または地主）「は〔……〕彼が週あたり一〇シリング支払う人間の労働によって直接または間接にもうけ、次にまたこの貧乏人から四ないし五ポンドの年家賃をまきあげる。これらの家は、公開市場では二〇ポンドにも値しないが、『私の家に住むか、さもなければ私の出す労働証明書を持たずに出ていって、よそで働き口をさがせ』と言う所有者の権力によって、その人為的価格が維持される。……ある人が暮らしをよくしようとして、鉄道の線路作業員になるか石切場に行こうとすると、またもや同じ権力が待ちかまえて主張する――『この安い賃銀で私のために働くか、さもなければ一週間前に解約予告をして出ていけ。おまえの豚は一緒につれていけ、そしておまえの庭でとれるジャガイモがいくらになるか見てみろ』と。とはいえ、追い出さないほうが利益になる場合には、地主」（または借地農場経営者）「は自分への奉仕から逃げ出した罰として、むしろ家賃の値上げの道を選ぶことが多い」（ハンター医師、同前、一三二ページ）。

（一六七）「新婚夫婦は、同じ寝室で寝る年ごろの兄弟姉妹によい感化を与えない。実例をあげるわけにはいかないが、近親相姦を犯した女性がひどく苦しみ、しばしば死を選ぶという話を裏づけるのに十分な資料がある」（ハンター医師、同前、一三七ページ）。長年ロンドンのもっとも不良な地区で刑事をしていたある地方警察官は、彼の村の娘たちについて次のように語っている――「うら若い彼女たちのひどい不品行、彼女たちのずうずうしさと恥知らずとは、ロンドンのもっとも不良な地区での警官生活中にも私が決して見なかったものである。……彼女たちは豚のように暮らしており、年ごろの息子や娘、父親や母親が、すべて同じ部屋で一緒に寝る」と（『児童労働調査委員会、第六次報告書』、ロンドン、一八六七年、付録、七七ページ、第一五五号）。

（一六八）『公衆衛生、第七次報告書。一八六四年』、九―一四ページの各所。

＊1〔救貧法は、救貧の負担を軽くするために放浪者や物乞いの定住を排除する一方、定住年数その他で定住権を規定し、その規定にそわない新移住者をもとの教区に追い払った。一八六五年の法律（ヴィクトリア治下第二八および二九年、第七九号）は、救貧区域を教区から連合教区に拡大したにすぎない〕

＊2〔「不法妨害」については、本訳書、第一巻、四三六ページ訳注＊1参照〕

＊3〔イギリスでは、地主や工場主ら地方の名士が治安判事として裁判を行なっていた。本訳書、第一巻、五

〇九ページ原注一五七、一二九一―一二九二ページ訳注＊を参照〕
＊4〔エカテリーナ二世の寵臣ポチョムキンが、一七八七年はじめ、女帝をクリミアの自領に招いたさい、ドニエプル川のほとりに見かけだけきらびやかな田園住宅を建てて見せたことをさす〕
＊5〔本訳書、第一巻、一一ページ訳注＊1、および新約聖書、マタイ、二三、参照〕

ハンター医師は、純農業地域ばかりでなくイングランドの全州において、五三七五戸の農村労働者の〝小屋〟を調査した。この五三七五戸のうち、二一九五戸には寝室（しばしば居間兼用）がただ一つしかなく、二九三〇戸にはただ二つ、三つ以上は二五〇戸であった。＊ ここに一二の州について簡単に実例を選んで述べておこう。

＊〔『公衆衛生、第七次報告書』、一三八ページ〕

（1）　ベッドフォードシャー

レスリングワース――寝室は奥行き約一二フィート、間口一〇フィート、ただしそれより小さいものも多い。平屋の小さい小屋が板で二つの寝室に分けられ、高さ五フィート六インチの台所に寝台が一台置かれていることもよくある。家賃は三ポンド。借家人は自分の便所をつくらなければならず、家主は穴を提供するだけである。だれかが便所をつくると、それが近所の人全部によって使われることが実に多い。リチャードスンと呼ばれる者の家は、とても実現不可能なほどのみごとさであった。そのしっくい壁は、おじぎで膝をかがめたときの婦人服のようにふくらんでいた。一方の切妻壁のはしは凸状で、他方のそれは凹状であった。そして不幸にも凹状になった壁のほうに煙突、すなわち粘土と木でできた象の鼻のように曲がった煙筒が立っていた。一本の長い棒が、煙突の倒壊を防ぐための支えになっていた。戸と窓はいびつであった。訪ねた一七戸のうち、二つ以上の寝室があったのは四戸だけで、この四戸も過密であった。寝室が一つの小屋に住んでいたのは、大人三人と子供三人であったり、夫婦と子供六人、等々であった。

ダントン――家賃は高く、四ポンドないし五ポンド。成年男性の週賃銀は一〇シリング。彼らは、家族の麦稈《ばっかん》さなだ編みによって、家賃をかせぎたいと思っている。家賃が高ければ高いほど、家賃を支払うためにともに働かなければならない家族数はそれだけ増える。大人六人が子供四人と一つの寝室で暮らしているが、その家賃は三ポンド一〇シリングである。ダントンの一番安い家は外郭で奥行き一五フィート、間口一〇フィートであり、家賃は三ポンドである。調査した一四戸のうち、寝室が二つあるのは一戸だけであった。村はずれのある家は、家人がその外壁の前で用便するので、戸の下部九インチがまったく腐朽してなくなってしまい、夜に戸に鍵をかけて閉めるさいに煉瓦が二、三個うまいこと内側から押し出され、むしろのようなものが掛けられる。窓の半分は、ガラスや枠もろとも、すっかり失われていた。ここに、家具なしで、大人三人と子供五人が一緒に詰め込まれていた。ダントンがビッグルズウェイド教区連合の他の教区よりも劣悪なわけではない。(716)

（２）　バークシャー

ビーナム――一八六四年六月のこと、ある夫婦と四人の子供が平屋建ての〝小屋〟に住んでいた。一人の娘が猩紅熱《しょうこう》にかかって勤め先から帰ってきた。その娘は死んだ。一人の子供が発病して死んだ。ハンター医師が呼ばれたとき、母親と一人の子供がチフスにかかっていた。父親と一人の子供は戸外で寝たが、隔離を確実にすることはここでは困難だとわかった。というのは、この悲惨な村の雑踏する市場には、熱病にかかったこの家の敷布や下着類がまだ洗濯を待って置かれていたからである。――H家の家賃は週一シリング、夫婦と子供六人で寝室一つ。ある家の家賃は八ペンス（週）で、奥行き一四フィート六インチ、間口七フィートで、台所の高さは六フィート。寝室には窓も炉も戸もなく、玄関口へのほかには出口もなく、庭もなかった。少し前には、この家に一人の男性が年ごろの二人の娘と発育ざかりの一人の息子と住んでいた。父と息子はベッドで寝て、娘たちは通路に寝た。家族がここに住んでいたあいだに、娘たちは子供を一人ずつ産んだが、一人の娘は分娩のために〝労役場〟に行き、産んでから帰ってきた。

（3）　バッキンガムシャー

ここでは三〇戸の〝小屋〟――一〇〇〇エーカーの土地に建てられた――におよそ一三〇―一四〇人がはいっている。ブレイドナムの教区は、一〇〇〇エーカーである。この教区には一八五一年に三六戸の家があり、人口は男性八四人、女性五四人であった。この男女数の不均衡は、一八六一年には男性九八人、女性八七人となって修正され、一〇年間に男性一四人、女性三三人が増えた。この間に家の数は一戸だけ減少した。

ウィンズロウ――大部分は優良な型式の新築である。きわめて貧弱な〝小屋〟が週一シリングや一シリング三ペンスで貸し出されているから、家屋への需要はさかんなように見える。

ウォーター・イートン――ここでは地主たちが、人口増を考慮して、現存する家屋の約二〇%を破壊した。仕事場まで約四マイル歩かなければならなかった哀れな労働者は、もっと近くに家がみつけられないのかという質問に答えて言った――「みつけられません。彼らは、私のように大家族をかかえた男を受け入れるようなばかなまねはしないでしょう」。

(717)ウィンズロウ近くのティンカーズ・エンド――大人四人と子供五人が寝る一寝室は、奥行き一一フィート、間口九フィート、高さは一番高い所で六フィート五インチ。もう一つの寝室は、奥行き一一フィート七インチ、間口九フィート、高さ五フィート一〇インチで、六人が寝ていた。これらの家族は、いずれも、ガレー船漕役囚《そうえき》*に必要な空間よりも狭い空間しかもたなかった。寝室が二つ以上の家は皆無で、裏口もなく、水もたいへん乏しかった。週家賃は一シリング四ペンスないし二シリング。調査した一六戸のうち、週一〇シリングかせいでいたのは一人だけであった。上述の場合に各人に許される空気の量は、夜どおし四フィート立方の箱に閉じ込められる場合に得られる量に相当する。ただし、古い小屋では自然的な換気がある程度行なわれる。

*〔ガレー船は、主として地中海を航行した多数の長いオールで漕ぐ古代・中世の軍船で、捕虜や奴隷に漕がせたが、のち重罪人に漕がせて輸送にあたらせ、一八世紀まで使用された〕

（4）　ケンブリッジシャー

ギャンブリンゲイは何人かの地主に所属する。ここには、どこにも見ることのできないほどひどいぼろ〝小屋〟がある。麦稈さなだ編み業がさかんである。死んだような沈滞と不潔にたいする絶望的なあきらめがギャンブリンゲイを支配している。中心部でも放置されたままであるが、南北の町はずれではそれが責め苦になるほど家が少しずつ腐朽している。不在地主は、手際よく、この哀れなねぐらからしぼり取る。家賃はきわめて高い。一つの寝室に八人ないし九人が詰め込まれ、二つの事例では、大人六人が、それぞれ一人および二人の子供をかかえて小さな寝室一つに詰め込まれていた。

（5）　エセックス

この州では、多くの教区で、人数減少と〝小屋〟の減少とが歩調をそろえて進行している。とはいえ、二二を下らない教区では、家屋の破壊が人口増を阻止しなかったし、「都市への移動」と呼ばれていたるところで進行している人口駆逐も引き起こさなかった。一教区で三四四三エーカーあるフィングリングホウでは、一八五一年には一四五戸あったのに一八六一年には一一〇戸にすぎなくなったが、住民は立ち去ろうとはせず、こうした処遇のもとでもかえって増加した。ラムズデン・クレイズでは、一八五一年には六一戸の家に二五二人が住んでいたが、一八六一年には四九戸の家に二六二人が押し込まれた。バジルドンでは、一八二七エーカーの土地で、一八五一年には三五戸の家に一五七人が住んでいたが、一〇年後には二七戸の家に一八〇人が住んでいた。フィングリングホウ、サウ

（718）ス・ファンブリッジ、ウィドフォード、バジルドン、およびラムズデン・クレイズの教区では、一八六一年には八四四九エーカーの土地で、一八五一年には三一六戸の家に一三九二人が住んでいたが、一八六一年には同じ面積で、二四九戸の家に一四七三人が住んでいた。

（6）　ヘリフォードシャー

この小さな州は、イングランドにおける他のどの州よりも「追い立て精神」に苦しめられた。マドリーでは、過密な〝小屋〟はたいてい寝室が二つついているが、大部分は借地農場経営者の所有である。彼らはこれらの〝小屋〟を平気で年三ポンドまたは四ポンドで貸しながら、支払う週賃銀は九シリングである！

（7）　ハンティングドンシャー

ハートフォードでは、一八五一年には八七戸の家屋があったが、その後間もなく、一七二〇エーカーのこの小さい教区で一九戸が取りこわされた。居住者は、一八三一年には四五二人、一八五一年には三八二人、一八六一年には三四一人であった。寝室一つの〝小屋〟が一四戸調査された。その一戸には、一夫婦、年ごろの息子三人、年ごろの娘一人、子供四人、合わせて一〇人が住んでいた。もう一戸には大人三人と子供六人が住んでいた。八人が寝ていたこれらの部屋の一つは、奥行き一二フィート一〇インチ、間口一二フィート二インチ、高さ六フィート九インチであった。室内への突出部分を差し引かないで、平均容積は、一人あたりおよそ一三〇立方フィートであった。一四の寝室に大人三四人と子供三三人がいた。これらの〝小屋〟にはめったに小庭がついていなかったが、居住者の多くは、一ルード（1/4エーカー）あたり一〇ないし一二シリングで小さな地片を賃借することができた。これらの〝貸与地〟は便所のない家から遠く離れている。家族の者は用便のために彼らの貸与地に行くか、さもなければ、言及するのは恐縮であるがここで実際に行なわれているように、たんすの引き出しで用を足さなければならない。引き出しがいっぱいになると、それが抜かれて、その中身が必要とされている場所に空けられる。日本では生活諸条件の循環はもっと清潔に行なわれている。

（8）　リンカンシャー

ラングトフト――この地のライトという人の家に、一人の男が、妻と妻の母および子供五人と住んでいる。この家には表に面する台所と流し場があり、その台所の上に寝室がある。台所と寝室は奥行き一二フィート二インチ、間口九フィート五インチであり、一階全体では奥行き二一フィート三インチ、間口九フィート五インチである。寝室は屋根裏部屋である。周壁は円錐形状に天井に集まっており、屋根窓が正面についている。なぜ彼はここに住んでいるのか？　庭があるからか？　それは驚くほど小さい。家賃か？　それは高く、週一シリング三ペンスである。仕事場に近いのか？　いや、六マイル離れているので、毎日往復一二マイル歩かなければならない。彼がそこに住んだのは、それが
(719) 貸家もできる〝小屋〟だったからであり、また、場所や家賃や状態がどうであろうとも、自分だけの

ラングトフトにおける12戸の家

家	寝室	大人	子供	総人数
1	1	3	5	8
1	1	4	3	7
1	1	4	4	8
1	1	5	4	9
1	1	2	2	4
1	1	5	3	8
1	1	3	3	6
1	1	3	2	5
1	1	2	0	2
1	1	2	3	5
1	1	3	3	6
1	1	2	4	6

*〔英語版では、「家」欄には1～12までの数字があてられている〕

〃小屋〃をもちたかったからである。ここにあげるのは、ラングトフトにおける大人三八人と子供三六人の住む、一二の寝室をもつ一二戸の家の統計である〔上の表参照〕。

（9）ケント

ケニングトンは、一八五九年にジフテリアが発生し、教区医が貧民大衆の状態について公式調査を行なったときには、惨憺《さんたん》たる過密状態であった。教区医の発見したところによれば、多くの労働を必要とするこの地域でいくつもの〃小屋〃が取りこわされ、新しい〃小屋〃は一つも建てられなかった。ある地区には鳥かごと呼ばれた四戸の家があった。それぞれには、次のような広さの四室があった。

台所………9フィート5インチ×8フィート11インチ×6フィート6インチ
流し場……8フィート6インチ×4フィート6インチ×6フィート6インチ
寝室………8フィート5インチ×5フィート10インチ×6フィート3インチ
寝室………8フィート3インチ×8フィート4インチ×6フィート3インチ

（10）　ノーサンプトンシャー

ブリックスワース、ピッツフォード、フロア――これらの村では、冬になると二、三〇人の男が、仕事がないので街路をぶらぶら歩き回っている。借地農場経営者は必ずしも十分に穀物畑や根菜畑を耕すわけではなく、また地主は彼の賃貸地全部を二つか三つに寄せ集めるのが適当であることに気づいた。仕事が不足してきたのはそのためである。堀の一方の側では畑が労働を乞い求めているのに、他方の側ではだまして取り上げられた労働者が渇望のまなざしを畑に投げかけている。夏にはへとへとになるまで働いて、冬には半飢餓状態になるので、彼らが独特の方言で「〝坊主や旦那は俺たちをいじめ殺すつもりらしい〟」[一六八a]と言ってもなんら不思議ではない。

（一六八a）〔この注では、本文中に英文で引用された括弧内の句のドイツ語訳が示されている。省略〕

（720）フロアでは、このうえなく小さい一寝室に、四人も五人も六人もの子供をつれた夫婦がいる例があるし、子供五人づれの三人の大人や、祖父と猩紅熱にかかった子供六人をつれた夫婦などの例もある。寝室二つの二戸の家には、それぞれ、大人八人と大人九人との二家族がいる。

（11）　ウィルトシャー

ストラットン――三一戸の家を訪れたが、そのうち八戸には寝室が一つしかなかった。同じ教区のペンヒルでは、大人四人と子供四人に週一シリング三ペンスで貸された一つの〝小屋〟は、壁がよいだけで、粗削りの石でできたたたき床《ゆか》から腐ったわら屋根にいたるまで、なに一つとりえがなかった。

(12) ウスターシャー

家屋の破壊は、ここではまったくひどいわけではなかった。それでも一八五一―一八六一年に一戸あたりの人数は四・二人から四・六人に増加した。

バッドシー――ここには〝小屋〟と小庭が多い。若干の借地農場経営者は〝小屋〟は「貧民を引き込むから大迷惑だ」と言っている。ある紳士の言葉では、「それだから貧民の状態は少しも改善されない。五〇〇戸の〝小屋〟を建てても、すぐに貸されてしまい、実際、建てれば建てるほどますます必要となる」――彼によれば、家屋は居住者を生み、居住者は自然法則的に「居住の手段」を圧迫するのである――。これにたいしてハンター医師は次のように言う。「ところで、これらの貧民は、どこかよそからやってくるに違いなく、しかもバッドシーには施し物のような特別な魅力あるものはないのだから、もっと不快な場所からの反発があって、そこが彼らをこの地に追い込んでいるに違いない。だれであれその仕事場の近くに一軒の〝小屋〟と小さな地片を見つけることができるならば、借地農場経営者がその土地に支払う地代の二倍もの額の地代をこの一握りの土地に支払うようなバッドシーよりも、きっとそこを選ぶであろう」と。*

* 〔以上、一二州の住宅事情の記述は、ハンター医師の報告書、『公衆衛生、第七次報告書』、一四八―三〇二ページによる〕

都市への絶え間ない移住、借地農場の集積や耕地の牧場への転化や機械〔の使用〕などによる農村における絶え間ない「人口過剰化」、および、〝小屋〟の取りこわしによる農村人口の絶え間ない追い立ては、歩調をそろえて進行する。その地域の人間が少なくなればなるほど、そこの「相対的過剰人口」はそれだけ大きくなり、雇用手段におよぼす過剰人口の圧迫はそれだけ大きくなり、そこの居住手段を上回る農村民の絶対的過剰がそれだけ大きくなり、したがって村々では、局地的過剰人口、および、このうえなく悪疫を引き起こしやすい人間詰め込みがそれだけひどくなる。散在する小村と市場町とにおける人間群衆の稠密化は、農村一帯での強制的な人間過疎化に照応する。農村労働者たち(721)の数的減少にもかかわらず、しかも彼らの生産物量の増大にともなって進む、農村労働者の不断の「過剰化」は、農村労働者の受救貧民的貧困のゆりかごである。彼らが受救貧民になる可能性が、彼らを追い立てる動因であり、彼らの住宅難の主要原因なのであって、この住宅難が彼らの最後の反抗力をくじき、彼らを地主（一六九）および借地農場経営者のまったくの奴隷にしてしまい、その結果、労賃の最低限が彼らにとっての自然法則として固定するのである。他方、農村は、その絶え間ない「相対的過剰人口」にもかかわらず、同時に人口過少となっている。このことは、都市、鉱山、鉄道工事などへの人間流出があまりに急激に進行する場所で局地的に見られるばかりでなく、収穫期にも、また春や夏の、非常に手間をかけ集約的なイングランドの農業が臨時労働者を必要とする数多くの時期中にも、いたるところで見られる。農村労働者は、農耕上の中位の要求にたいしてはつねにあまりにも多すぎるのであり、例外的または一時的な要求にたいしてはつねにあまりにも少なすぎる（一七〇）。それゆえ、公式(722)文書には同じ場所であるのに労働不足と労働過剰とが同時に起こるという矛盾に満ちた苦情が見いだされるのである。一時的または局地的労働不足は、労賃の騰貴を引き起こすのではなく、女性および児童を農耕に強制的に引き入れ、労働年齢を絶えず引き下げる。女性および児童の搾取の余地が大きくなると、そのこと自体がまた、男性農村労働者を過剰化しその賃銀を押し下げる新たな手段となる。イングランドの東部では、この〝悪循環〟のみごとな成果――いわゆる労働隊制度[*1]（ギャング・システムまたは徒党システム）――がさかんに行なわれている。これについてここで簡単に立ち返ってみよう[一七一]。

（一六九）「ハインド〔農村労働者〕の天職は、彼の地位にさえ威厳を与える。彼は、奴隷ではなく平和の戦士であって、彼は、国が兵士に要求するのと同じような強制労働の要求権を主張してきた地主によって、既婚者用住宅内にその場所を与えられてしかるべきである。彼は、兵士と同じく、自分の仕事にたいする市場価格を受け取っていない。彼は、兵士と同じように、若くて、無知で、自分自身の職業と自分自身の居住地しか知らないうちから、捕えられる。早婚とさまざまな定住法の作用とが彼らにおよぼす影響は、兵役編入と抗命処罰法とが兵士におよぼす影響と同じである」（ハンター医師、前出、一三二ページ）。ときには例外的に気の弱い地主が、自分のつくり出した荒涼さに神妙になることもある。「自分の領地に一人でいるのは、憂鬱である」と、レスター伯[*2]はホウカム城の落成を祝われたときに言った。「まわりを見回しても、私の屋敷以外に一軒の家もない。私は巨城の巨人であり、隣人をすべて食い尽くした」と〔ハンター医師、同前、一三五ページの注〕。

（一七〇）フランスにおいても最近数十年来、資本主義的生産がその農業をわが手に収め、「過剰」農村人口を都市へ追いやるにつれて、類似の動きが起こっている。フランスでも「過剰人口」の源泉地では、住宅その他の事情が悪化している。分割地制度が生み出した独特な「〝農村プロレタリアート〟」にかんしては、とりわけさきに引用したコランの著作〔『経済学』第三巻、パリ、一八五七年〕、およびカール・マルクス『ルイ・ボナパルトのブリュメール一八日』、第二版、ハンブルク、一八六九年、五六〔正しくは八八〕[*3]ページ以下〔市橋秀泰訳、古典選書『ルイ・ボナパルトのブリュメール一八日』、新日本出版社、二〇一四年、一六二―一七三ページ、邦訳『全集』第八巻、一九三―二〇〇ページ〕を参照せよ。一八四六年には、フランスの都市人口は二四・四二％、農村人口は七五・五八％であったが、一八六一年には、都市人口は二八・八六％、農村人口は七一・一四％であった。最近五年間では農村人口が占める百分比の減少はもっといちじるしい。すでに一八四六年にピエール・デュポン〔労働者に愛誦されたフランスの詩人〕は、その著『労働者〔の歌〕』のなかで歌った――

「着ているものはぼろ切れで、穴ぐらに住み、
屋根裏部屋で、廃墟《はか》のなか、
おれたち暮らす、闇の友――
フクロウ、それに泥棒と」

（一七二）　一八六七年三月末に公刊された『児童労働調査委員会、第六次の最終報告書』[*4]は、農業の労働隊制度だけを取り扱っている。

*1〔本訳書、第一巻、七〇〇ページ参照〕

*2〔ホウカムのトマス・ウィリアム・クク（一七五二―一八四二）。ノーフォークの資本主義的農場経営者〕

*3〔『ルイ・ボナパルトのブリュメール一八日』は、初版、第二版、フランス語版では、初版（ニューヨーク、一八五二年）としてあげられていた。第三版でこれが現行のように第二版（ハンブルク、一八六九年）に変更されたが、ページ数はそのままとなっていた〕

*4〔労働隊制度の報告書は特別報告書として刊行された〕

労働隊制度は、ほとんどもっぱらリンカンシャー、ハンティングドンシャー、ケンブリッジシャー、ノーフォーク、サフォーク、およびノッティンガムシャーで行なわれているが、ノーサンプトン、ベッドフォード、およびラットランドという近隣諸州でも散在的に行なわれている。ここでは実例としてリンカンシャーをとってみよう。この州の一大部分は、かつて沼沢地であるか、または上記の他の東部諸州の場合と同じく、海から獲得〔干拓〕されたばかりの土地である。蒸気機関が排水のために奇蹟を行なった。かつての沼沢や砂地が、いまでは豊かな穀物の海原と最高の地代を生み出している。同じことが、アクスホウム島とトレント川沿いの他の諸教区とにおけるような、人工的に獲得された沖積層の土地についても言える。新たな借地農場が成立するにつれて、新たな〝小屋〟が建設されるどころか、古い〝小屋〟が取りこわされ、労働の供給は、丘の背をくねる田舎道に沿って何マイルも遠く離れた開放村から調達された。住民は、以前にはこの開放村を、長いあいだ続く冬期の氾濫の避難所にしていただけである。四〇〇ないし一〇〇〇エーカーの借地農場に住みついている労働者たち（彼らはここでは「常雇い労働者」と呼ばれている）は、馬を使用して行なわれる常時苦しい農業労働にもっぱら使われている。一〇〇エーカー（一エーカーは四〇・四九アールまたは一・五八四プロイセン・モルゲン）ごとに、平均やっと一軒の〝小屋〟しかない。たとえば、(723)ある沼沢地帯の借地農場経営者は、次のように調査委員会の前で供述して言う――「私の借地は三二〇エーカー以上あって、全部穀物畑です。そこには〝小屋〟はありません。現在一人の労働者が私の家に住み込んでいます。私は四人の馬乗りを付近に泊まらせています。人手のたくさん必要な軽い仕事は労働隊によって行なわれます」(一七二)と。土地は、草取り、畑の掘り起こし、ある種の施肥作業、石拾いなど、数多くの軽い畑仕事を必要とする。それは、開放村に住む労働隊、すなわち組織された隊によって行なわれる。

（一七二）『児童労働調査委員会、第六次報告書』、証言、三七ページ、第一七三号。

労働隊は、一〇人ないし四、五〇人の者、すなわち女性、男女の年少者（一三ないし一八歳）——ただし少年はたいてい一三歳になるとやめさせられる——、それに男女の児童（六ないし一三歳）で構成されている。隊を統率するのは労働隊長であって、これはいつも普通の農村労働者であり、たいていいわゆる悪党、ならず者で、住所不定の、飲んだくれではあるが、一種の企業心と〝腕〟のある者である。彼は、労働隊を募集するが、それは借地農場経営者のもとでではなく、彼のもとで労働する。彼は、たいてい借地農場経営者から出来高で仕事を請け負い、彼の収入は、平均的には普通の農村労働者の収入よりもたいして多くはないが、(一七三)最短時間内に彼の隊からできるだけ多くの労働を流動化させる腕まえにほとんどまったくかかっている。借地農場経営者が発見したところでは、女性は男性の指揮のもとでしか規律正しく労働しないが、女性と児童はいったん働きだすと——フーリエがすでに知っていたように——まことに猛烈にその生命力を支出するのに、成年男性労働者は非常にずるく、できるだけ生命力の支出を節約しようとする。労働隊長は、農場から農場へと移動していき、こうして自分の隊を年間六—八ヵ月も働かせる。したがって労働者家族にとっては、ときおりしか児童を雇わない個々の借地農場経営者と取り引きするよりも、労働隊長と取り引きするほうがはるかにもうけも多く、また確実である。こうした事情は、開放村における彼の勢力をおおいに強め、その結果、児童は、たいてい彼の仲介によってのみ雇われうる。労働隊から引き離して児童を個別に貸し出すことが彼の副業となる。

(一七三)　とはいえ、労働隊長のなかには、五〇〇エーカーの借地農場経営者または多くの家屋の持ち主に成り上がった者も若干いる。

(724)
この制度の「暗い面」は、児童および年少者の過度労働、彼らが日々五、六マイルからときには七マイルも離れた農場へ行き来する途方もなく長い行進、最後に「労働隊」の風紀の乱れである。若干の地方で「追い立て役」と呼ばれる労働隊長は長い棒を携えているが、それを使うことはまれにしかないのであり、野蛮な取り扱いにかんする苦情は例外的である。彼は民主主義的皇帝であり、または一種のハメルンのネズミ捕り男[*1]である。したがって彼は、自分の臣下たちのあいだでの人気を必要とし、彼の庇護のもとで花開く放浪生活によって彼らを魅了する。粗暴なやり放題、愉快な大騒ぎや猥雑きわまりないふる舞いが、労働隊を活気づける。たいていの場合、労働隊長が居酒屋で〔給与の〕支払いをすませてから、がっしりした女性に左右から支えられて、行列の先頭に立ってよろめきながら帰宅するのであって、そのあとから児童や年少者たちが、ふざけ回って、ひやかしや猥雑な歌を歌いながら続く。帰り道では、フーリエが「公然交合」[*2]と呼ぶものが、日常茶飯事である。一三、四歳の少女が同世代の男性によって妊娠させられることがしばしばある。労働隊要員を供給する開放村は、ソドムとゴモラ[*3]になり(一七四)、王国の他の地方よりも二倍多くの婚外子を生み出す。こんな学校で養育された少女たちが、既婚女性になったとき道徳上どんな行状をするかは、すでに以前に指摘した。*4 彼女たちの子供は、アヘンに滅ぼされない限り、生まれながらに労働隊の新兵である。

（一七四）「ラッドフォードの半数の少女は労働隊によって破滅させられた」（『児童労働調査委員会、第六次報告書』、付録、六ページ、第三二号）。

*1〔一二八四年六月、ドイツ中北部のハメルンがネズミの大群に襲われたとき、一人の笛吹きが現われて、笛を吹いてネズミをヴェーザー川につれていきおぼれさせたが、約束の報酬を与えられなかったので、次の日曜日、ふたたび笛を吹いて、こんどはついてきた町の子供たちを山のほら穴にかくしたという伝説をさす〕

*2〔フーリエは、性交にふけって多産なブルジョア的結婚に反対し、自由な恋愛の公然交合こそ理想社会と理想的夫婦生活にふさわしい適正人口を生み出すとした。フーリエ『産業的協同社会的新世界』、パリ、一八二九年、三九九、五〇三ページ〕

*3〔いずれもヨルダン低地の町で、道徳的退廃の結果、神が天より降らせた火で滅ぼされたとされる。旧約聖書、創世記、一三・一三、一八・一―一九・二九〕

*4〔本訳書、第一巻、七〇〇―七〇一ページ参照〕

いま述べた典型的形態をとる労働隊は、公共労働隊、普通労働隊、または移動労働隊と呼ばれる。というのは私設労働隊もあるからである。これは、普通労働隊と同じ構成であるが、人数も少なく、労働隊長のもとでではなく、借地農場経営者にとって他に使い道がない老農僕〔奉公人〕のもとで労働する。この場合には放浪気分は消え去り、しかも、あらゆる証言によれば、児童にたいする支払い

(725)

と扱いはより劣悪である。

　最近数年来絶えず広まっている労働隊制度[一七五]が、労働隊長のために存在するのではないことは明らかである。それは、大借地農場経営者[一七六]または地主[一七七]の致富のために存在する。借地農場経営者にとっては、その労働者数を標準的水準よりもはるかに低く保ち、しかもあらゆる臨時仕事用につねに臨時労働者を準備しておくのに、またできるだけわずかの金でできるだけ多くの労働をしぼり出し[一七八]、成年男性労働者を「過剰に」しておくのに、これ以上巧妙な方法はない。一方では大なり小なり農村民の失業があることを認めながら、他方では男性労働の不足と都市へのその移動とを理由にして労働隊制度が「必要」だと宣言されるそのわけは、以上の説明によって理解できるであろう[一七九]。リンカンシャーなどの雑草の取りのぞかれた畑と人間の雑草[*1]とは、資本主義的生産の極と対極である[一八〇]。

(一七五)「この制度は最近数年おおいに増加した。いくつかの場所では少しまえにはじめて採用されたが、古くから採用されていた他の場所では、労働隊に編入される児童の数はますます多くなり、またその年齢もますます低くなっている」(『児童労働調査委員会、第六次報告書』、七九ページ、第一七四号)。

(一七六)「小借地農場経営者たちは労働隊労働を使用しない」。「それは貧弱な土地では使用されず、一エーカーあたり二ポンドないし二ポンド一〇シリングの地代をもたらす土地で使用される」(同前、一七および一四ページ)。

(一七七)　こうした地主の一人は、彼の地代の味のよさのあまり、調査委員会にたいして憤激して宣言する――非難の声はすべてこの制度の名称のせいでしかない、と。「労働隊《ギャング》」〔ギャングには、「隊」のほか、「暴力団」などの意もある〕の代わりに「少年勤労農業協同自活組合」とでも名づければ、万事申し分ないのであろう。

（一七八）「労働隊労働は他の労働よりも安価である。だからこそ、労働隊労働が使用されるのである」と、かつて労働隊長であった男性は言う（同前、一七ページ、第一四号）。「労働隊制度は借地農場経営者にとっては断然もっとも安価であるが、児童にとっては断然もっとも有害である」と、ある借地農場経営者は言う（同前、一六ページ、第三号）。

（一七九）「現在労働隊で児童が行なっている仕事の多くが、以前には〔大人の〕男性と女性によって行なわれていたことは疑いない。女性や児童が使用されるところでは、いまや以前よりも多くの男性が失業している」（同前、四三ページ、第二〇二号）。これに反して、次のように言う者もいる――「多くの農業地域、とくに穀物生産地域では、労働問題が、移住の結果、および鉄道がもたらす大都市への交通の容易さの結果として、きわめて深刻なものになっているので、私」（「私」というのはある大地主の差配人である）「は、児童の手助けが絶対に不可欠であると考える」（同前、八〇ページ、第一八〇号）。というのは、イングランドの農業地域では、労働問題とは、他の文明世界とは違って、農村民の流出の絶え間ない増加にもかかわらず、農村における十分な「相対的過剰人口」を、またそれによって農村労働者にたいする「労賃の最低限」を、どのようにして永遠化しうるかという、地主と借地農場経営者との問題を意味しているからである。

（一八〇）私が以前に引用した[*2]『公衆衛生報告書』〔第六次〕は、児童の死亡率を扱ったさいに、ついでに労働隊制度についてもふれているが、この報告は新聞、したがってイギリスの公衆に知られないままになった。これにたいして、「児童労働調査委員会」の最終報告書は、大歓迎の「センセーショナルな」新聞種を提供した。リンカンシャーにうようよいる上品な紳士淑女や国教会の聖職禄受領者たち――みずから「南洋の未開の人々の道徳改善のための宣教師団」を地球の正反対の地に派遣している人物たち――がいったいどのようにしてこのような制度を自分たちの所有地で自分たちの眼前で発達させることができたのか、と自由主義的な新聞が問う一方、もっと上品な新聞がもっぱら考察したのは、自分たちの子供を売って、このような奴隷状態におとしいれることができる農村民の粗野な堕落にかんしてであった！「この思いやり深い人々」が農村民を封じ込めたこののろわしい状態のもとでは、農村民が自分の子供を食ってしまったとしても、うなずけるであろう。しかし本当におどろくべきことは、農村民が大部分、品性の優秀さを保持したことである。公式の報告書の証明によれば、労働隊地域における親たち自身は、労働隊制度を嫌悪している。「われわれが集めた証言のなかに豊富な証拠が見いだされるように、多くの場合に親たちは、彼らがしばしば受ける誘惑や圧迫に抵抗できるようにする強制法があれば、感謝するであろう。親たちが子供を学校にやらずにかせぎに行かせるのは、ときには教区の役人が、ときには雇い主が、そうしなければ彼ら自身を解雇するとおどかすからである。……時間と力とのあらゆる濫費、異常で無益な疲労が農村民とその家族に引き起こすあらゆる苦痛、親たちがその子供の道徳的破滅の原因を〝小屋〟の過密または労働隊制度の堕落感染の影響にあるとするあらゆる事例、これらは労働貧民の心のなかの感情をかき立てるのであるが、このことはよく理解できることであり、詳論は不必要である。彼らにはなんの責任もない事情によって、またもし彼らにその力があれば決して同意をしないであろうが、実際にはそれとたたかう力がないような事情によって、多くの肉体的および精神的苦痛が彼らに加えられるということについては、彼らは意識している」（同前、XXページ、第八二号およびXXIIIページ、第九六号）。

＊1〔フランス語版では、「人間の雑草」の代わりに「泥まみれのその耕作者」となっている〕

＊2〔本訳書、第一巻、六九八―七〇一ページ〕

f　アイルランド＊

＊〔マルクスは、ここで、アイルランドにたいするイギリスの搾取と収奪を資本主義的蓄積の一局面と位置づ

けて分析している。一八六七年二―三月に、アイルランドの独立を目標とするフェニアン党への弾圧事件が起こり、イギリス国内で大きな抗議運動が広がった。国際労働者協会はこの問題に取り組み、マルクスは、その先頭に立った。そのさい、マルクスが行なった研究の一部に、「アイルランド問題についてのおこなわれなかった演説の下書き」、「一八六七年一二月一六日、在ロンドン・ドイツ人労働者教育協会でおこなわれたアイルランド問題についての講演の下書き」（邦訳『全集』第一六巻）がある。この節では、イギリス資本主義のアイルランド支配の経済的側面がより深く解明されている。マルクスは、この取り組みのなかで、イギリスの労働者階級は、アイルランド問題について、イギリスとの連合の枠内での自治権の拡大などではなく、「イギリスとの合併の撤回、アイルランドの独立」を目標にすべきだとの結論に達した（エンゲルスへの一八六七年一一月三〇日の手紙、古典選書『マルクス、エンゲルス書簡選集』中、三三ページ、邦訳『全集』第三一巻、三三五―三三六ページ）。これは、帝国主義時代の植民地問題の解決にとって、先駆的な意義をもつ重要な結論であった〕

本節の結びとして、われわれは少しばかり、アイルランドに足をのばさなければならない。最初に、ここで問題となる事実について述べよう。

アイルランドの人口は、一八四一年には八二二万二六六四人に増加したが、一八五一年には六六二万三九八五人に、一八六一年には五八五万三〇九人に減少し、一八六六年には五五〇万人という、ほぼ一八〇一年の水準まで減少した。この減少は一八四六年の飢饉[*1]の年から始まったのであって、その結果アイルランドは、二〇年足らずのうちに人口の $\frac{5}{16}$ 以上を失った。（一八二）一八五一年五月から一八六五年七月にいたるアイルランドの移民総数は一五九万一四八七人にのぼり、そのうち一八六一―一八六五年の最後の五年間の移民は五〇万人以上であった。居住家屋数は、一八五一―一八六一年に五万二九九〇戸減少した。一八五一―一八六一年に、一五―三〇エーカーの借地農場の数は六万一〇〇〇だけ増加し、三〇エーカー以上のそれは一〇万九〇〇〇だけ増加したが、その一方、すべての借地農場の総数は一二万減少した。したがってこの減少は、もっぱら一五エーカー以下の借地農場の絶滅すなわちそれらの集中[*2]のせいであった。

（一八二）　アイルランドの人口――一八〇一年には五三一万九八六七人、一八一一年には六〇八万四九九六人、一八二一年には六八六万九五四四人、一八三一年には七八二万八三四七人、一八四一年には八二二万二六六四人。

＊1〔アイルランドでは、一八四六年にジャガイモの疫病が広がり、大規模な飢饉が発生し、大量の餓死者と移民の流出をもたらした〕

＊2〔フランス語版では「集積」のままであったが、第三版で「集中」に改められた〕

（727）

人口減少には、もちろん、全体として生産物総量の減少がともなった。われわれの目的のためには、一八六一―一八六五年の五年間を考察すれば十分であって、その五年間に五〇万人以上が移住し、人口の絶対数は三三万人以上減少した（表A〔次ページ〕を見よ）。

表Aから次の結果が得られる――

馬の絶対的減少――七万一九四四頭、牛の絶対的減少――一一万二九六〇頭、羊の絶対的増加――一四万六六六二頭、豚の絶対的増加――二万八八二一頭。（一八三）

（一八三）　さらにさかのぼってみれば、もっと悪い結果となるであろう。たとえば、羊は一八六五年には三六八万

表－A　　家畜数　　〔△はマイナス〕

年	馬		牛	
	総　数	増　減	総　数	増　減
1860	619,811		3,606,374	
1861	614,232	△　5,579	3,471,688	△134,686
1862	602,894	△ 11,338	3,254,890	△216,798
1863	579,978	△ 22,916	3,144,231	△110,659
1864	562,158	△ 17,820	3,262,294	118,063
1865	547,867	△ 14,291	3,493,414	231,120

年	羊		豚	
	総　数	増　減	総　数	増　減
1860	3,542,080		1,271,072	
1861	3,556,050	13,970	1,102,042	△169,030
1862	3,456,132	△ 99,918	1,154,324	52,282
1863	3,308,204	△147,928	1,067,458	△ 86,866
1864	3,366,941	58,737	1,058,480	△　8,978
1865	3,688,742	321,801	1,299,893	241,413

表－B　　耕作地および牧草地（または牧場）として
利用される土地面積の増減（単位：エーカー）
〔△はマイナス〕

年	穀　類	野菜類	牧草地および クローバー	亜　麻	全農耕および 牧 畜 用 地
1861	△ 15,701	△ 36,974	△ 47,969	19,271	△ 81,373
1862	△ 72,734	△ 74,785	6,623	2,055	△ 138,841
1863	△144,719	△ 19,358	7,724	63,922	△ 92,431
1864	△122,437	△ 2,317	47,486	87,761	10,493
1865	△ 72,450	25,421	68,970	△ 50,159	△ 28,218
1861 −65	△428,041	△108,013	82,834	122,850	△ 330,370

八七四二頭であったが、一八五六年には三六九万四二九四頭、豚は一八六五年には一二九万九八九三頭であったが、一八五八年には一四〇万九八八三頭であった。

そこで、家畜と人間とに生活諸手段を提供する農耕に目を向けてみよう。表Ｂ〔前ページ〕では、各年度の増減はそのすぐ前年度と比較して計算されている。穀類には小麦、えん麦、大麦、ライ麦、インゲン豆およびエンドウ豆が含まれており、野菜類にはジャガイモ、カブラ、フダンソウ、ビート、キャベツ、ニンジン、アメリカボウフウ、カラスノエンドウなどが含まれる。

一八六五年には「牧草地」の項目で一二万七四七〇エーカーが追加されたが、その理由は主として「未利用の荒地および泥炭沼」の項目で、一〇万一五四三エーカーの面積が減少したからであった。一八六五年を一八六四年と比較すれば、穀類の減少は二四万六六六七クォーターであって、そのうち小麦が四万八九九九クォーター、えん麦が一六万六六〇五クォーター、大麦が二万九八九二クォーターなどであった。ジャガイモの減少は――その作付面積が一八六五年には増大したにもかかわらず――四四万六三九八トンであった、等々（表Ｃ〔一二二〇―一二二一ページ〕を見よ）。(一八三)

(728)

（一八三）　本文〔および表Ａ、Ｂ、Ｃ〕の数値は、『アイルランド農業統計。概要』、ダブリン、一八六〇年以降の分、および『アイルランド農業統計。平均生産見積もり額……を示す表』、ダブリン、一八六七年、の資料から作成されている。周知のように、この統計は公式のものであり、毎年議会に提出されるものである。

第二版への追加。公式統計の示すところによれば、一八七二年について、耕作面積は――一八七一年と比較して――一三万四九一五エーカーの減少である。野菜――カブラ、フダンソウなど――の作付では「増加」が生じた。耕作面積の「減少」は、小麦については一万六〇〇〇エーカー、えん麦については一万四〇〇〇エーカー、大麦およびライ麦については四〇〇〇エーカー、ジャガイモについては六万六六三二エーカー、亜麻については三万四六六七エーカーで、牧草地、クローバー、カラスノエンドウおよびナタネでは三万エーカーの減少があった。小麦栽培地は最近五年間に次のような規模で減少している。すなわち、一八六八年——二八万五〇〇〇エーカー、一八六九年——二八万エーカー、一八七〇年——二五万九〇〇〇エーカー、一八七一年——二四万四〇〇〇エーカー、一八七二年——二二万八〇〇〇エーカー。一八七二年には概数で、馬二六〇〇頭、牛八万頭、羊六万八六〇九頭*の増加、豚二三万六〇〇〇頭の減少であった。

＊〔『アイルランド農業統計。概要』、ダブリン、一八七三年では「二万八六八二頭」となっている〕

アイルランドの人口と土地生産との変動から、アイルランドの地主、大借地農場経営者、および産業資本家の財布のなかの変動に移ろう。それは所得税の増減に反映する。次の表D（一八四）〔次ページ〕を理解するために注意しておかなければならないことは、D項（借地農場経営者以外の利潤）は、いわゆる「自由業者」利潤、すなわち弁護士、医師等々の所得も含むこと、またとくに挙げていないC項とE項は、官吏、士官、国家からの聖職禄受給者、国債保有者などの所得を含むことである。

（一八四）『内国収入調査委員会、第一〇次報告書』、ロンドン、一八六六年〔LVIII, LIX ページ〕

（730）D項においては、〔アイルランドでは〕一八五三—一八六四年の年平均所得の増加は〇・九三〔％〕にすぎなかったが、同じ時期に大ブリテンでは四・五八〔％〕であった。*表E（一八五）〔一二三ページ〕は、利潤（借地農場経営者の利潤をのぞく）がどう分配されるかを一八六四年と一八六五年について示す。

（一八五）表Eでは、D項の年総所得が表Dと異なっているが、それは法律上認められる諸控除のためである。

物の増減、1865年と1864年の比較　〔△はマイナス〕

あたり生産物		総　生　産　物		
1865年	1865年の増減	1864年	1965年	1865年の増減
13.0《ハンドレッドウエイト》	△ 0.3《ハンドレッドウエイト》	875,782《クオーター》	826,783《クオーター》	△ 48,999《クオーター》
12.3	0.2	7,826,332	7,659,727	△ 166,605
14.9	△ 1.0	761,909	732,017	△ 29,892
14.8	△ 1.6	15,160	13,989	△ 1,171
10.4	1.9	12,680	18,364	5,684
3.6《トン》	△ 0.5《トン》	4,312,388《トン》	3,865,990《トン》	△ 446,398《トン》
9.9	△ 0.4	3,467,659	3,301,683	△ 165,976
13.3	2.8	147,284	191,937	44,653
10.4	1.1	297,375	350,252	52,877
25.2《ストーン》	△ 9.0《ストーン》	64,506	39,561	△ 24,945
1.8《トン》	0.2《トン》	2,607,153	3,068,707	461,554

ド、約6.34キログラム〕

1863年	1864年	1865年
13,494,091	13,470,700	13,801,616
2,938,923	2,930,874	2,946,072
4,846,497	4,546,147	4,850,199
23,658,631	23,236,298	23,930,340

表－C　　作付面積、1エーカーあたり生産物および総生産

生産物	作付面積（エーカー）			1エーカー
	1864年	1865年	1865年の増減	1864年
小　　麦	276,483	266,989	△　9,494	ハンドレッドウエイト 13.3
えん麦	1,814,886	1,745,228	△ 69,658	12.1
大　　麦	172,700	177,102	4,402	15.9
六条大麦	8,894（六条大麦・ライ麦）	10,091	1,197	16.4
ライ麦				8.5
ジャガイモ	1,039,724	1,066,260	26,536	トン 4.1
カブラ	337,355	334,212	△　3,143	10.3
フダンソウ	14,073	14,389	316	10.5
キャベツ	31,821	33,622	1,801	9.3
亜　　麻	301,693	251,433	△ 50,260	ストーン 34.2
乾　　草	1,609,569	1,678,493	68,924	トン 1.6

〔1ハンドレッドウェイトは約50.8キログラム、1ストーンは14重量ポン

表－D　　所得税を課される所得（単位：ポンド）

	1860年	1861年	1862年
A　地　代	12,893,829	13,003,554	13,398,938
B　借地農場経営者利潤	2,765,387	2,773,644	2,937,899
D　産業利潤	4,891,652	4,836,203	4,858,800
A－Eの全項目	22,962,885	22,998,394	23,597,574

＊〔『内国収入調査委員会。第一〇次報告書』、三八ページ〕

もし、資本主義的生産の、とくに工業の発展した国であるイングランドが、アイルランドと同様な人口瀉血《しゃけつ》＊を受ければ、失血死をきたすであろう。しかしアイルランドは、現在のところ、広い水路によって仕切られたイングランドの農業地域にすぎないのであって、イングランドに穀物、羊毛、家畜、産業的および軍事的新兵を供給している。

＊〔治療目的で一定量の血液を抜き取ること。中世ヨーロッパで盛んに行なわれた〕

人口減少は、多くの土地を廃耕地にし、土地生産物をはなはだしく減少させ(一八六)、また、牧畜面積の拡大にもかかわらず、若干の牧畜部門では絶対的減少を引き起こしたのであって、その他の部門で生じた進歩も、絶え間ない後退によって中断させられ、ほとんど語るに値しないものであった。それにも(731)かかわらず、人口の減少とともに、地代と借地農業利潤は持続的に増加した——もっとも借地農業利潤は地代ほど恒常的に増加しなかったが。その理由は容易に理解できる。一方では、借地農場の合併と耕地の牧場への転化とにつれて、総生産物のより大きな部分が剰余生産物に転化した。総生産物が減少したとはいえ、その一部分をなす剰余生産物は増加したのである。他方で、この剰余生産物の貨幣価値は、その数量よりもいっそう急速に増加した——それは、最近二〇年このかた、とりわけ最近一〇年このかた、イングランドにおける肉、羊毛などの市場価格が騰貴した結果である。

(一八六)　生産物がエーカーあたり相対的に減少しているとすれば、忘れてはならないのは、イングランドがここ一世紀半このかたアイルランドの土地を間接的に輸出した——その耕作者に土地成分の補償手段すらも与えずに

表－E　アイルランドにおけるD項の利潤所得（60ポンド以上）

	1864年		1865年	
	課税所得総額（ポンド）	分配人数（人）	課税所得総額（ポンド）	分配人数（人）
年総所得	4,368,610	17,467	4,669,979	18,081
うち、年所得60ポンド以上100ポンド未満	238,726	5,015	222,575	4,703
年所得100ポンド以上600ポンド未満	1,979,066	11,321	2,028,571	12,184
残りの年所得	2,150,818	1,131	2,418,833	1,194
うち、年所得600ポンド以上3,000ポンド未満	1,073,906	1,010	1,097,927	1,044
年所得3,000ポンド以上	1,076,912	121	1,320,906	150
うち、年所得3,000ポンド以上10,000ポンド未満	430,535	95	584,458	122
年所得10,000ポンド以上	646,377	26	736,448	28
年所得50,000ポンド以上	262,819	3	274,528	3

＊〔本表は、『内国収入調査委員会　第10次報告書』、ロンドン、1866年、付録、LXII―LXIIIページの表Dからマルクスが作成したもの。項目名については原表を参照して改めた〕

――ということである。

生産者自身にとって就業諸手段および生活維持諸手段として役立つが、他人の労働を合体することによって自己を価値増殖させせない分散した生産諸手段――これが資本でないことは、生産者自身によって消費される生産物が商品でないのと同じである。人口総数の減少につれて、農業で使用される生産諸手段の総量も減少したが、農業で使用される資本の総量は増加した。なぜなら、従来の分散した生産諸手段の一部が資本に転化したからである。

農業外に、すなわち工業や商業に投下されたアイルランドの総資本は、最近二〇年間に、徐々に、しかも絶えず大きく変動しながら蓄積された。それにたいし、この総資本の個々の構成部分の集積はますます急速に発展した。最後にこの総資本は、その絶対的増大がいかにわずかであろうと、相対的には、すなわち人口数の減少に比較すれば膨脹した。

したがって、ここでわれわれの眼前で大規模に展開されている過程は、正統派経済学にとっては、貧困は絶対的過剰人口から生じるのであって、人口減少によって均衡が回復されるとする、彼らのドグマを実証するのにこれ以上望みえないようなすばらしい過程である。これこそは、マルサス主義者によってあのようにひどく賛美された一四世紀なかばのペスト*とはまったく異なる重要な実験である。ついでに注意しておく。一九世紀の生産諸関係とそれに照応する人口諸関係とに一四世紀の尺度をあてがうことは、それ自体、学校教師風に素朴なことであったのだが、この素朴さがなおそのうえに見のがしたことがある。それは、あのペストとそれにともなう大量死亡とのすぐあとに、海峡のこちら側のイングランドでは、農村民の解放と致富とが生じたのに、海峡の向こう側のフランスでは、より大きな隷属とよりひどい貧困とが生じた、ということである。(一八六a)

(一八六a)　アイルランドは「人口原理」の聖地とみなされるので、Th・サドラーは、人口にかんする著作を公刊するまえに、その有名な著書『アイルランド、その禍いとそれの救済策』、第二版、ロンドン、一八二九年、を出版したが、そのなかで彼は、個々の地方の統計を比較し、またそれぞれの地方における個々の州の統計を比較することによって、そこでの貧困は、マルサスが望むように人口数に比例するのではなく、それに反比例することを証明している。〔この注と次の注一八六bは、フランス語版にもとづき第三版で追加〕

＊〔本訳書、第一巻、四七九ページの訳注＊1参照〕

(732)

飢饉は一八四六年にアイルランドで一〇〇万人以上の人間を、それもまったく貧乏人だけを殺した。この飢饉は、この国の富にはいささかも損害を与えなかった。その後の二〇年間の、そしていまなお絶えず増加しつつある人口流出は、たとえば三〇年戦争とは違って、人間と同時にその生産諸手段を激減させはしなかった。アイルランドの天才は、貧民をその貧困の舞台から数千マイルも遠方に神隠しするまったく新たな方法をあみだした。アメリカ合衆国に移住した移民たちは、残留者の旅費として故郷に毎年それなりの金額を送っている。今年移住する一団は、いずれも次の年、他の一団を呼び寄せる。こうして移住は、アイルランドにとっては費用いらずで、その輸出業中のもっとも有利な部門の一つをなす。最後に、移住は一つの組織的過程であって、この過程は、一時的に人民大衆のなかに出口の穴をあけるのではなく、出生によって補われるよりも多くの人間を毎年そこから汲み出して、

絶対的人口水準を年々低下させるのである。(一八六b)

(一八六b)　一八五一年から一八七四年までの期間に、移民総数は二三二万五九二二人にのぼっている。

残留して過剰人口から解放されたアイルランドの労働者にとってどのような結果が起こったか？　相対的過剰人口が、こんにちでも一八四六年以前と同じように大きいこと、労賃が同じように低く、労働の苦しみが増したこと、農村における困窮がふたたび新たな危機の切迫を告げていること、これが結果である。その原因は簡単である。農業における革命が、移民と歩調を合わせて進んだことである。相対的過剰人口の生産が、絶対的人口減少よりも急歩調で進んだ。表B*1を一見すれば、農耕〔地〕から牧場への転化がアイルランドではイングランドでよりもいっそう激しく作用せざるをえないことがわかる。イングランドでは牧畜とともに野菜栽培が増加しているが、アイルランドではそれが減少している。従来の耕作地の大きな部分が休耕にされたり、恒久的な牧草地に転化される一方、これまで利用されなかった荒地や泥炭地の一大部分が牧畜の拡張に役立っている。中小借地農場経営者——私は一〇〇エーカー以下の耕地を耕しているすべての借地農場経営者をこの部類に入れる——が、いまなお総数の約$\frac{8}{10}$を占めている。(一八六c)　彼らは、以前とはまったく異なる程度で、ますます資本主義的農耕経営の競争によって圧迫され、そのため賃労働者階級に絶えず新兵を供給する。アイルランドの唯一の大工業であるリンネル織布業は、成年男性を必要とすることが比較的少なく、また一般(733)に、一八六一—六六年の綿花騰貴以来のその拡張にもかかわらず、人口中の相対的に取るに足りない一部分しか就業させない。他のどの大工業とも同じく、リンネル織布業も、それによって吸収される人員が絶対的に増加する場合でさえ、それ自身の領域内での絶え間ない動揺によって、絶えず相対的過剰人口を生産する。農民の困窮が巨大なシャツ工場などの台座をなしているが、その労働者軍の大部分は農村に散在している。われわれはここに、ふたたび、過少支払いと過大労働とを「人口過剰化」の組織的手段とする前述の家内労働制度を見いだす。最後に、人口減少は、資本主義的生産の発展した国におけるような破壊的結果を招くことはないとはいえ、国内市場に絶えずはね返らずにはおかない。移住がこの国でつくり出す空隙は、地方的な労働需要をせばめるばかりでなく、小売商、手工業者、小営業者一般の収入をも収縮させる。だから表Eにおける六〇ポンドから一〇〇ポンドまでの所得の減少が起こるのである。

（一八六c）　第二版への注。マーフィー『アイルランド——産業的、政治的、および社会的に見た』、〔ロンドン〕一八七〇年〔一〇三ページ〕の表によれば、全借地農場〔数〕のうち九四・六％が一〇〇エーカー以下の農場であり、五・四％が一〇〇エーカーを超える農場である。*2

*1〔初版以来「C」となっていたが、「B」の誤りである。一八六七年一〇月四日付、マルクスのエンゲルス宛の手紙（邦訳『全集』第三一巻、二九五ページ）参照〕

*2〔「全借地農場」以下は、第二版巻末の正誤表による。第三版以降の編集のさいに、エンゲルスはこの訂正を記入し忘れたため、第三版、第四版でも「土地の九四・六％が一〇〇エーカーまでの借地農場であり、五・四％が一〇〇エーカー以上の借地農場である」のままとなっていた〕

アイルランド*における農村日雇い労働者の状態にかんする明晰《めいせき》な叙述が、アイルランドの救貧法監督官の報告書（一八七〇年）に見いだされる。（一八六d）　銃剣により、またときには公然とした、ときには隠然

1人あたり週平均生活費

年	食　物	衣　服	合　計
1848年9月29日より 1849年9月29日まで	1シリング$3\frac{1}{4}$ペンス	3ペンス	1シリング$6\frac{1}{4}$ペンス
1868年9月29日より 1869年9月29日まで	2シリング$7\frac{1}{4}$ペンス	6ペンス	3シリング$1\frac{1}{4}$ペンス

＊〔『アイルランドにおける農業労働者の賃銀にかんする救貧法監督官報告書』、ダブリン、1870年、10ページ〕

とした戒厳状態によってのみ維持されている一政府の役人たちである彼らは、イングランドにおけるその同僚たちが軽蔑するようなあらゆる用語上の顧慮を払わなければならない。それにもかかわらず彼らは、彼らの政府が幻想にひたることを許さない。彼らによれば、農村の賃銀率はいまなお非常に低いが、それでも最近二〇年間に五〇—六〇％も高騰して、現在では平均して週六—九シリングとなっている。しかしこの外見上の騰貴の背後には、現実の賃銀低下が隠されている。というのは、この騰貴は、そのあいだに生じた生活必需品の値上がりに決して追いつかないからである。その証拠として、アイルランドの一〝労役場〟についての官庁計算の抜粋をあげておこう〔上の表を見よ〕。

（一六六d）『アイルランドにおける農業労働者の賃銀にかんする救貧法監督官報告書』、ダブリン、一八七〇年。——『農業労働者（アイルランド）。……報告書、一八六一年三月八日』、〔ロンドン、一八六二年〕をも参照せよ。

＊〔ここから本訳書一二三三ページの原注一八七・iまでは、フランス語版にもとづき第三版で追加された〕

要するに、二〇年前に比べて、生活必需品〔食物〕の価格は約二倍、衣服の価格はちょうど二倍である。

(734) こうした不均衡を度外視しても、貨幣で表現された賃銀率を比較しただけでは、正しい結果はとうてい得られないであろう。飢饉以前には農村の賃銀の大部分は〝現物〟で支払われたのであり、貨幣で支払われたのはきわめて小部分にすぎなかった。こんにちでは貨幣支払いが通常である。すでにこのことから見て、現実の賃銀の動きがどうであろうとも、貨幣賃銀率が高騰せざるをえなかったという結論がでてくる。「飢饉以前には、農業日雇い労働者は〔……〕ちょっとした地所をもっていて、そこでジャガイモをつくり、豚やニワトリを飼っていた。〔……〕こんにちでは彼は、すべての食料を買わなければならないばかりでなく〔……〕豚やニワトリや玉子を売って得る収入をも失っている」(一八七)。実際、以前には農村労働者は、小借地農場経営者と融合していたのであり、たいてい、中および大借地農場の後衛をなすにすぎず、これらの農場で働き口を見つけていた。彼らが純粋な賃労働者階級の一小部分となり、貨幣関係だけで雇い主と結びつけられた特殊な身分を形成しはじめたのは、ようやく一八四六年の大災厄以後のことであった。

（一八七）　同前、二九、一ページ。

一八四六年の彼らの住宅状態がどうであったかは、ご存知のとおりである。その後、住宅状態はさらに悪化した。農村日雇い労働者の一部——彼らの数は日々減少しているが——は、借地農場経営者の地所にある過密な小屋にいまなお住んでおり、その小屋のひどさは、イングランドの農村地域がわれわれに見せてくれたこの種の最悪のものをはるかにしのぐものである。そしてそのことは、アルスターの若干の地区をのぞけば一般的にあてはまる――南部ではコーク、リメリク、キルケニーなどの諸州、東部ではウィックロウ、ウェックスフォードなど、中部ではキングズ・カウンティー〔現オファリー州〕、およびクィーンズ・カウンティー〔現リーシュ州〕、ダブリンなど、北部ではダウン、アントリム、タイロウンなど、西部ではスライゴウ、ロスコンモン、メヨウ、ゴールウェイなどである。監督官の一人が叫んで言う――「それはわが国の宗教と文明とにとって恥辱である(一八七a)」と。日雇い労働者たちの穴小屋を住みよくするためにいつの昔からかそれに付属している小地面が、組織的に没収される。「地主とその差配人によって彼らがこうした追い立てをくったという意識は〔……〕農村日雇い労働者たちの心に、自分たちを無権利の集団として取り扱う人々にたいする対立および憎悪という、相応の感情を生じさせた(一八七a)」。

（一八七a）　同前、一二ページ。

(735) 農業革命の第一幕は、作業地に設けられた小屋を、最大の規模で、また上から与えられた標語に従っているかのように、取り払うことであった。こうして多くの労働者は、村や都市に避難場所を求めることを余儀なくされた。この行く先で彼らは、廃品のように、屋根裏部屋や穴や地下室に、そして最悪地区の避難場所に投げ込まれた。何千ものアイルランド人の家族――彼らは、民族的偏見にとらわれているイングランド人の証言によってさえ、めずらしいほどの家庭への愛着、屈託のない快活さ、家庭内の礼儀正しさによって特徴づけられていた――は、こうして突然に悪徳の温室に移植されたことを見いだす。男性たちはいまや、付近の借地農場経営者のもとで仕事を求めなければならず、しかも日ぎめでのみ、したがってもっとも不安定な賃銀形態で雇われる。そのうえ、「彼らは、いまや、借地農場への遠い道のりを往復しなければならず、しばしばドブネズミのようにずぶぬれになったり、その他の災害に出くわしたりして、度重なる衰弱や病気を引き起こし、それとともに、窮乏におちいることがよくある」(一八七b)。

「都市は、農村地域で過剰労働者とみなされる者を年々受け入れなければならなかった」(一八七c)のに、そのとき、「都市や町では労働者が余っており、農村では労働者が不足している！」(一八七d)ことを人々は不思議がる。この不足が感じられるのは、「春や秋の、急を要する農耕労働の時期」だけであり、「その他の季節中は多くの労働者がぶらぶらしている」(一八七e)こと、「収穫が終わると一〇月から〔……〕春まで労働者にはほとんど仕事がない」(一八七f)こと、そして仕事のある時期でも、彼らは「まる数日仕事のないことがよくあり、あらゆる種類の労働の中断にさらされている」(一八七g)こと──これが真実である。

(一八七b)　同前、一二五ページ。
(一八七c)　同前、一二七ページ。
(一八七d)　同前、一〔正しくは一二六〕ページ。
(一八七e)　同前、一ページ。
(一八七f)　同前、三二ページ。
(一八七g)　同前、一二五ページ。

(736)

農業革命――すなわち、耕地の牧場への転化、機械の使用、きわめて厳格な労働節約など――のこうした結果は、自分の地代を外国で消費する代わりに情け深くもアイルランドの自分の領地に住んでいる模範的地主たちによって、さらにいっそう容赦のないものにされる。需要供給の法則が少しもそこなわれないように、これらの地主は、「いまや、彼らに必要な労働全部をほとんど彼らの小借地農場経営者から」引き出すのであって、「これらの小借地農場経営者たちは、普通の日雇い労働者の賃銀よりも一般的に低い賃銀で、しかももっとも決定的な播種期または収穫期に自分自身の畑を放っておかなければならないことから生じる不都合や損失をいっさいかえりみないで、彼らの地主のために苦役することを余儀なくされている(一八七h)」。

(一八七h)　同前、三〇ページ。

したがって、就業の不安定および不規則、労働停滞のくり返しおよび長期化――相対的過剰人口のこれらすべての徴候が、救貧法監督官の報告書のなかでは、いずれもアイルランドの農業プロレタリアートの苦難として登場する。イングランドの農村プロレタリアートの場合にも、同じ現象に出会ったことが想起される。しかし相違は、工業国であるイングランドでは、産業予備〔軍〕は農村で補充されるのにたいして、農業国であるアイルランドでは、農業予備〔軍〕が、放逐された農村労働者の避難所である都市で補充されることである。イングランドでは、農業の過剰人員は工場労働者に転化される。アイルランドでは、都市に駆逐された人々は、他方で同時に都市の賃銀を圧迫しながら、依然として農村労働者であり、仕事をさがしに絶えず農村にもどされる。

当局の報告者たちは農業日雇い労働者の物質的状態を次のようにまとめている――「彼らは、極度に倹約した生活をしているにもかかわらず、彼らの賃銀は、自分と家族の食費と家賃をまかなうのにかつかつである。〔……〕衣服のためには彼らは別の収入を必要とする。……彼らの住まいの環境は、他の欠乏と相まって、この階級をまったく特別にチフスや肺結核の危険にさらすものとなっている」(一八七・i)と。したがって報告者たちの異口同音の証言によれば、陰鬱な不満がこの階級の隊列に浸透しており、彼らは過去を取りもどしたいと望み、現在を嫌悪し、未来に絶望し、「扇動家の邪悪な影響に身をゆだね」、アメリカに移住するというただ一つの固定観念しかいだかないということは、なんら不思議ではない。これが、人口減少というマルサスの偉大な万能薬によって、緑したたるイアリン〔アイルランドの古名〕が転化させられた逸楽の国*なのである！

(一八七・i)　同前、一二、一三ページ。

*〔中世の物語に由来する無為と奢侈の国で、お菓子の国などとして詩にもうたわれている〕

アイルランドの製造業労働者がどのような逸楽の生活をしているかは、一例をあげれば十分である。イングランドの工場監督官ロバート・ベイカーは言う――「最近アイルランド北部を視察したとき、(737)このうえなく乏しい資力のなかから自分の子供たちに教育を受けさせようとするアイルランドの熟練労働者の努力におどろかされた。私が彼から直接に聞いたことを言葉どおりに伝えよう。彼が熟練工であることは、マンチェスター市場向けの物品〔の生産〕に彼が使用されていると言えば、わかるであろう。そのジョンソンは言う――私は〝砧工《きぬた》〟で、月曜から金曜まで朝六時から夜一一時まで働きます。土曜日は夕方六時に仕事を終え、また食事時間と休息時間とに三時間もらいます。子供は五人います。この仕事で私は週一〇シリング六ペンスもらいます。妻も働いていて、週五シリングかせぎます。長女は一二歳ですが、この子が家事をみています。彼女は、わが家の料理人でありただ一人のお手伝いです。彼女は、下の子供たちが学校に行く支度をします。妻は私と一緒に起きて、一緒に出かけます。家のわきを通るある娘が私を五時半に起こしてくれるのです。仕事に出かけるまえにはなにも食べません。一二歳になる子供が小さい子たちを一日中世話します。私たちは八時に朝食をとりに帰ります。紅茶を飲むのは週に一度です。その他の日にはえん麦粉なり、とうもろこし粉なり、そのときどきに手にはいるものを粥《かゆ》にして食べます。冬には、とうもろこし粉にわずかばかりの砂糖と水を入れます。夏には、家の小庭に植えたジャガイモが少しとれますが、それがなくなると粥にもどります。〔……〕来る日も来る日も、日曜日も平日も、一年中そうなんです。一日の仕事を終えると、夜はいつでもひどく疲れています。例外としてちょっぴり肉を目にすることもありますが、ごくまれです。三人の子供が学校に行っていますが、その学費に一人あたり週一ペニーかかります。家賃は週九ペンスで、燃料は二週間に少なくとも一シリング六ペンスかかります」。(一八八) これがアイルランドの賃銀であり、これがアイルランドの生活である！

(一八八)　『工場監督官報告書、一八六六年一〇月三一日』、九六ページ。

事実、アイルランドの貧困は、ふたたびイギリスの時事問題である。一八六六年末および一八六七年初頭に、『タイムズ』紙上で、アイルランドの土地貴族の一人であるダファリン卿が解決に乗り出

（738）

した。「あれほどの大旦那の身でなんて人間らしいことだ！」＊

＊〔ゲーテ『ファウスト』第一部、三五二一―三五二三行。前出、手塚訳、中公文庫、悲劇第一部、三二一ページの「悪魔にさえあんなふうに人間らしく話をしてくれるのは、大旦那の身で感心なことさね」の言い換え〕

表E〔一二二三ページ〕からわかるように、一八六四年には、総利潤四三六万八六一〇ポンドのうち、三人の貨殖家が手に入れたのは二六万二八一九ポンドにすぎなかったのに、一八六五年には、同じ三人の「禁欲」の名人が、総利潤四六六万九九七九ポンドのうち二七万四五二八ポンドを手に入れた。また一八六四年には、二六人の貨殖家が六四万六三七七ポンドを、一八六五年には、二八人の貨殖家が七三万六四四八ポンドを、一八六四年には、一二一人の貨殖家が一〇七万六九一二ポンドを、一八六五年には、一五〇人の貨殖家が一三二万九〇六ポンドを手に入れた。また一八六四年には、一一三一人の貨殖家が二一五万八一八ポンドすなわち年総利潤のほぼ半分を、一八六五年には、一一九四人の貨殖家が二四一万八八三三ポンドすなわち年総利潤の半分以上を手に入れた。しかしイングランド、スコットランド、およびアイルランドにおける、実に微々たる少数の土地貴族が国の年地代のなかからのみ込む獅子の分け前＊1は実に莫大な額にのぼるので、イギリス国家の賢人たちは、地代の分配については、利潤の分配についてと同様の統計資料を提供しないのが適当だと考えている。ダファリン卿はこうした土地貴族の一人である。地代額や利潤がかりにも「過大」でありうるとか、そうした過多が人民貧困の過多となんらかの連関があるというのは、もちろん「不健全な」考えであると同様に「〝不面目な〟」考えである。彼は事実にすがりつく。その事実とは、アイルランドの人口が減少するにつれて、アイルランドの地代額が膨張すること、人口減少は土地所有者に「善行をなし」[*2]、したがって土地にも、したがってまた土地の付属物にすぎない人民にも「善行をなす」という事実である。したがって彼は宣言する——アイルランドはいまなお人口過剰であり、移民の流れはいまなおあまりにも緩慢であって、完全に幸福になるためには、アイルランドは少なくともなお一〇〇万人の $\frac{1}{3}$ の労働人口を放出しなければならない、と。おまけに詩的でもあるこの貴族を、患者の容態が悪いと見るや、そのたびに新たに瀉血を命じて、患者がその血とともにその病気をも失うにいたるまで瀉血を重ねさせたあのサングラド[*3]派の医師であると、勘違いしてはならない。ダファリン卿は、約二〇〇万人ではなくわずか一〇〇万人の $\frac{1}{3}$ の新たな瀉血を要求しているだけであるが、実際にはこの二〇〇万人の放出なしには、イアリンに千年王国[*4]は建設できないのである。その証拠をあげるのは容易である。〔次ページの表を見よ〕

＊1〔『イソップ寓話集』、シャンブリ版、第二〇七「ライオンと野生のロバ」および第二〇九「ライオンとロバとキツネ」（中務哲郎訳、岩波文庫、一九九九年、一二五四、一二二四—一二二五ページ）に由来する語で、強者が、強者の権利によって正当であるとしてわがものにする恥知らずな大きな分け前〕

＊2〔新約聖書、ヘブル、一三・一六〕

＊3〔ル・サージュの小説『ジル・ブラース物語』の主人公が弟子入りする医師で、瀉血は万病をなおすとする。杉捷夫訳、岩波文庫、一九五三年、㈠、一五八ページ以下参照〕

＊4〔本訳書、第一巻、四九四ページの訳注＊3参照〕

1864年におけるアイルランドの借地農場の数と大きさ

	数	エーカー
1）1エーカー未満の借地農場	48,653	25,394
2）1エーカー以上5エーカー未満の借地農場	82,037	288,916
3）5エーカー以上15エーカー未満の借地農場	176,368	1,836,310
4）15エーカー以上30エーカー未満の借地農場	136,578	3,051,343
5）30エーカー以上50エーカー未満の借地農場	71,961	2,906,274
6）50エーカー以上100エーカー未満の借地農場	54,247	3,983,880
7）100エーカー以上の借地農場	31,927	8,227,807
8）総　面　積		20,319,924（188a）

集中[*1]は、一八五一年から一八六一年までに、主として最初の三つの部類の借地農場、すなわち一エーカー未満および一五エーカー未満の借地農場を破滅させた。それらがまず消え去らなければならない。そうなれば、(739)三〇万七〇五八人が「過剰」な借地農場経営者となり、一家族を平均四人と低く見積もれば、人数は一二二万八二三二人となる。このうち $\frac{1}{4}$ が農業革命の完遂後ふたたび吸収されうるという極端な想定のもとでは、九二万一一七四人が移住すべきものとして残る。一五エーカー以上および一〇〇エーカー未満の4、5、6の部類は、イングランドでとっくに証明ずみのように、資本主義的穀物栽培を行なうのにはあまりに小さすぎ、牧羊を行なうのには、ほとんどないに等しい大きさである。したがって、前と同じ想定のもとでは、さらに七八万八七六一人〔正しくは七八万八三五八人〕が移住すべきであって、合計一七〇万九五三二人である。しかも〝食欲は食うにつれてきたる[*2]〟のであるから、地代

帳の目はすぐに次のことを発見するであろう――すなわち、人口三五〇万人のアイルランドはいまなお貧困であり、しかもその貧困は人口過剰のためであるから、アイルランドがイングランドの牧羊場、放牧地であるというその真の使命を果たすためには、アイルランドの人口減少はさらにいっそう推し進められなければならないということを。（一八八b）

（一八八a）　総面積は「泥炭地および荒地」をも含む。

（一八八b）　農業革命を暴力的に遂行し、アイルランドの人口を地主の気に入る程度に希薄にするために、飢饉およびそれによって引き起こされた諸事情が、個々の土地所有者によってもイギリスの立法によっても、いかに計画的に利用されたかは、私は本書の第三部の土地所有にかんする章で詳細に証明するであろう。そこでは小借地農場経営者と農村労働者の事情についても立ち返る。[*3] ここでは引用を一つだけあげておく。ナッソー・W・シーニアはその遺作『アイルランドにかんする日誌、対話、および小論』、全二巻、ロンドン、一八六八年、第二巻、二八二ページにおいて、とりわけ次のように言う――「G博士は適切にも言った――われわれは救貧法を手にしており、これは、地主に勝利を与える一大道具であり、もう一つの道具は移民である、と。〔……〕アイルランドの味方である人は、だれ一人として、戦い」（地主とケルト人小借地農場経営者とのあいだの）「が長引くことを、ましてや戦いが借地農場経営者の勝利に終わることを望むはずがない。……それ」（この戦い）「が終わるのが早ければ早いほど、そしてアイルランドが牧場国になって牧場国に必要な程度に人口が希薄になるのが早ければ早いほど、すべての階級にとってそれだけ有益である」と。〔以上、第二版への注。以下、フランス語版にもとづく第三版への追加〕一八一五年のイギリスの穀物法は、大ブリテンへの穀物の自由輸入の独占権をアイルランドに保障した。したがってこの法律は人為的に穀物栽培を助成した。この独占権は、一八四六年に穀物法の廃止とともに突然に廃止された。他のあらゆる事情を度外視しても、この出来事だけで、アイルランドの耕地の牧草地への転化、借地農場の集積、および小農民の放逐に一大躍進をもたらすのに十分である。一八一五年から一八四六年までは、アイルランドの土地の豊饒さがほめそやされ、この土地は本来小麦栽培に適していると声高に宣言されたあとで、こんどは突然に、イギリスの農学者や経済学者や政治家たちが、この土地は青まぐさの生産以外にはなににも適しないことを発見する！　レオーンス・ド・ラヴェルニュ氏は、大急ぎでこれを海峡のあちら側で繰り返した。[*4]　このような子供だましの手にのせられるのは、ラヴェルニュばりの「きまじめな」男だけである。

＊1〔フランス語版では「集積」のままであったが、第三版で「集中」に改められた〕

＊2〔『ラブレー第一之書　ガルガンチュワ物語』、第五章、一五三四年。渡辺一夫訳、岩波文庫、一九七三年、四五ページ〕

＊3〔現行の『資本論』第三部では「土地所有」の問題は対象外とされているが、マルクスは『資本論』第一部完成稿の執筆時点では、土地所有の研究を含めるように、第三部の構想を変更していた。一八七二年一二月一二日付のダニエリソーンへの手紙参照、邦訳『全集』第三三巻、四四四ページ〕

＊4〔ラヴェルニュ『イングランド、スコットランド、およびアイルランドの農村経済』（パリ、一八五四年）英訳版、ロンドン、一八五五年、四八、五〇、五一ページ〕

(710)　こうしたもうけの多い方法も、この世のあらゆる善きものと同様にその欠陥を持っている。アイルランドにおける地代の蓄積に歩調をそろえてアメリカにおけるアイルランド人の蓄積が行なわれる。羊と牛とによって排除されたアイルランド人は、大洋の彼岸でフェニアン党員[*1]としてよみがえる。そして老いたる海の女王〔イギリス〕に向きあって、若い巨大な共和国〔アメリカ〕が、威嚇的に、そしてますます威嚇的にそびえ立つ。

〝苛酷な運命がローマ人を苦しめる、

しかも兄弟殺しの罪が〟[*2、*3]

*1〔武装蜂起によってアイルランド独立の達成をめざす秘密結社。一八五七年にアイルランドとアメリカ合衆国で結成。アメリカでフェニアン兄弟団として活動したが、弾圧により、七〇年代以降は下火になった〕

*2〔ホラティウス『エポーディ』、第七歌。鈴木一郎訳『ホラティウス全集』、玉川大学出版部、二〇〇一年、二四七ページ〕

*3〔初版では、巻末の「第一部の注への補遺」で、次の文章を第一節「資本主義的蓄積」（現行の第二一章—第二三章にあたる）の「最後の注」として追加することが指示されていた。

「イギリスのマルサス主義者たちは、フランスを指して、人口が原理的に『供給不足』に維持されている『幸福な』国だと言っている。彼らはもちろん、ドイツで声を荒らげている自由貿易主義の行商人たちがイギリスの事情にうといのと同様に、フランスの事情にうとい。最近の公式の農業調査からはフランスの『農業プロレタリアート』の事情を、ピエール・ヴァンサール氏の最近の著作からはフランスの工業プロレタリアートの事情を知ることができる。フランスの民衆一般の状態については、意図された軍改革にかんするアラード将軍の報告書が特別の光をあてている。徴兵に引っぱられる年齢に達した若いフランス人のうち、二一歳で結婚できるのは一九万八〇〇〇人にすぎない。家庭を築くことを行政当局から許された、この一九万八〇〇〇人は、次のような要素から構成されている。すなわち、一万二〇〇〇人の兵役特別免除者、二万人の兵役免除者または代理人、それに一六万六〇〇〇人の兵役除外者である。兵役除外者のうち一〇万人以上は、身長不足および、他の、結婚のためのさしたる特性も備わっていないという弱点のために、除外されている。これらの若い人々の半分以上が、タユゲテ〔古代スパルタの山脈〕のラケダイモン人〔古代スパルタ人〕であったら滅亡させたような発育不全者や骨軟化症持ちの部類に数えられる。残りの半分のうち優に四分の一は、寡婦の年長の息子たちであって、その家族関係からして結婚が禁じられているのも同然であり、他の四分の一は、兵役免除者すなわち富裕階級の成員である。この部類については、エミール・ジラルダン〔フランスの著述家で政治家（一八〇六―一八八一年）〕の機関紙『リベルテ』一八六七年三月一八日号で次のように述べられている。『富裕階級は、種族の再生産という点では最悪の階級である。実際、統計は、貴族がおのずから消滅していくこと、そして王族でさえほんの数世紀経ただけでしばしばクレチン症〔胎児期に始まる甲状腺ホルモン欠乏症で、身体的、精神的発達が不良となる〕や生まれつきの精神遅滞にいたることを示している』。ヨーロッパ大陸では、資本主義的生産の影響が、過度労働、分業、機械への隷属、未成年者や女性の発育障害、劣悪な生活などを通じて、人類を侵食しており、もしこの影響が、いままでと同様に、一国の軍隊、国債、租税、華麗な戦争指揮などの大きさをめぐる競争と手をたずさえて発展していくならば、最後には、しかし不可避的に、半分ロシア人で完全なモスクワ人であるゲルツェン（ついでに言えば、この通俗作家が『ロシアの』共産主義について自分の発見をしたのは、ロシアにおいてではなく、プロイセンの参事官ハックストハウゼンの著作においてであった）が本気で予言した、鞭とカルムイク人〔ロシア南西部に住むモンゴル系の人々にたいしてヨーロッパ人が使った呼称〕の血の強制的注入とによるヨーロッパの若返りということになるかもしれないであろう。」

なお、この一〇年後、ロシアの文筆家ミハイロフスキーがこの文章をゆがめて利用したとき、マルクスは、反論の文章を書いている（「『オテーチェストヴェンヌィエ・ザピスキ』編集部への手紙」、一八七七年一一月ごろ執筆、古典選書『マルクス、エンゲルス書簡選集』中、新日本出版社、二〇一二年、一八一―一八八ページ、邦訳『全集』第一九巻、一一四―一一七ページ）〕

（741）

第二四章[*]　いわゆる本源的蓄積

＊〔フランス語版では、この第二四章は独立して第八篇「本源的蓄積」となり、それにともない以下の各節もそれぞれ章となった。また、第二五章「近代的植民理論」は第八篇のなかの最後の章となっている〕

第一節　本源的蓄積の秘密

どのように貨幣が資本に転化され、資本によって剰余価値がつくられ、また剰余価値からより多くの資本がつくられるかは、すでに考察してきた。他方、資本の蓄積は剰余価値を前提とし、剰余価値は資本主義的生産を前提とするが、しかし、資本主義的生産はまた商品生産者たちの手のなかに比較的大量の資本と労働力[*1]とが現存することを前提とする。したがって、この全運動は循環論法式にどうどうめぐりをするように見えるのであり、このどうどうめぐりから抜け出るためには、資本主義的蓄積に先行する「本源的」蓄積（アダム・スミスの言う「〝先行的蓄積[*2]〟」）、すなわち資本主義的生産様式の結果ではなくその出発点である蓄積を、想定するよりほかはない。

＊1　〔フランス語版から「労働力」が加えられた〕

＊2　〔「資本《ストック》の蓄積は、ことの性質上、分業に先行しなければならない」（『諸国民の富』第二篇、序論。大

〔内・松川訳、岩波文庫、㈡、一二三二ページ参照〕

この本源的蓄積が経済学で演じる役割は、原罪が神学で演じる役割とほぼ同じである。アダムがリンゴをかじり、それとともに人類に罪が生まれた〔旧約聖書、創世記、三・一―二四〕。この罪の起源は、それが過去の逸話として語られることで、説明される。はるかに遠く過ぎ去ったある時代に、一方には勤勉で、聡明で、とりわけ倹約な選ばれた人々がいて、他方には怠惰で、自分のものすべてを、またそれ以上を浪費し尽くすなまけ者たちがいた。なるほど、神学上の原罪の物語は、どうして人間が顔に汗してパンを食うように〔創世記、三・一九〕定められたかを、われわれに語ってくれるが、しかし経済学上の原罪の物語のほうは、そんなことをまったくする必要のない人々がどうしているかを、われわれに明らかにしてくれる。それはともかくとして、前者は富を蓄積し、後者は結局自分自身の皮以外には売れるものをなにも持っていないということになった。そしてこの原罪以来、どんなに労働しても相変わらず自分自身よりほかにはなにも売るものをもっていない大衆の貧困と、ずっと以前から労働しなくなっているにもかかわらず、なお引き続き増大する少数の人々の富とが生じた。このような愚にもつかない子供っぽい話を、たとえばティエール氏はなお、かつてはあんなに機知をひらめかせたフランス人に向かって、〝所有〟擁護のために、大まじめに説いているのである。[*1] しかし、ひとたび所有が問題となると、この子供向けの読み物の立場をどんな年齢層にもどんな発育段階にもふさわしい唯一の正しい立場として堅持することが、神聖な義務となる。[*2] 現実の歴史では、よく知られているように、征服や圧制や強盗殺人が、要するに暴力が大きな役割を演じている。ものやさしい

(742)

経済学では、昔から牧歌が支配していた。昔から正義と「労働」とが唯一の致富手段であった。もちろん、そのつど「今年」だけは例外だったのであるが。実際には本源的蓄積の諸方法は、他のいっさいのものではあっても、決して牧歌的なものではない。

＊1〔ルイス・アドルフ・ティエール『所有について』、パリ、一八四八年、三六、四二、一五一ページ参照〕

＊2〔フランス語版では、ここに次の注が付されている。——「ゲーテはこうしたばかげた話にいらだって、次のような対話でそれを嘲弄《ちょうろう》している。『学校の先生——君のお父さんの財産はいったいどこから来たのかね？　言ってごらん。児童——おじいさんからです。学校の先生——では、おじいさんには？　児童——ひいおじいさんからです。学校の先生——では、ひいおじいさんには？　児童——ひいおじいさんは盗んだのです』」（「教理問答」。ゲーテの原文は、君の財産（賜物）はどこから来たかに始まって、父、おじいさん、で終わっている。マルクスのもじりであろう。芳賀檀訳『ゲーテ全集』第二巻、改造社、一九三七年、五二七—五二八ページ参照）〕

貨幣も商品もはじめから資本ではないのであって、それは生産手段や生活手段がはじめからそうではないのと同じである。それらのものは資本への転化を必要とする。しかし、この転化そのものは一定の事情のもとでしか行なわれえないのであって、この事情は次のことに帰着する。すなわち、一方には、自分が所有している価値額を他人の労働力の購入によって増殖することが必要な貨幣と生産手段と生活手段の所有者、他方には、自分の労働力の売り手であり、したがって労働の売り手である自由な労働者という、二種類の非常に違った商品所有者が向かい合い接触しなければならない、という事情である。自由な労働者とは、奴隷や農奴などのように彼ら自身が直接に生産手段に属するのでもなければ、自営農民などの場合のように生産手段が彼らに属するのでもなく、彼らはむしろ生産手段から自由であり、引き離されているという、二重の意味でそうである。商品市場のこのような両極分化とともに、資本主義的生産の基本条件は与えられる。資本関係は、労働者と労働を実現する諸条件の所有との分離を前提とする。資本主義的生産がひとたび自分の足で立てば、それはこの分離をただ維持するだけでなく、絶えず増大する規模で再生産する。したがって、資本関係をつくり出す過程は、労働者を自分の労働諸条件の所有から分離する過程、すなわち一方では社会の生活手段および生産手段を資本に転化し、他方では直接生産者を賃労働者に転化する過程以外のなにものでもありえない。したがって、いわゆる本源的蓄積は、生産者と生産手段との歴史的分離過程にほかならない。それが「本源的なもの」として現われるのは、それが資本の、そしてまた資本に照応する生産様式の前史をなしているためである。

(743)　*資本主義社会の経済構造は封建社会の経済構造から生まれてきた。後者の解体が前者の諸要素を遊離させたのである。

＊〔この段落から四つの段落は、フランス語版にもとづいて第三版で追加された〕

直接生産者である労働者は、彼が土地に縛りつけられて他人の農奴または隷農になっていることをやめたのちに、そのときはじめて自分自身を自由に処分することができるようになった。自分の商品〔労働力〕の市場をみつけるとどこへでもそれをもっていくような、労働力の自由な売り手になるためには、彼はさらに、同職組合の支配、その徒弟・職人制度、じゃまな労働規則からまぬがれていなければならなかった。このようにして、生産者を賃労働者に転化させる歴史的運動は、一面では、農奴的隷属と同職組合的強制からの生産者の解放として現われる。そして、わがブルジョア的歴史家たちにとっては、ただこの側面だけしか存在しない。しかし、他面では、この新たに解放された人々は、彼らからすべての生産手段と、古い封建的諸制度によって与えられていた彼らの生存上のすべての保証とが奪い取られてしまったのちに、はじめて自分自身の売り手になる。そして、このような彼らの収奪の歴史は、血と火の文字で人類の年代記に書き込まれている。

この新しい権力者である産業資本家たちはと言えば、彼らは同職組合の手工業親方だけでなく、富の源泉を所有している封建領主をも駆逐しなければならなかった。この側面から見ると、彼らの台頭は、封建的勢力とその腹立たしい特権とにたいする、また同職組合やそれが生産の自由な発展と人間による人間の自由な搾取とに課していた桎梏《しっこく》にたいする闘争の勝利の成果として、現われる。しかし、産業の騎士たちは、自分のまったく関与しない事件を利用することによってのみ、剣の騎士たちを駆逐し終えることができた。彼らは、ローマの被解放民がかつて自分の〝保護者《パトロヌス》〟の主人になるために用いたのと同じ下劣な手段で成り上がった。

賃労働者と資本家とを生み出した発展の出発点は、労働者の隷属状態であった。その進展の実質は、この隷属の形態変換に、すなわち封建的搾取の資本主義的搾取への転化にあった。この経過を理解するには、それほど遠くさかのぼる必要はまったくない。資本主義的生産の発端は、すでに一四世紀および一五世紀に地中海沿岸のいくつかの都市で散在的に見られるとはいえ、資本主義時代が始まるのは、ようやく一六世紀からである。資本主義時代が現われるところでは、農奴制の廃止はとっくに実現されており、中世の頂点をなす自治都市の存立もずっと以前から色あせてきている。

(744)

本源的蓄積の歴史において歴史的に画期的なものといえば、形成されつつある資本家階級のために槓杆《てこ》として役立つ変革がすべてそうであるが、しかしわけても画期的なのは、人間の大群が突如としてかつ暴力的にその生活維持手段から引き離され、鳥のように自由な〔人間社会の拘束から放たれ、そのため法律の保護を奪われた〕プロレタリアとして労働市場に投げ出される瞬間である。農村の生産者である農民からの土地収奪が、この全過程の基礎をなしている。この収奪の歴史は国が違えば違った色合いをもっており、この歴史がさまざまな段階を通る順序も歴史上の時代もそれぞれ異なっている。それはイギリスにおいてのみ典型的な形態をとっており、だからこそわれわれはイギリスを例にとるのである。[一八九][*1]

（一八九）　資本主義的生産がもっとも早くから発達していたイタリアでは、農奴制諸関係の解体ももっとも早くから起こっている。この国では農奴は、土地にたいするなんらかの長期使用権を確保しないうちに解放されてしまった。したがって、彼の解放はたちどころに彼を鳥のように自由なプロレタリアに転化させ、そのうえこのプロレタリアは、たいていはすでにローマ時代から存続している都市に、新しい主人がすでに用意されているのを見いだす。〔以下、フランス語版にもとづく第三版への追加〕一五世紀末以来の世界市場の革命[*2]が北イタリアの商業覇権をくつがえしたとき、反対方向の運動が起こった。都市労働者は群をなして農村に追い込まれ、そこで園芸式で経営される小規模耕作に未曽有の隆盛をもたらした。

＊1 〔フランス語版では、「この収奪の歴史は」以下は次のようになっている――「この収奪が徹底的な仕方

で遂行されたのは、いまだにイギリスだけである。だから必然的に、この国がわれわれの素描において主役を演じるであろう。しかし、西ヨーロッパの他のすべての国々も同じ変化を経るのであって、ただ異なるのは、この過程は、環境によってその地域的色合いを変え、あるいはそれがより狭い範囲に閉じ込められたり、あるいはあまり目立たない特徴を示したり、あるいは違った順序をたどったりするだけのことである」〕

＊2〔一五世紀末の地理上の大発見（アフリカ南端経由のインド航路の発見、西インド諸島と北アメリカ大陸などの発見、最後に南アメリカ大陸の発見）によって通商路が大幅に変化し、北イタリアの商業都市の中継貿易で占めていた役割が急速に衰退して、ポルトガル、オランダ、スペイン、イギリスが世界商業で主要な役割を演じるようになったことをさす〕

第二節　農村民からの土地の収奪

（745）イギリスでは農奴制は一四世紀の終わりごろには事実上消滅していた。当時は、そして一五世紀にはなおいっそう、人口の大多数が〔一九〇〕自由な自営農民――たとえ彼らの所有がどのような封建的看板によって隠蔽されていたにしても――から成り立っていた。比較的大きな領主直営地では、以前には自分自身農奴であったベイリフ〔荘園《マナー》の土地管理人〕が自由な借地農場経営者によって駆逐されていた。農業の賃労働者は、一部分は、余暇を利用して大土地所有者のもとで労働する農民から成り立っており、一部分は、自立した、相対的にも絶対的にも数少ない、本来の賃労働者の階級から成り立っていた。後者も事実上は同時に自営農民であった。というのは、彼らは自分たちの賃銀のほかに四エーカーまたはそれ以上の広さの耕地と〝小屋〟を割り当てられていたからである。そのうえ、彼らは本来の農民とともに共同地の用益権を享有していて、そこでは彼らの家畜が放牧されていたし、またそれは同時に彼らの燃料になる薪《たきぎ》や泥炭などを供給していた。（一九一）ヨーロッパ[*1]のどの国でも、封建的生産はできるだけ多くの家臣に土地を分割するということによって特徴づけられている。封建領主の権力は、どの君主の権力とも同様に、彼の地代帳の長さ[*2]ではなく、彼の臣下の数にもとづいており、またこの臣下の数は自営農民の数にかかっていた。（一九二）だから、ノルマン人による征服[*3]のちにはイギリスの土地は巨大な諸侯領《バローニー》に分割され、そのなかにはたった一つで九〇〇[*4]の旧アングロサクソン貴族領を包括するものもしばしばあったが、その土地は小農民経営によって一面おおわれていて、ところどころに比較的大きい領主直営地が点在しているにすぎなかった。このような事情は、一五世紀を特色づけている都市の繁栄と相まって、大法官フォーティスキューが彼の『イギリス法の賛美』〔ロンドン、一五三七年〕のなかで雄弁に描いているような、あの人民の富を可能にしたが、しかし、資本の富を排除したのである。

（一九〇）「自分自身の畑を自分自身の手で耕してつつましい裕福を楽しんでいた小土地所有者たちは……当時は国民のなかで現在よりもはるかに重要な部分をなしていた。……一六万人を下らない土地所有者たちは、家族と合わせると総人口の $\frac{1}{7}$ 以上を占めていたに違いないが、彼らは自分たちの小さな〝自由保有〟持ち分地」（〝自由保有〟とは完全に自由な所有のことである）「の耕作によって生活していた」。「これらの小土地所有者の平均所得は……六〇ポンドから七〇ポンドと評価される。自分自身の所有地を耕作している人々の数は、他人の土地で耕作している借地農場経営者の数よりも大きいと計算された」（マコーリー『イギリス史』、第一〇版、ロンドン、一八五四年、第一巻、三三三―三三四ページ）。〔以上、第三版への追加〕――一七世紀の最後の三分の一期にもまだイギリスの人口の $\frac{4}{5}$ は農業に従事していた（同前、四一三ページ）。――私がマコーリーを引用するのは、彼が体系的な歴史変造者としてこの種の事実に可能な限り「割礼を施す」〔切り取る〕からである。

（一九一）　忘れてならないのは、農奴でさえ、たとえ貢租の義務を負う所有者だとしても、自分の家に付属する零細地の所有者であっただけでなく、共同地の共同所有者でもあったということである。「農民はそこでは」（シュレージエン〔シレジア地方、現在は大部分がポーランド領〕では）「農奴である」。とはいっても、これらの〝農奴〟は共同地を所有している。「いまだにシュレージエン人に共同地を分割させることはできなかったが、ノイマルク〔旧プロイセン・ブランデンブルク州東部、現在はポーランド領〕ではこの分割が最大の成功をもって実施されなかったような村落は一つもない」（ミラボー『プロイセン王国について』、ロンドン、一七八八年、第二巻、一二五、一二六ページ）。

（一九二）　日本は、その土地所有の純封建的組織とその発達した小農民経営とによって、たいていはブルジョア的先入見にとらわれているわれわれのすべての歴史書よりもはるかに忠実なヨーロッパの中世像を示してくれる。*5 中世を犠牲にすることで「自由主義的」であるというのは、あまりに安易すぎる。

*1 〔フランス語版では、「西ヨーロッパの」となっている〕

*2 〔フランス語版では、「地代帳の長さ」は「財布のふくらみ」となっている〕

*3 〔ノルマン・コンクウェストのこと。一〇六六年に、フランス北西部のノルマンディ公ウィリアムがイングランドを征服して国王になった。これにより従来のアングロ・サクソン人の貴族はほとんど一掃された〕

*4〔この部分はF・M・イーデンの『貧民の状態』第一巻、ロンドン、一七九七年、五四ページによっているが、イーデンでは七九三である。マルクスが利用したエンゲルスの抜粋ノートが誤記していた。新メガ、第Ⅳ部、第四巻、三七五ページ参照〕

*5〔新メガ、第Ⅳ部、第一八巻（二〇一九年）のマルクスの抜粋ノートとメモには、この部分を執筆する時期のものとして、つぎのような日本関係の旅行記や報告書があげられている。

ホークスの編纂によるペリーの『日本遠征記』（一八五六年、ニューヨーク）、ゴロヴニン『日本の回想』（一八一九年、ロンドン）、〔シーボルト〕『日本と日本人』（一八五二年、ロンドン）、リチャード・ヒルドレス『日本　過去と現在』（一八五五年、ボストン）、アンドリュー・スタインメッツ『日本とその国民』（一八五九年、ロンドン）、R・トームズ『日本と日本人』（一八五九年、ロンドン）、ジョージ・スミス『日本における十週間』（一八六一年、ロンドン）、キナハン・コーンウォリス『日本への一八五六―五七年の二度の旅行』（一八五九年、ロンドン）、一八六〇―一八六一年に日本を訪問したプロイセン政府の東アジア遠征団の一員H・マローンが農商務大臣に提出した日本訪問の報告書（一八六二年）〕

(746)

資本主義的生産様式の基礎をつくり出した変革の序曲は、一五世紀の最後の三分の一期および一六世紀の最初の数十年間〔フランス語版では「一六世紀のはじめ」〕に奏でられた。サー・ジェイムズ・スチュアトが正しく言っているように、「どこでも無用に家や屋敷を満たしていた」[*1]封建家臣団の解体によって、鳥のように自由なプロレタリアの大群が労働市場に投げ出された。それ自身がブルジョア的発展の一産物であった王権は、絶対的主権を追い求めるなかでこの家臣団の解体を強制的に加速したとはいえ、決してその唯一の原因ではなかった。むしろ、大封建領主が、王権と議会にもっとも頑強に対抗するなかで、土地にたいして彼自身と同じ封建的権利名義を所有していた農民をその土地から暴力的に狩り立てることによって、また農民の共同地を横奪することによって、比較にならないほどより大きなプロレタリアートをつくり出した。このことに直接の刺激を与えたのは、イギリスではとくにフランドルの羊毛マニュファクチュア[*2]の繁栄とそれに照応した羊毛価格の騰貴であった。古い封建貴族は大きな封建戦争〔バラ戦争、一四五五―一四八五年〕にすっかりのみ込まれてしまい、新しい貴族は貨幣をあらゆる権力中の権力とする新しい時代の子であった。したがって、耕地の牧羊場への転化が新しい貴族の合言葉となった。ハリスンは彼の『イギリス記。ホリンシェドの年代記への前書き』〔ロンドン、一五八七年〕のなかで、小農民の収奪がどんなに農村を荒廃させるかを描いている。「われわれの大横奪者たちがいったいなにをはばかるだろうか！」。農民の住居や労働者の〝小屋〟は暴力的に取りこわされるか、または荒廃するにまかされた。ハリスンは次のように言う――「どの騎士領の古い財産目録を比較してみても、無数の家屋と小農民経営が消滅してしまったこと、この土地はずっとわずかな人々しか養っていないこと、二、三の新しい都市が勃興したとはいえ、多くの都市が荒廃してしまったことが、見いだされるであろう。……牧羊場にするために破壊され、もう領主の家しか残っていないような町や村のことを、話せば話すことができる」。あのころの古い年代記の嘆きはいつでも誇張されているが、しかし、それらは生産諸関係における革命が当時の人々自身に与えた印象を正確に描いている。大法官フォーティスキューの著書とトマス・モアの著書とを比較してみると、一五世紀と一六世紀とのひらきが明瞭になる。ソーントンが正しく言っているように[*3]、イギリスの労働者階級は、いっさいの過渡段階をも経ることなく、その黄金の時代から鉄の時代に転落した[＊4]のである。

＊1〔ジェイムズ・スチュアト『経済学原理の研究』第一巻、ダブリン、一七七〇年、五二ページ。中野訳、岩波文庫、㈠、一四四ページ〕

＊2〔ベルギー西部を中心として、フランス北東部からオランダ南部にかけての地方。中世以来、毛織物業がさかえた〕

＊3〔『過剰人口とその救済策』、ロンドン、一八四六年、一八五ページ〕

＊4〔本訳書、第一巻、一七七ページ訳注＊参照〕

（747）

立法はこの変革を前にして驚愕した。立法は、「〝国民の富〟」すなわち資本の形成と人民大衆の容赦ない搾取および貧困化とが、いっさいの国策の〝極致〟とみなされる文明水準にはまだいたっていなかったのである。ベイコンは、彼のヘンリー七世史のなかで次のように言う――「その当時」（一四八九年）「耕地が少数の牧夫によって容易に世話される牧場」（牧羊場など）「に転化されることについての苦情が増えてきた。そして定期契約、終身契約、一年契約の借地農場（ヨーマン[＊1]の一大部分はこれによって生活をしていた）が領主直営地に転化された。このことは人民を衰微させ、その結果、都市や教会や十分の一税の衰退をもたらした。……この弊害の救治にあたって、当時の国王と議会の賢明さは驚嘆に値するものがあった。……彼らは、このような人口を減らす共同地横奪（〝人口を減らす囲い込み《インクロージャーズ》〟）と、それに続く人口を減らす牧場経営とに対抗する施策をとった[＊2]」。ヘンリー七世

(748)〔在位一四八五―一五〇九年〕治下の一四八九年〔正しくは一四八八年〕の一法律、第一九号は、最低二〇エーカーの土地が付属しているすべての農民家屋の破壊を禁止した。[*3] ヘンリー八世〔在位一五〇九―一五四七年〕治下第二五年の一法律〔第一三号、一五三三年〕ではこの同じ法律が更新されている。それは、とりわけ次のように言っている――「多数の借地農場および家畜の大群、とくに羊が少数の人の手に集められ、それによって地代は非常に増大して耕作は非常に衰退し、教会や家屋が取りこわされ、おどろくほど多数の人民が自分自身と家族を養うことができなくなっている」[*4]と。だから、この法律は衰退した農場の再建を命じ、穀作地と牧場地との割合などを規定している。一五三三年の一法律は、二万四〇〇〇頭もの羊を所有する土地所有者が少なからずいることを嘆いて、羊の数を二〇〇〇頭に制限している。[(一九三)][*5] 人民の嘆きも、ヘンリー七世以来一五〇年にわたって小借地農場経営者および農民の収奪に反対した立法も、どちらも同じように効果がなかった。それらの不成功の秘密を、ベイコンはうっかりとわれわれにもらしている。その著書『生活と道徳にかんする忠言』、第二〇節〔正しくは第二九節。渡辺義雄訳『ベーコン随想集』、岩波文庫、一九八三年、一三五ページ〕のなかで彼は言う――「ヘンリー七世の法は、一定の標準規模の農業経営および農家をつくり出した点で、深遠で感嘆に値するものであった。すなわち、それは農業経営および農家にたいしてある割合の土地を維持し、これによって、十分な富を持っていて隷属状態におちいっていない臣民を世に送ることができるようになり、また雇われ人の手にではなく所有者の手に犂《すき》を保持することができるようになった」[(一九三a)]。資本主義制度の要求したものは、その逆に、人民大衆の隷属状態、彼ら自身の雇われ人への転化、彼らの労働手段の資本への転化であった。この過渡期のあいだにも、立法はなお、農村の賃労働者の〝小屋〟に付属している四エーカーの土地を維持することに努め、また、彼が自分の〝小屋〟に間借り人をおくことを禁止した。さらに、一六二七年、チャールズ一世〔在位一六二八―一六四九年〕の治下でも、フォントミルのロージャー・クロッカーは、永続付属地として四エーカーの土地がついていない〝小屋〟をフォントミルのマナー〔荘園〕のなかにつくったという理由で処罰された。さらに一六三八年、チャールズ一世の治下で、古い法律、とくに四エーカーの土地にかんする法律の実施を強制するために、勅命委員会が任命された。クロムウェル〔一六五三―一六五八年、護国卿〕もまた、四エーカーの土地のついていない家をロンドン周辺四マイル以内[*6]の地に建てることを禁止した。一八世紀の前半になってもまだ、農村労働者の〝小屋〟に一ないし二エーカーの付属地のない場合には告訴されている。こんにちでは、〝小屋〟に小庭がついているとか、〝小屋〟から遠く離れたところにわずかばかりの土地を賃借りすることができれば、彼は幸運である。ハンター博士は次のように言う――「地主と借地農場経営者とはこの点では提携する。わずか数エーカーでも〝小屋〟につけられるなら、労働者をあまりに独立させることになるであろう」(一九四)と。

(一九三)〔第二版への注〕トマス・モアはその著『ユートピア』のなかで、「羊が人間を食い尽くす」という奇怪な国について語っている(『ユートピア』、ロビンスン訳、アーバー版、ロンドン、一八六九年、四一ページ〔平井正穂訳、岩波文庫、一九五七年、二六ページ〕)。

(一九三a)〔第二版への注〕ベイコンは、自由で裕福な農民層と優秀な歩兵との連関について論じている。「有能な人々を窮乏から守るのに十分な借地農場を保有し、また王国の土地の一大部分をヨーマンリー、すなわち貴族〔原文は「ジェントルマン」〕と小屋住み農夫や農僕〔原文は「小作農」〕との中間の地位にある人々の所有として固定しておくことは、王国の権力と威容とにとってすばらしく重要なことであった。……というのは、軍隊の主力が歩兵にあるということは……もっとも権威ある軍事専門家のあいだの一般的見解だからである。しかし、優秀な歩兵をつくるためには、隷属状態で、あるいは貧しく育った人々ではなく、自由で、ある程度まで裕福に育った人々が必要である。だから、もし一国があまりにも貴族や紳士〔原文は「ジェントルマン」〕を重視し、他方で、農村民や耕作者が彼らの労働民か農僕〔原文は「農業労働者」〕でしかない、あるいはまた小屋住み農夫、すなわち住み処のある物乞いでしかないならば、諸君は優秀な騎兵をもつことができたとしても、優秀不抜な歩兵をもつことは決してできないだろう。……これはフランス、イタリア、その他二、三の外国に見られることであって、それらの国では事実上すべての人が貴族か貧しい農民かであり、……そのために、はなはだしい場合には、スイス人などの傭兵隊を自国の歩兵隊として使用せざるをえないありさまであり、したがって、これらの国々では人民は多いが兵士は少ないという結果になるのである」(『ヘンリー七世の治世』。ケニットの「イングランド」、一七一九年版の原文翻刻』、ロンドン、一八七〇年、三〇八ページ)。

(一九四)　ハンター博士『公衆衛生、第七次報告書。一八六四年』、一三四ページ。——古い諸法律において「割り当てられた土地の大きさは、こんにちでは労働者にとっては大きすぎて、むしろ彼らを小借地農場経営者に転化させそうなほどだと判断されるであろう」(ジョージ・ロバーツ『過去数世紀におけるイングランド南部諸州住民の社会史』、ロンドン、一八五六年、一八四ページ)。

＊1〔一四—一五世紀には、土地からの年収四〇シリングの自由土地保有者をさすが、一六世紀までには、ジェントルマンより下、単なる労働者より上の中産農民をさした〕

＊2 〔『ヘンリー七世の治世』、三〇七ページ〕
＊3 〔イーデン『貧民の状態』第一巻、ロンドン、一七九七年、七三ページ〕
＊4 〔リチャード・プライス『生残年金支払いにかんする諸考察』、第六版、ロンドン、一八〇三年、第二巻、一五七ページ〕
＊5 〔イーデン、前出、一一五ページ〕
＊6 〔マルクスが参照したリチャード・プライス、前出、一五八ページでは「一〇マイル以内」となっている〕

(749)

人民大衆の暴力的収奪過程は、一六世紀には宗教改革によって、またそれにともなう巨大な教会領の盗奪によって、一つの新たな恐ろしいはずみを受けた。カトリック教会は、宗教改革の時代には、イギリスの土地の一大部分の封建的所有者であった。修道院などにたいする抑圧は、その居住者をプロレタリアートのなかに投げ込んだ。教会領そのものは、大部分は国王の強欲な寵臣に贈与されるか、または捨て値で投機的な借地農場経営者や都市ブルジョアに売りとばされたが、彼らは旧来の世襲小作人を大量に追い払い、その経営地をひとまとめにした。教会十分の一税の一部分にたいして法律で保証されていた貧困な農村民の所有権は、暗黙のうちに没収された(一九五)。「〝貧民がいたるところにいる〟[*1]」と、エリザベス女王〔一世、在位一五五八―一六〇三年〕はイングランド巡行ののちに叫んだ。彼女の治下第四三年〔一六〇一年〕には、ついに救貧税の導入によって受救貧民を公式に認めざるをえなくなった。「この法律の立案者たちはその理由を表明することを恥じ、そのためいっさいの慣例に反し、なんら前文をつけずにこれを世に送り出した(一九六)」。チャールズ一世治下第一六年の法、第四号によって

（750）この法は永久的なものと宣言され、そして事実上一八三四年にはじめて、新しいいっそう強固な形式を与えられた。(一九七) 宗教改革のこれらの直接的影響は、そのもっとも永続的な〔フランス語版では「もっとも重要な」〕影響ではなかった。教会領は古い土地所有諸関係の宗教的堡塁《ほうるい》をなしていた。その崩壊とともに古い土地所有諸関係ももはや維持できなくなった。(一九八)

（一九五）「十分の一税の分配にあずかる貧民の権利は、古い諸法の趣旨によって確立されている」（タケット『勤労人口の過去および現在の状態の歴史』、第二巻、八〇四、八〇五ページ）。

（一九六）ウィリアム・コベット『プロテスタント宗教改革史』、第四七一節。

（一九七）プロテスタント「精神」は、とりわけ次の事実から見て取ることができる。イングランドの南部地方では、何人かの土地所有者と富裕な借地農場経営者が額を集め、エリザベス救貧法の正当な解釈について一〇項目の質問を起草し、これを当時の有名な法律家である上級法廷弁護士スニッグ[*2]（のちにジェイムズ一世治下では判事）に提出して意見を求めた。「第九問――この教区の富裕な借地農場経営者の何人かは、この法の実施にともなうあらゆる混乱を除去できるような巧妙な一案を立てた。彼らはこの教区に一つの監獄を建てることを提唱する。前述の監獄に拘禁されることを望まないいっさいの貧民には、救済が拒絶されることになる。次に、もしだれかこの教区の貧民たちを賃借りしたいという人があれば、この貧民たちを引き取る最低の価格を、一定の期日に、封書で申し出ること、という公告を近隣に出すことになっている。この案の提出者たちは、労働したくはないが、労働しないで生活しうるほどの貸し地や船を手に入れるための財産も信用もない人々が、近隣諸州にいることを想定しているのである。このような人々は教区にたいし非常に有利な申し出をしようとするかもしれない。もしあちこちで貧民たちが契約者の保護のもとで死ぬようなことがあれば、教区はその貧民にたいする義務をすでに果たしているのだから、罪は契約者の側にあるであろう。そうは言っても、われわれが懸念するのは、現行法はこの種の思慮ある方策を許さないのではないかということである。しかし、あなたが知っておかなければならないことは、この州や隣接諸州の残りの〝自由土地保有者たち〟[*3]もわれわれに加担して、貧民の拘禁と強制労働とを許し、拘禁をこばむものにはいっさいの救済を受ける権利を与えないという法案を提出するよう、彼らの下院議員を促すであろうということである。これが、貧困者が救済を要求することを阻止するであろうことをわれわれは期待している」（R・ブレイキー『最古代からの政治文献史』、ロンドン、一八五五年、第二巻、八四、八五ページ）。――スコットランドでは農奴制の廃止はイングランドよりも数世紀遅れて行なわれた。一六九八年にもなお、ソールタン〔エディンバラ近郊の村〕のフレッチャーはスコットランド議会で次のように言明した――「物乞いの数は、スコットランドでは二〇万を下らないと推計されている。主義において共和論者である私の提案しうる唯一の救済策は、古い農奴制の状態を復活させ、そして自分の生活維持をはかることのできない者をすべて奴隷にすることである」。イーデン『貧民の状態』第一巻、第一章、六〇、六一ページでも次のように言われる――「農民の自由から受救貧民は始まっている。……製造業と商業とはわが国の貧民の真の両親である」。イーデンも、あのスコットランドの主義のうえでの共和論者も、農奴制の廃止ではなく、農民の土地所有の廃止こそが農民をプロレタリアに、すなわち受救貧民にしたのだという点を見誤っているだけである。――収奪が別の方法で行なわれたフランスでイギリスの救貧法に照応しているのは、一五六六年[*4]のムーランの法令と一六五六年の布告である。

（一九八）　ロジャーズ氏は、当時はプロテスタント正統派の本拠であるオックスフォード大学の経済学教授であったにもかかわらず、彼の『イギリスにおける農業および物価の歴史』の序文で、宗教改革による人民大衆の貧民化を力説している。

＊1〔オウィディウスの著作『祭暦』、第一巻、第二一八詩のなかの一句〕

＊2〔一六〇一年、エリザベス一世治下、第四三年の法。それまでの教会による貧民救済に代わり、救貧税の徴収によって、教育、救済、老人扶助などを行ない、労働能力を有する者に労働を義務づけた〕

＊3〔フリーホールダーと呼ばれるこれら農民の保有権は、コモン・ローによって保護され、一般に週夫役を行なわず、他の諸負担も農奴に比べ軽かった〕

＊4〔初版以来、「一五七一年」となっていた。これはマルクスが、ウジェーヌ・ビュレ『イギリスおよびフランスにおける労働者階級の貧困について』、所収、『経済学講義』、ブリュッセル、一八四五年、四九〇ページによったためである〕

一七世紀の最後の数十年間にもなお、独立農民層であるヨーマンリーは、借地農場経営者の階級よりも多数であった。それはクロムウェルの主力をなしていたのであって、マコーリーの告白＊によってさえも、大酒飲みの肥《こや》し臭い田舎貴族や、彼らのおかかえ者で、主人の「愛人」と結婚しなければならなかった田舎僧侶とは対照的に、有利な状態にあった。農村賃労働者でさえも、まだ共有地の共同保有者であった。一七五〇年ごろにはヨーマンリーは消滅していたし、（一九九）また一八世紀の最後の数十年間には（751）農耕民の共有地の最後の痕跡も消滅してしまった。われわれはここでは農業革命の純経済的な動機は度外視する。われわれはこの農業革命の暴力的槓杆を問題にしよう。

（一九九）『准男爵サー・T・C・バンベリー宛の手紙。食料の高価格について。サフォークの一ジェントルマン著』、イプスウィッチ、一七九五年、四ページ。大借地農場制度の狂信的擁護者である『食糧の現在の価格と農場規模との関連の研究』、ロンドン、一七七三年、の著者〔J・アーバスナット〕でさえも、この書物の一三九ページで言う――「私がもっとも嘆かわしく思うのは、われわれのヨーマンリー、すなわちこの国の独立を現実に維持していた一群の人々がいなくなったということである。そして、彼らの地所がいまでは独占的大地主の手にあって小借地農場経営者に賃貸しされており、この小借地農場経営者たちが、事があればいつでも召集される用意のある家来たちに比べて、よいところはほとんどない条件で彼らの借地権を保有しているのを見ては、私はこれを悲しまざるをえない」。

＊〔本訳書、第一巻、一二五〇―一二五一ページの注一九〇参照〕

スチュアト王政復古[*1]のもとでは、土地所有者たちは法律によって横奪を実施したが、この横奪は大陸ではどこでも法律的な回り道をしないで行なわれた。彼ら〔イギリスの土地所有者たち〕は封建的土地制度を廃止した。すなわち、国家にたいする土地の給付義務を振り捨て、農民層その他の人民大衆にたいする課税によって国家に「損失補償」し、彼らが封建的権利名義を持っていたにすぎない土地にたいする近代的な私的所有権を要求し、そして最後にあの定住諸法を制定したが、これらの法は、〝事情の変化を考慮すれば〟、タタール人ボリース・ゴドゥノーフの布告[*2]がロシアの農民層に与えたのと同じ影響をイギリスの農耕民に与えたのである。

＊1〔スチュアト王朝は、一六〇三年ジェイムズ一世によって始まったが、一六四九年、清教徒革命により王政が廃止された。その後、大陸に亡命していたチャールズ二世が王号を称し、一六六〇年にイングランドに帰国し、スチュアト王朝が復活した〕

＊2〔一五九七年、フョードル・イヴァノヴィチの治下――当時の事実上の統治者がボーリス・ゴドゥノーフ

――に発布された逃散農民の捜索にかんする命令。地主の圧迫と隷属から逃げ出した農民は、この命令により五年間捜索され強制的にもとの主人のところにつれもどされることになっていた〕

（752）

「名誉革命」[*1]は、オレンジ家のウィリアム三世（二〇〇）〔在位一六八九―一七〇二年〕とともに地主的および資本家的貨殖家たちをも支配者の地位につけた。彼らは、それまでは控え目にしか行なわれなかった国有地の盗奪を巨大な規模で行なうことによって、新しい時代を開始した。これらの地所は贈与され、捨て値で売りとばされ、あるいは直接的横奪によって私有地に併合されさえした（二〇一）。これらのことはすべて法律上の慣習を少しも顧慮することなく行なわれた。このように詐欺的に取得された国有地は、教会からの盗奪地――それが共和革命[*1]のときに失われなかった限りでの――と一緒に、イギリスの寡頭制支配のこんにちの王侯直領地の基礎をなしている（二〇二）。ブルジョア的資本家たちはこの処置を助けたが、それはとりわけ、土地を純然たる取引物品に転化させ、農業大経営の領域を拡大し、農村から彼らへの、鳥のように自由なプロレタリアの供給を増加させるなどのためであった。そればかりでなく、新たな土地貴族は、新たな銀行貴族や、孵化したばかりの大金融業者や、当時は保護関税に依存していた大製造業者たちの自然の盟友であった[*2]。イギリスのブルジョアジーが自分の利益のために行動して誤らなかったことは、スウェーデンの都市ブルジョアジーとまったく同じであった――ただし、彼らはイギリスとは反対に、自分の経済的堡塁である農民層と手をたずさえて、国王たちが寡頭制支配から王領を暴力的に奪還（一六〇四年[*3]以来、のちにはカール一〇世〔在位一六五四―一六六〇年〕およびカール一一世〔在位一六六〇―一六九七年〕の治下で）するのを支持した。

（二〇〇）　このブルジョア的英雄の私行については、とりわけ次のように言われている——「一六九五年にアイルランドでオークニー夫人に大きな地所の贈り物がなされたということは、国王の寵愛と夫人の勢力との公然たる証拠である。……オークニー夫人の愛らしい勤めは、おそらく——〝けがれた唇の勤め〟であったと想像される」（大英博物館所蔵、スロウン稿本集、第四二二四号。この稿本は、『サマーズ、ハリファクス、オックスフォード、国務卿ヴァーノン等からシュロウズバリ公宛の書簡原文に現われたウィリアム王、サンダランド等の性格と行状』と題されている。まったくの珍本である）。

（二〇一）「一部は売却により、一部は贈与による王領の違法譲渡は、イギリス史上の汚辱の一章をなすものであり、……国民にたいする巨大な詐欺である」（F・W・ニューマン『経済学講義』、ロンドン、一八五一年、一二九、一三〇ページ）。——〔こんにちのイギリスの大土地所有者たちがどのようにしてその大土地を所有するにいたったかは、〔H・エヴァンズ〕『わが国の古い貴族。ノブレス・オブリージュ著[*4]』、ロンドン、一八七九年、のなかに詳しい記述が見られる。——〔第三版への注〕F・エンゲルス[*5]〕

（二〇二）　たとえばベッドフォード公家にかんするE・バークのパンフレットを見よ。この家の子孫が、「〝自由主義のみそさざい〟」、ジョン・ラッセル卿〔一七九二—一八七八。イギリスの政治家、自由党の指導者〕である。

＊1〔イギリスでは、一六四〇年に、クロムウェルなどに指導された清教徒革命がおこり、一六四九年、チャールズ一世を処刑し、共和制を宣言した（共和革命）。クロムウェル死後、一六六〇年に、スチュアト王朝が復位し、この革命は終結した（王政復古）。その後、ジェイムズ二世によって、絶対王政の復活がはかられたが、一六八八年、同二世は追放され、議会の提出した「権利宣言」を認めることで、翌一六八九年、オレンジ公ウィリアムと妻メアリが共同王位につくことになった（名誉革命）〕

＊2〔「それればかりでなく」からここまでは、フランス語版にもとづき第三版で追加された〕

＊3〔カール九世が即位した年（一六一一年まで在位）〕
＊4〔「高貴な者には義務がともなう」という諺を擬人化して著者名としたもの〕
＊5〔一七九六年にロンドンで発行されたパンフレット、『一議員宛のエドマンド・バーク議員の手紙——今会期のはじめにベッドフォード公およびローダデイル伯により上院でなされたバーク議員ならびに彼の年金にたいする非難について』をさす〕

共有地——いま考察した国有地とはまったく別のもの——は、封建制の外被の下で存続した古ゲルマン的制度であった。すでに見たように、共有地の暴力的横奪は、たいていは耕地の牧場への転化をともなうものであり、一五世紀末に始まり一六世紀にも続いた。しかし、当時、この過程は個人的な暴行として行なわれたのであって、これにたいし立法は一五〇年にわたって抗争したが、むだであった。一八世紀の進歩は、法律そのものがいまでは人民共有地の盗奪の道具となるという点に、現われる。といっても、大借地農場経営者たちはそのほかに小規模な、法律に頼らない自分たちの個人的諸
(753) 方法も用いるのであるが。(二〇三) この盗奪の議会的形態は「〝共同地囲い込み法案〟」という形態であり、言い換えると、地主が人民共有地を私的所有地として自分自身に贈与する布告であり、人民収奪の布告である。サー・F・M・イーデンは、共有地を封建領主に取って代わった大土地所有者の私的所有地として説明しようとする自分の狡猾な弁護士的弁論に、みずから反駁している。というのは、彼自身が「共同地囲い込みのための一般法」を要求し、したがって共有地を私的所有地に転化するためには一つの議会的クーデターが必要であることを認めているが、しかし他面で、収奪された貧民のための

「損害補償」を立法部に要求しているからである。(二〇四)

(二〇三)　「借地農場経営者たちは、小屋住み農夫が自分自身以外に生き物を飼うことを禁じているが、その口実は、もし小屋住み農夫が家畜または家禽を飼えば、彼らが穀倉から飼料を盗むであろう、というものである。借地農場経営者たちはまた、小屋住み農夫を貧乏にしておけば、彼らを勤勉にしておくことにもなる、と言っている。しかし、真実は、借地農場経営者たちがこのようにして共有地にたいする全権利を横奪するということである」（『荒蕪地囲い込みの諸結果にかんする政治的研究』、ロンドン〔ホルボーン〕、一七八五年、七五ページ）。

(二〇四)　イーデン『貧民の状態』序文〔XVII、XIX ページ〕。

独立のヨーマンに代わって〝任意借地農場経営者〟――一年前の予告によって契約を解除される比較的小さい借地農場経営者で地主の恣意に依存する隷属的な一群――が現われたが、他面では、国有地の盗奪とならんで、とくに、組織的に行なわれた共有地の盗奪が、一八世紀に資本借地農場(二〇五)または商人借地農場(二〇六)と呼ばれた、あの大借地農場の膨脹を助けさせ、また農村民を工業のためのプロレタリアートとして「遊離させる」ことを助けた。

(二〇五)　「キャピタル・ファーム」（『穀粉取引および穀物の高価にかんする二つの書簡。一実業家著』、ロンドン、一七六七年、一九、二〇ページ）。

(二〇六)　「マーチャント・ファーム」（『食料の現在の高価格の諸原因の研究』、ロンドン、一七六七年、一一一ページの注）。匿名で刊行されたこの好著は、ナサニエル・フォースター師の著作である。

とはいえ、一八世紀には、国の富と人民の貧困との同一性については、一九世紀と同じ程度にはまだ把握されていなかった。だから、当時の経済学の文献のなかには「〝共有地の囲い込み〟」にかんするきわめて激しい論争が見られる。いま私の手もとにある膨大な資料のなかからわずかばかりの個所を引用しておこう。なぜなら、それによって当時の状態がいきいきと表わされるからである。

ある筆者は憤激して次のように書いている――「ハートフォードシャーの多くの教区では、平均五〇―一五〇エーカーの二四の借地農場が併合されて三つの借地農場になっている（一〇七）」。「ノーサンプトンシャーとレスターシャー[*1]では共同地の囲い込みが非常にさかんで、囲い込みによって生じた新領地はたいてい牧場に転化されている。その結果、以前は一五〇〇エーカーも耕作されていたが、いまでは五〇エーカーも耕作されていない領地がたくさんある。……以前の住居、穀倉、厩舎《きゅうしゃ》などの廃墟が」以前の居住者たちの唯一の痕跡である。「多くの所では一〇〇戸の家と家族が、……八戸か一〇戸に
(754) 減っている。……一五年か二〇年前からはじめて囲い込みが行なわれたたいていの教区でも、土地所有者は、開放耕地制[*2]のもとで土地を耕していた人々の数に比べると非常に少ない。最近囲い込まれたばかりの大きな領地が、四人か五人の富裕な牧畜業者に横奪されるのを見ることはめずらしいことではないが、その領地は、以前は二〇人から三〇人の借地農場経営者や同じぐらいの数の比較的小さい所有者や小作人の手にあったものである。これらの人々はすべて自分の家族とともに、また自分が使用し扶養していた他の多くの家族とともに、自分の土地から投げ出されたのである（一〇八）」。囲い込みという口実で隣接の地主によって併合されたのは、単に休閑地だけでなく、共同体に一定の支払いをして、

あるいは共同で耕されていた土地だったこともしばしばであった。「ここでは開放耕地と既耕地との囲い込みについて述べよう。〝囲い込み〟を擁護する著述家たちでさえ、〝囲い込み〟が大借地農場の独占を増大させ、生活手段の価格を高め、人口減少を引き起こすことを認めている。……そして、現在行なわれている荒蕪地の囲い込みでさえ、貧民からその生活維持手段の一部を奪い、また、すでに大きすぎる借地農場をいっそう膨脹させる」(二〇九)。プライス博士は次のように言う——「もし土地がごくわずかの大借地農場経営者の手に帰するならば、小借地農場経営者」(その前では彼はこれを「自分が耕す土地の生産物によって、また自分が共有地に放牧する羊や家禽や豚などによって、自分自身と家族を扶養しているので、生活手段を買う機会をほとんどもたない一群の小土地所有者および小借地農場経営者」と呼んでいる)「は、他人のための労働によって生計を維持しなければならず、そして、自分の必要なものはすべて市場に求めざるをえない人々に転化される。……おそらくより多くの労働がなされるであろう。なぜなら、そのための強制がより多く行なわれるからである。……都市も製造業も大きくなるであろう。なぜなら、そこには仕事を求める人々がますます多く狩り立てられてくるからである。これこそ、借地農場の集積が自然の成り行きで作用する仕方であり、また、何年も前からこの王国で実際に作用してきた仕方である」(二一〇)。彼は〝囲い込み〟の全結果を次のように総括する——「全体として下層の人民階級の状態はほとんどあらゆる点で悪化しており、比較的小さい土地所(755)有者や借地農場経営者は、日雇い人や常雇い人の地位にまで押し下げられている。しかも同時に、このような状態で生活を維持することはますます困難になっている」(二一一)。実際、共有地の横奪とそれにともなう農業革命とは農耕労働者たちにきわめて急激に影響したのであって、その結果、イーデン自身の言うところによっても、一七六五年と一七八〇年のあいだに、彼らの賃銀は最低限を下回り、公的な貧民救済によって補充されはじめた。彼らの労賃は、イーデンの言うところでは、「ようやく絶対的な生活欲求を満たすに足りるだけのものであった」。

（二〇七）トマス・ライト『大農場〔正しくは小農場〕の独占について公衆に訴える簡潔な提言』、一七七九年〔正しくは一七九五年〕、二、三ページ。

（二〇八）アディントン師『開放耕地囲い込みの賛否両論にかんする研究』、ロンドン、一七七二年、三七―四三ページの各所。〔マルクスは、リチャード・プライス『生残年金支払いにかんする諸考察』第二巻、一五三―一五五ページから重引している〕

（二〇九）R・プライス博士『生残年金支払いにかんする諸考察』第二巻、一五五、一五六ページ。フォースター、アディントン、ケント、プライス、ジェイムズ・アンダースンを読んで、マカロックの目録、『経済学文献』、ロンドン、一八四五年、のなかの彼の哀れな追従屋的多弁と比較せよ。

（二一〇）プライス、前出、第二巻、一四七、一四八ページ。

（二一一）同前、一五九、一六〇ページ。古代ローマのことが思い出される。「富者は不分割地の最大部分を自分のものにしていた。彼らは、当時の事情から、それらの土地が彼らから取り上げられることはもはやないと信じており、そのため付近にある貧民の地所を、一部は合意によって買い取るか、一部は暴力によって取り上げるかし、いまではばらばらの耕地ではなく、もっと広大な領地だけを耕作するようになった。そのさい、彼らは農耕や牧畜に奴隷を使用した。なぜなら、自由民は、彼らの手から取り上げられて労働から兵役に移されるかもしれなかったからである。奴隷は兵役を免除されていたので不安なく繁殖することができ、たくさんの子供をつくるという限りでも、奴隷を所有することは彼らに大きな利益をもたらした。こうして強者はいっさいの富を自分に引き寄せ、全土が奴隷で満ちあふれた。イタリア人はこれに反して、貧困や貢租や兵役によってすり減らされ、ますます少なくなった。平和の時代になっても、彼らはまったく無為にすごすことを運命づけられていた。なぜなら、富者が土地を所有していて、自由民の代わりに奴隷をその耕作に使用したからである」(アピアン『ローマの内乱』第一部、第七章)。この一節はリキニウス法*3以前の時代にかんするものである。ローマの平民の没落をこのようにはなはだしく促進した兵役は、カール大帝〔フランク王国の王、在位七六八―八一四年〕がドイツの自由農民の隷農や農奴への転化を温室的に促成するために用いた一つの主要手段でもあった。

＊1〔初版以来、「リンカンシャー」となっていた。原文により、英語版で訂正〕

＊2〔中世ヨーロッパでは、村落内の耕地は複数の耕区に分けられ、耕区ごとに冬穀、夏穀、休閑をくり返した。農作業は共同で行なわれ、個々の農民の耕地は多くの耕区に分散していて、垣根や柵で区切られていなかったため、「開放耕地」と呼ばれる〕

＊3〔紀元前三六七年に古代ローマで制定された法律で、伝承によれば、護民官リキニウスとセクスティウスの起草。平民の経済的・政治的地位の強化を反映し、貴族の大土地所有と特権の増大を抑制しようとした〕

もうしばらく、〝囲い込み〟の擁護者でプライス博士の反対者である人の言葉を聞いてみよう――「開放耕地で自分の労働を浪費している人々がもう見られないからといって、人口が減少したと考えるのは、正しい結論ではない。……小農民を他人のために労働しなければならない人々に転化することによって、もっと多くの労働が流動させられるとすれば、それこそ、国民」（そのなかにはこの転化させられた小農民はもちろんはいらない）「が希望するに違いない利益である。……彼らの結合労働が一つの借地農場で使用されれば、生産物はもっとふえるであろう。こうして製造業のための余剰生産物が形成され、それにより、この国民の金鉱の一つである製造業が穀物の生産量に比例して増加する」(二二二)。

(二二二)〔J・アーバスナット〕『食糧の現在の価格と農場規模との関連の研究』、一二四、〔一二八、〕一二九ページ。これに類似してはいるが傾向は反対の議論は次のように言っている――「労働者は自分の小屋から追い払われ、仕事をさがすために都市に追い込まれる――しかし、やがてもっと大きい余剰が得られ、こうして資本は増加する」（〔R・B・シーリー〕『国民の危難』第二版、ロンドン、一八四三年、XIVページ）。

(756)

「神聖な所有権」にたいするどんなに厚かましい冒涜も、人格にたいするどんなに野蛮な暴力行為も、それらが資本主義的生産様式の基礎を築くために必要とあれば、経済学者はストア派*的冷静さでそれらを考察するが、なかでも、この冷静さをわれわれに示しているのは、そのうえになおトーリー党的な色彩を帯びており「博愛家」でもあるサー・F・M・イーデンである。一五世紀の最後の三分の一期から一八世紀末までの暴力的な人民収奪にともなう一連の強奪行為や残虐や人民の苦難も、彼を次のような「快適な」結論的省察に到達させるにすぎない――「耕作地と牧場地とのあいだには適切な比率が設けられなければならなかった。まだ、一四世紀の全体および一五世紀の大部分を通じて、耕作地二エーカーないし三エーカーにたいし、あるいは四エーカーにたいしてさえ、牧場は一エーカーだった。一六世紀なかばにはこの比率は変わり、耕作地二エーカーにたいし牧場地二エーカーとなり、後には耕作地一エーカーにたいし牧場地二エーカーとなり、最後に耕作地一エーカーにたいし牧場地三エーカーという適切な比率ができ上がった」。

＊〔古代ギリシア時代末期からローマ時代にわたる代表的哲学流派。普遍的ロゴス（世界理性）が世界を支配するとし、ここから倫理学が説かれ、平静不動の境地（アパテイア）を理想とした〕

一九世紀には、もちろん、農耕民と共有地との連関の記憶さえも失われた。もっとあとの時代のことは言うにおよばず、一八〇一年から一八三一年までのあいだに農村民から盗奪されて議会によって地主から地主へと贈与された三五一万一七七〇エーカーの共同地にたいし、かつてびた一文の補償でも農村民は受け取ったであろうか？

最後に、農耕民からの土地の最後の大収奪過程は、いわゆる〝地所の清掃〟（実際は地所からの人間の掃き捨て）である。これまで考察してきたいっさいのイギリス的方法は、この「清掃」において頂点に達した。前章で近代的状態を述べたときに見たように、もはや掃き捨てられるべき独立農民がいなくなったいまでは、〝小屋〟の「清掃」にまで進んでいるので、農業労働者たちは自分の耕す土地そのものの上にはもはや自分の居住に必要な空間を見いだせない。しかし、本来の意味での「地所の清掃」がなにを意味するかは、近代ロマン文学の約束の地であるスコットランド＊の高地地方でのみ知ることができる。そこでは、この経過が、その組織的な性質によって、またそれが一挙に遂行される規模の大きさによって（アイルランドでは地主たちはいくつかの村を同時に清掃するほどの程度であったが、スコットランド高地ではドイツの公国ほどの大きさの地面が清掃されている）――そして最後に、横領された土地所有の特殊な形態によって、きわ立っている。

＊〔聖書で、神がイスラエルの民に美しい安住の地を約束したことにちなむ言葉。旧約聖書、創世記、一二・一―七、一三・一四―一七、一五・一七―二〇、一七・一―八、新約聖書、ヘブル、一一・九〕

（757）

　スコットランド高地のケルト人は氏族からなっており、各氏族はそれぞれ自分の定住した土地の所有者であった。氏族の代表者であるその首長または「グレイト・マン」は、この土地の名義上の所有者であるにすぎなかった。それは、ちょうどイギリスの女王が全国土の名義上の所有者であるのと同じようなものであった。イギリス政府が、これらの「グレイト・マン」たちの内戦や、スコットランド低地の平原への彼らの絶え間ない侵入を、抑圧することに成功してからも、氏族の首長たちは彼らの昔からの盗賊業を決してやめなかった。彼らはその形態を変えただけであった。彼らは自分自身の権威にもとづいて彼らの名義上の所有権を私的所有権に転化して、そして、氏族員の反抗に遭遇したので、公然たる暴力で氏族員たちを追い払おうと決意した。「イングランドの王が同じ権利を持っていれば自分の臣民たちを海中に追い込むこともできたであろう」とニューマン教授は言っている（二一三）[*1]。スコットランドで最後の王位僭称者の反乱[*2]ののちに始まったこの革命については、サー・ジェイムズ・スチュアト（二一四）およびジェイムズ・アンダースン（二一五）の著書によってその初期の段階をたどることができる。一八世紀には、土地から狩り立てられたゲール人[*3]にはくわえて国外に移住することも禁止されたが、それは、彼らを暴力的にグラスゴウやその他の工業都市に追い込むためであった（二一六）。一九世紀に支配的

（758）であった方法の実例としては、ここではサザーランド公爵夫人の「清掃」をあげるだけで十分であろう。経済に通じていたこの人物は、公位につくと同時に、経済の根本治療を行ない、以前の同じような過程によって住民がすでに一万五〇〇〇人に減少していた州全体を、牧羊場に転化しようと決意した。一八一四年から一八二〇年までに、これら一万五〇〇〇人の住民、約三〇〇〇戸の家族は、組織的に狩り立てられて根こそぎにされた。彼らの村落はすべて破壊されて焼き払われ、彼らの耕地はすべて牧場に転化された。イギリスの兵士がその執行を命じられ、先住民と衝突するにいたった。ある年老いた女性は小屋を去ることを拒否し、その炎のなかで焼け死んだ。このようにして、この貴婦人は、大昔から氏族のものであった七九万四〇〇〇エーカーの土地をわがものとした。追い払われた先住民に、彼女は海浜に沿って約六〇〇〇エーカー、一家族あたり二エーカーの土地をあてがった。この六〇〇〇エーカーは、それまでは荒蕪地のまま放置され、所有者にはなんの所得ももたらしていなかったものであった。公爵夫人は、その高貴な心情により、数百年前から彼女の一族のために自分たちの血を流してくれた氏族員たちに、この土地を一エーカー平均二シリング六ペンスの地代で賃貸しした。盗奪した氏族の土地全体を彼女は二九の大きな賃借牧羊場に分割し、その各々に、たいていの場合はイングランド人である農僕一家族だけを住まわせた。一八二五年には一万五〇〇〇人のゲール人がすでに一三万一〇〇〇頭の羊に置き換えられていた。先住民のうちで海浜に投げ出された部分は、漁撈によって生活しようとした。彼らは両棲動物になったのであり、イギリスのある著述家が言うように、半分は陸上で、半分は水上で生活したが、しかも両方合わせて半人前の生活しかしていなかっ

た。(二一八)

(二二三)　F・W・ニューマン『経済学講義』、一三二ページ。

(二二四)　スチュアトは言う――「これらの土地の地代は」(彼は、この地代という経済学的カテゴリーを、氏族首長にたいするタクスメン[*4]の貢租に誤用している)「土地の広さに比べればまったく小さなものであるが、しかし、一借地農場が養う人数について見れば、おそらく、スコットランド高地の一片の土地は、もっとも豊かな諸州の同じ価値の土地よりも一〇倍も多い人々を養っていることが見いだされるであろう」(『経済学原理の研究』第一巻〔ダブリン、一七七〇年〕、第一六章、一〇四ページ〔中野訳、岩波文庫、㈠、二一六ページ〕)。

(二二五)　ジェイムズ・アンダースン『国民的産業精神の振興策にかんする諸考察』、エディンバラ、一七七七年。

(二二六)　一八六〇年には、暴力的に収奪された人々が虚偽の約束のもとにカナダに輸出された。なかには山や付近の島に逃亡した者もいた。彼らは警官に追跡され、これと格闘して逃れた。

(二二七)　アダム・スミスの注釈者であるビュキャナンは、一八一四年に次のように言っている――「この高地では古い所有状態が日々暴力的に変革される。……地主は、世襲借地農場経営者」(このカテゴリーもここでは誤用されている)「を顧慮することなく、土地を最高入札者に提供する。そして、もしこの人が改良家であれば、彼はすぐに新しい耕作制度を採用する。土地には、以前には小農民が広がっていて、土地の生産物に比例して人々が住んでいた。ところが、耕作の改良と地代の増加という新制度のもとでは、最大可能の生産物が最小可能の費用で得られ、またこの目的のために、いまでは不用になった人手がのぞかれる。……郷土から放逐された人々は工場都市に生計を求める……」(デイヴィド・ビュキャナン『A・スミスの「諸国民の富」……にかんする考察』、エディンバラ、一八一四年、第四巻、一四四ページ)。「スコットランドの豪族は、雑草を根こそぎにするように諸家族を収奪し、インド人が報復のために野獣の巣くつに行なうのと同じように、村落やその住民を取り扱った。……人間は、羊の毛皮やもも肉、それどころかもっと安いものとさえ交換される。……中国の北部地方に侵入したさい、モンゴル人の会議では、住民を根こそぎにして彼らの土地を牧場に転化することが提案された。このような提案を、スコットランド高地の多くの地主たちは、自分たちの国で自分たちの国民にたいして実行したのである」（ジョージ・エンザー『諸国民の人口にかんする研究』、ロンドン、一八一八年、二一五、二一六ページ）。

（二二八）　現サザーランド公爵夫人が、アメリカ共和国の黒人奴隷にたいする彼女の同情を表明するために——と言っても、イギリスのすべての「〝高貴な〟」心臓が奴隷所有者にたいする同情に高鳴っていた南北戦争中は、彼女は慎重にも仲間の貴族婦人たちとともにこの表明を忘れていたのに——『アンクル・トムズ・ケビン』の著者であるあのビーチャー・ストー夫人をはなばなしくロンドンに歓迎したとき、私は『ニューヨーク・〔デイリー・〕トリビューン』紙上にサザーランドの奴隷の境遇について書いた〔一八五三年二月九日付。「選挙——金融の雲行き悪化——サザーランド公爵夫人と奴隷制度」、邦訳『全集』第八巻、四八五—四九二ページ参照〕（そのなかのところどころがケアリによって『奴隷貿易』、ロンドン、一八五三年、二〇二、二〇三ページで引用されている）。私の論文はスコットランドのある新聞に転載され、この新聞とサザーランドの追従屋たちとのあいだにおもしろい論戦を呼び起こした。

＊1〔この段落の冒頭からここまでは、フランス語版にもとづき第三版で改訂された〕

＊2〔「小僭称者」チャールズ・エドワードをイギリスの王位につけることを要求した一七四五—一七四六年のスチュアト王朝支持者の反乱をさす。イングランドの正規軍によって反乱は鎮圧された〕

＊3〔スコットランド高地地方に住むケルト系住民〕

＊4〔スコットランドの氏族的家長制の支配下で、氏族の指導者であるレアードに直属する長老。レアードは、

氏族全体の所有地（タク）を各家長が処理できるように分与し、タクスメンはこの土地をさらに従臣たちに分配した。氏族制度の瓦解とともに、レアードは地主《ランドロード》に変わり、タクスメンは実質的に資本主義的借地農場経営者に変わった〕

（759）ところが、お人よしのゲール人たちは、氏族の「グレイト・メン」にたいする自分たちの山岳ロマン的崇拝のつぐないとして、いっそうひどいめに会わなければならなかった。魚のにおいがグレイト・メンの鼻にはいった。彼らはそこにもうけ口をかぎつけて、その海浜をロンドンの大きな魚商人たちに賃貸しした。ゲール人たちはふたたび追い出しにあったのである。（二一九）

（二一九）　この魚取引については、デイヴィド・アーカート氏〔発行〕の『ポートフォリオ、新シリーズ』のなかにおもしろい話がある――〔以下、第二版への追加〕ナッソー・W・シーニアは、まえに引用した彼の遺著のなかで、「サザーランドシャーでとられた処置を有史以来のもっとも情け深い清掃の一つとして」特徴づけている（『アイルランドにかんする日誌、対話、および小論』、ロンドン、一八六八年〔第二巻、二八二ページ〕）。

しかし最後に、牧羊場の一部分は狩猟場に再転化される。周知のように、イングランドには本来の森林というべきものはない。貴族の猟園〔勅許を受けた広大な囲い地〕にいる鹿は体質的には家畜であって、ロンドンの〝市参事会員〟のようにふとっている。だから、スコットランドは「高貴な情熱」の最後の逃避場である。一八四八年にサマーズは言っている――「スコットランド高地では森林が非常に拡張されている。ガイクのこちら側にはグレンフェシーの新しい森林があり、あちら側にはアードヴェリキーの新しい森林がある。同じ線上に、近ごろつくられた広大な荒蕪地、ブラック・マウントがある。東から西へ、アバディーン付近からオウバンの岩地にいたるまで、いまやえんえんと森林が連なっており、また高地の他の地方にはアーカイグ湖、グレンガリ、グレンモリストンなどの新しい森林がある。……彼らの土地の牧羊場への転化は……ゲール人をいっそう不毛な土地に追いやった。いまや鹿が羊に代わりはじめ、ゲール人をいっそう打ちひしがれた窮乏に追い込んでいる。……(二一九a)鹿猟林と人民とは共存することはできない。どちらかが場所を譲らなければならない。これからの四分の一世紀間に狩猟場の数や広さが過去の四分の一世紀間と同じように増加するならば、もはや一人のゲール人もその郷土には見られなくなるであろう。高地の地主たちのあいだに進行しているこの運動は、一部は貴族的な欲望や狩猟道楽、等々といった流行のせいでもあるが、しかし、一部は彼らがもっぱら利潤をめあてに鹿の取り引きを営むからである。というのは、一片の山地でも、狩猟地にすれば、多くの場合牧羊場とは比べものにならないほどもうかるのが事実だからである。……狩猟場を(760)求めている愛好者は自分の財布の大きさが許す限りの値をつける。……この高地に課せられた苦悩は、ノルマンの王たちの政策がイングランドに課した苦悩にも劣らないほど残酷なものであった。鹿はますますひろびろとした遊び場を得たのに、人間はますます狭い囲いのなかに追い込まれた。……人民の自由は次から次へと奪い取られた。……そして、抑圧はなお日ごとに増大している。人民の清掃と駆逐とは、アメリカやオーストラリアの荒野で樹木や薮《やぶ》が伐り払われるのとまったく同様に、確固とした原則として、農業上の必然として地主たちによって遂行され、そしてその操作はその平静で事務的な仕方で続けられていく」(二二〇)。

(二九a)　スコットランドの「鹿猟林」には一本の木もない。羊を追い出してから、はげ山に鹿を追い込み、それが「鹿猟林」と呼ばれる。だから、造林などはとんでもない！〔第二版への注〕

(二三〇)　ロバート・サマーズ『高地からの手紙。または一八四七年の飢饉』、ロンドン、一八四八年、一二―二八ページの各所。この手紙は最初『タイムズ』紙に掲載された。イギリスの経済学者たちは、もちろん、一八四七年のゲール人の飢饉を彼らの過剰人口から説明した。とにかく、彼らは自分たちの食糧を「圧迫」したのである。――「〃地所の清掃〃」、またはドイツで言う「農民追放」〔本訳書、第一巻、七五六ページの原注一九六a参照〕は、ドイツではとくに三〇年戦争ののちに行なわれたのであり、一七九〇年になってもまだザクセン選帝侯国で農民一揆*を引き起こした。それはとくに東部ドイツでさかんに行なわれた。プロイセンのたいていの地方では、フリードリヒ二世〔在位一七四〇―一七八六年〕がはじめて農民に所有権を保証した。シュレージエン征服後、彼は地主たちを強制して小屋や穀倉などを再建させ、農民所有地に家畜や農具をそなえさせた。彼は彼の軍隊のために兵士を必要とし、彼の国庫のために納税義務者を必要とした。さらに言えば、フリードリヒの財政紊乱と、専制主義や官僚主義や封建制のごちゃまぜの統治のもとで、農民がどんな快適な生活を送ったかは、彼の賛美者であるミラボーの次のような文章から知ることができる――「したがって、亜麻は北部ドイツの農民の最大の富の一つをなしている。人類にとって不幸なことに、それはただ窮乏を防止する手段にすぎず、決して幸福への道ではない。直接税や夫役やあらゆる種類の強制奉仕がドイツの農民を破滅させるが、そのうえになお、彼は自分の買ういっさいのものに間接税まで支払う。……そして、さらに破滅的なことには、彼は自分の生産物を自分の欲する場所および方法で売るわけにはいかないし、彼は自分に必要なものをより安く提供してくれる商人から買うわけにもいかない。これらすべての原因が徐々にだが確実に彼を破滅させるのであって、紡績業がなければ、彼は直接税を期日に支払うこともできないであろう。紡績業は、彼の妻、子供、下女、下男、そして彼自身をも有用な仕事につかせることによって、彼に一つの補助財源を与える。しかし、この補助財源にもかかわらず、なんという苦難な生活なのだろう！　夏には囚人のように耕作や収穫のために労働する。九時には床につき、二時には起きないと自分の仕事をかたづけることができない。冬にはもっと休息し体力を回復しなければならないはずである。しかし税金を払うのに自分の生産物を手放してしまわなければならないとすれば、パンや播種のための穀物にもこと欠くようになるであろう。そのため彼は、この穴を埋めるために、紡がなければならない……しかも最大のがまん強さをもって。そこで、農民は冬には真夜中の一二時か一時に休み五時か六時に起きる。それ以外には九時に寝て二時に起き、日曜日のほかは一生毎日そうである。このような過度の睡眠不足と労働とは人間を消耗させ、その結果、農村では男性も女性も都市でよりもはるかに早く老い込むようになる」（ミラボー『プロイセン王国について』第三巻、二一二ページ以下）。

第二版への追加。一八六六年四月〔正しくは「三月」〕、右に引用したロバート・サマーズの著書が公刊されてから一八年後に、レオン・リーヴァイ教授は、牧羊場の猟林への転化について〝技能協会〟で講演をしたが、そのなかで彼はスコットランド高地での荒廃の進み方を語っている。彼はとりわけ次のように言う——「人口を減少させて牧羊場にしてしまうことは、支出なしに所得を得るためのもっとも好都合な手段を与えた。……牧羊場の代わりに〝鹿猟林〟、というのが、高地における普通の変化になった。以前には人間が羊に席を譲るため駆逐されたが、こんどは羊が野獣に駆逐される。……フォーファシャーのダルハウジー伯爵領からジョン・オグローツにいたるまで、少しも森林地を離れないで歩くことができる。——」（これらの森林の）「多くには、キツネ、ヤマネコ、テン、ケナガイタチ、イタチ、ノウサギなどが棲息しているが、最近ではそこにアナウサギ、リス、ネズミもはいり込んできている。なみはずれた豊かさと広さとをもつ牧場としてスコットランドの統計に現われていた広大な地域が、いまでは耕作および改良からまったく閉め出されて、もっぱらわずかばかりの人々の狩猟の楽しみ——しかもそれは一年のうちごく短期間だけしか行なわれない——にささげられている」〔リーヴァイ「食料供給との関連における鹿猟林とスコットランド高地農業について」、『技能協会雑誌』、ロンドン、一八六六年三月二三日、三二七ページ〕。

一八六六年六月二日のロンドン『エコノミスト』は次のように書いている——「スコットランドの一新聞は先週、ほかのニュースと一緒に次のように報道している——『サザーランドシャーの最良の牧羊場の一つは、最近、現行の賃貸契約が満期になったさいに年地代一二〇〇ポンドで契約しようという申し込みを受けたが、それが〝鹿猟林〟にされる！』と。ノルマンの征服王が……〝新しい森《ニュー・フォレスト》〟をつくるために三六ヵ村を破壊した当時と同じ……封建的な本能の現われである。……スコットランドのもっとも豊かな土地のいくつかを含む二〇〇万エーカーが、まったく荒れるままに放置されている。グレン・ティルトの野草は、パース州のもっとも養分の多い草に数えられていた。ベン・オルダの〝鹿猟林〟は、ベードノックの広い地域のなかでも最良の牧草地であった。ブラック・マウントの〝森林〟の一部は、黒緬羊にとってスコットランドでもっとも優れた牧場であった。狩猟道楽のために荒れたまま放置されている土地の広大さは、それがパース州全体よりもはるかに広い面積を占めているという事実から想像されるであろう。このような暴力的荒廃化によって生産源泉としての土地が受けた損失は、ベン・オルダの〝森林〟の土地は一万五〇〇〇頭の羊を養うことができたということ、しかもそれはスコットランドの全狩猟場のわずか三〇分の一を占めたにすぎないということから、見積もることができるであろう。……このような狩猟地はすべてまったく不生産的であり……北海の波の底に沈められたも同然である。このように即席でつくり出される荒廃地または荒蕪地には、立法の強い手がとどめを刺すべきであろう」。

＊〔農民一揆は一七九〇年八月に始まり、九月の早い時期に軍隊によって鎮圧された〕

（761）

教会領の略奪、国有地の詐欺的譲渡、共有地の盗奪、容赦のない暴力行為《テロリズム》によって行なわれた封建的所有および氏族的所有の近代的な私的所有への横奪的な転化、これらはみないずれも本源的蓄積の牧歌的方法であった。これらは、資本主義的農業のために耕地を征服し、土地を資本に合体させ、都市工業のためにそれが必要とする、鳥のように自由なプロレタリアートの供給をつくり出した。

第三節　一五世紀末以来の被収奪者にたいする流血の立法。労賃引き下げのための諸法律

（762）

封建家臣団の解体によって、また、断続的な〔度重なる――フランス語版〕暴力的な土地収奪によって追い払われた人々、鳥のように自由なこのプロレタリアートは、それが生み出されたのと同じ速さで、新たに起こりつつあるマニュファクチュアに吸収されることはできなかった。他面、自分たちの歩き慣れた生活の軌道から突然投げ出された人々も、同様に突然に新しい状態の規律に慣れることはできなかった。彼らは大量に物乞いや盗賊や浮浪人になった。それは、一部にはもともとの性向からであったが、たいていの場合は周囲の事情に強制されたものであった。こうして、一五世紀末から一六世紀全体にわたり、西ヨーロッパ全体で浮浪罪にたいする流血の立法が行なわれた。こんにちの労働者階級の祖先は、なによりもまず彼らの余儀なくされた浮浪人化と受救貧民化のために罰せられた。立法は彼らを「自由意志による」犯罪者として取り扱い、もはや存在していない古い諸関係のもとで労

働を続けるかどうかは、彼らの良き意志にかかっていると想定した。

イギリスではこの立法はヘンリー七世の治下で始まった。

ヘンリー八世、一五三〇年――老齢で労働能力のない物乞いは物乞い鑑札を受ける。これにたいして、強健な浮浪人には鞭打ちと拘禁とが科される。彼らは荷車のうしろにつながれて、身体から血が流れるまで鞭打たれ、それから、自分の出生地あるいは最近三年間の居住地に帰って「仕事につく」(763)ことを宣誓しなければならない。なんという残忍な皮肉！　ヘンリー八世治下第二七年には、前の法令が反復されるが、新たな追加によっていっそう厳しくされる。二度目に浮浪罪で逮捕されれば、鞭打ちが繰り返され耳を半分切り取られるが、三度罪を犯すと、その当人は重罪犯人であり社会の敵として死刑に処せられる。

エドワード六世〔在位一五四七―一五五三年〕――その治下第一年、一五四七年の一法令の規定によれば、労働することをこばむ者は、彼を怠け者として告発した人の奴隷になることを宣告される。主人は自分の奴隷をパンと水、薄いスープと彼にふさわしいと思われる屑肉とをもって、養わなければならない。主人は、鞭と鎖とによって奴隷にどんないやな労働でもさせる権利をもっている。奴隷は一四日間仕事を離れれば、終身奴隷の宣告を受け、額《ひたい》か頬《ほお》にS字〔英語の奴隷《スレイヴ》の頭文字〕の焼き印を押され、三回逃亡すると、国家の反逆者として死刑に処せられる。主人は、奴隷を他の動産や家畜とまったく同様に、売却し、遺贈し、奴隷として賃貸しすることができる。奴隷が主人にさからってなにごとかを企てれば、やはり死刑に処せられる。治安判事は告訴状にもとづいてこういうやからを捜索しなければならない。放浪者が三日間ぶらぶらしていたことがわかると、出生地に送られ、赤熱の鏝《こて》で胸にＶ印〔英語の浮浪人《ヴァガボンド》の頭文字〕の焼き印を押され、その地で鎖につながれて街路上やその他の労役に使われる。浮浪人が虚偽の出生地を申し立てた場合には、その地の住民または団体の終身奴隷にされる罰を受け、Ｓの焼き印を押される。すべての人が、浮浪人からその子供を取り上げて、男児は二四歳まで、女児は二〇歳まで徒弟にしておく権利をもっている。彼らが逃亡すれば、この年齢になるまで親方の奴隷にされ、親方は彼らを意のままに鎖につないだり鞭打ったりなどすることができる。すべての主人は、自分の奴隷の首、腕、または脚に鉄の環をはめて見分けやすいようにし、自分のものであることを確実にすることを許される。〔二二一〕この法令の最後の部分は、特定の貧民たちは、彼らに飲食物を給し、仕事を与えようとする地区または個人に雇われるべきだと規定している。この種の教区奴隷は、イギリスでは一九世紀のずっと遅くまでラウンズメン（回り歩く人）という名で残っていた。

〔二二一〕『工業および商業にかんする一論』、一七七〇年、の著者〔ジョン・カニンガム〕は次のように言う――「エドワード六世の治下では、イギリス人は実際非常に熱心に製造業を〝奨励し〟貧民を働かせることにとりかかっていたようである。このことは、すべての浮浪人は烙印を押されるべきだという注目すべき法があったことを見ればわかる」等々（同書、五ページ）。

（764）エリザベス〔一世〕、一五七二年――鑑札をもたない一四歳以上の物乞いは、二年間彼らを使おうとする人がいなければ、ひどく鞭打たれ、左の耳たぶに焼き印を押される。再犯の場合は、一八歳以上ならば――二年間彼らを使おうとする人がいなければ、死刑に処せられるが、三犯目の場合には、容赦なく国家の反逆者として死刑に処せられる。同様の法令としては、エリザベス治下第一八年の法、第一三号〔正しくは第三号〕、および一五九七年のものがある。(二二一a)

(二二一a) トマス・モアは彼の『ユートピア』(四一、四二ページ。平井訳、岩波文庫、二七―二八ページ)のなかで言う――「こうして、彼の故郷の真の疫病神とも言うべき貪欲で飽くことを知らない大食漢が、数千エーカーの土地をひとまとめにして柵や垣根で囲ったり、その所有者を暴力と不法で苦しめてなにもかも売らざるをえないようにしたりすることができるようになる。あの手この手で、否でも応でも立ち退きを強要される――哀れで愚直で窮乏した人々！ 男性も女性も、夫も妻も、父親のいない子供も寡婦も、乳飲み子をかかえた痛ましい母親も、そして、農耕は多くの人手を必要としたので資力は乏しいが頭数の多い世帯全体がである。彼らは住み慣れたわが家をあとに、休む所もなくとぼとぼと道をたどる。彼らのいっさいの家財を売り払えば、たいした価値のものではないにしろ、事情が違えばいくらかの金にはなっただろう。しかし、突然ほうり出されたのでは、それも彼らは捨て値で売りとばさなければならない。そして、最後の一銭を使い果たしてしまうまで、さまよい歩いたあげくには、盗みをして法律上まったく当然のこととして絞首されるか、物乞いに出かけるかするほかになにができようか？ そうしても、うろついて働かないというかどで、浮浪人として監獄にぶちこまれる。どんなに働きたいと願っても、だれも仕事を与えてはくれない彼らだのに」。この哀れな流民のことをトマス・モアは盗みをすることを余儀なくされたと言っているが、彼らのうち「七万二〇〇〇人の大小の盗賊がヘンリー八世の治下で処刑された」(ホリンシェド〔の『年代記』、ロンドン、一五八七年、に所収のウィリアム・ハリスン〕『イギリス記』第一巻、一八六ページ)。* エリザベスの時代には「放浪者たちが列をなして絞殺された。当時は、どこかで三〇〇人か四〇〇人が絞首台に乗せられない年はないのが普通だった」(ストライプ『エリザベス女王の御代における宗教改革と国教化、その他国教会における諸種の事件にかんする年誌』、第二版、一七二五年、第二巻〕。同じストライプによれば、サマシットシャーでは、たった一年のあいだに、四〇人が死刑にされ、三五人が烙印を押され、三七人が鞭打たれ、一八三人の「矯正の見込みのない無頼漢」が釈放された。しかも、彼は言う――「被告人のこのような大きな数も、治安判事の怠慢と民衆の愚かな同情とのおかげで、実際の犯罪者の五分の一にも達していない」。さらに彼は次のようにつけ加える――「イングランドの他の諸州もサマシットシャーよりも良好な状態にあったわけでは決してなく、いくつかの州はさらに悪い状態にさえあった」。〔第二版への注〕

＊〔マルクスは、実際には、イーデン『貧民の状態』第一巻、ロンドン、一七九七年、一一一ページに引用されたものを参照している〕

ジェイムズ一世〔在位一六〇三―一六二五年〕――放浪し物乞いをする者は、放浪者で浮浪人だと宣告される。〝小治安裁判所〟の治安判事は、彼を公衆の面前で鞭打たせ、初犯は六ヵ月、再犯は二年入獄させる権限を有する。入獄中は、治安判事が適当と考えるたびごとに、また適当と考える数だけ鞭打たれる。……矯正の見込みのない危険な放浪者は、左肩にR〔英語の放浪者《ロウグ》の頭文字〕の焼き印を押されて強制労働を課せられ、ふたたび物乞いをして逮捕されれば、容赦なく死刑にされる。これらの規定は、一八世紀の初期まで有効であったが、アン〔在位一七〇二―一七一四年〕治下第一二年の法、第二三号によってはじめて廃止された。(765)

これと類似の法律がフランスにもあって、フランスでは一七世紀のなかごろ、パリに浮浪人王国が設けられていた。ルイ一六世〔在位一七七四―一七九二年〕の初期にも（一七七七年七月一三日の王令）、一六歳から六〇歳までの強健な男性で生計の資もなく職業にもついていない者は、すべてガレー船[*1]に送られることになっていた。同様のものとしては、一五三七年〔正しくは一五三一年〕一〇月のネーデルラントにたいするカール五世の法、[*2]一六一四年三月一九日のオランダ諸州および諸都市にかんする最初の布告、一六四九年六月二五日の連合州の告示などがある。

＊1〔本訳書、第一巻、一一九八ページの訳注＊参照〕

＊2〔一五一六年からスペイン国王（カルロス一世）、一五一九年から神聖ローマ皇帝カール五世。一五五八年没。当時、ネーデルラントはスペイン領であった〕

こうして、暴力的に土地を収奪され、追放され、浮浪人にされた農村民は、グロテスクで凶暴な法律によって、鞭打たれ、烙印を押され、拷問されて、賃労働制度に必要な訓練をほどこされた。

一方の極には労働諸条件が資本として現われ、他方の極には自分の労働力以外に売るものがなにもない人間が現われるというだけでは十分ではない。このような人間が自発的に自分を売るように余儀なくされるだけでも、まだ十分ではない。資本主義的生産が進むにつれ、教育、伝統、習慣により、この生産様式の諸要求を自明の自然法則として承認するような、労働者階級が発展する。十分に発達した資本主義的生産過程の組織はあらゆる抵抗を打破し、相対的過剰人口の絶え間ない生産は労働の需要供給の法則を、それゆえ労賃を、資本の増殖欲求に照応する軌道内に保ち、経済的諸関係の無言の強制は労働者にたいする資本家の支配〔フランス語版では「専制」〕を確実なものにする。経済外的な直接的な暴力も相変わらず用いられはするが、しかしそれはただ例外的であるにすぎない。ものごとが普通に進行する場合には、労働者は、「生産の自然法則」に、すなわち、生産諸条件そのものから

（766）発生し、それらによって保証され永久化される資本への労働者の従属に、まかされたままにしておくことができる。資本主義的生産の歴史的創生記のあいだでは、事情は違っていた。勃興しつつあるブルジョアジーは、*労賃を「調節する」ために――すなわち、貨殖に適合する制限内に労賃を押し込めるために――また労働日を延長して労働者自身を標準的な従属度に維持するために、国家権力を必要とし、そして利用する。これこそは、いわゆる本源的蓄積の本質的な一契機である。

*〔フランス語版では、このあとに、「国家の絶えざる干渉なしにはいられないであろう。ブルジョアジーは、」が挿入されている〕

一四世紀の後半に発生した賃労働者の階級は、その当時もその次の世紀にも人民のうちのほんのわずかな構成部分をなしていただけで、それは農村の自立的農民経営と都市の同職組合組織とによって強くその地位を保護されていた。農村でも都市でも、雇い主と労働者とは社会的に接近していた。資本への労働の従属は、形式的でしかなかった。すなわち、生産様式そのものは、まだ独自の資本主義的性格を帯びてはいなかった。資本の可変的要素は不変的要素よりもずっと重きをなしていた。そのため、賃労働にたいする需要は、資本が蓄積されるにつれて急速に増大したが、他面、賃労働の供給は、緩慢にしか需要についていかなかった。国民的生産物の一大部分は、のちには資本の蓄積元本に転化されたが、当時はまだ労働者の消費元本のなかにはいっていったのである。

賃労働にかんする立法は、もともと労働者の搾取を目的とし、その進行中もつねに同じように労働者に敵対的であったが、（二二二）イギリスではエドワード三世〔在位一三二七―一三七七年〕の治下一三四九年の

〝労働者規制法〟によって開始される。フランスでこれに照応するものは、ジャン王〔二世、在位一三五〇―一三六四年〕の名で公布された一三五〇年の王令である。イギリスとフランスの立法は並行して進み、内容から見ても同一である。これらの労働者法が労働日の延長を強制しようとする限りでは、私はそれには立ちもどらないことにする。この点はさきに（第八章、第五節）論じたからである。

（二二二）「立法が雇い主とその労働者との不和を調停しようとするとき、立法の助言者はいつでも雇い主である」とアダム・スミスは言う〔『諸国民の富』第一巻、エディンバラ、一八一四年、二三七ページ。大内・松川訳、岩波文庫、㈠、三七九ページ〕。「諸法律の精神は所有である」とランゲは言う〔『民法の理論』第一巻、ロンドン、一七六七年、二三六ページ、大津真作訳『市民法理論』、京都大学学術出版会、二〇一三年、一六四ページ〕。

(767)〝労働者規制法〟は、下院の切迫した訴えにもとづいて公布された。あるトーリー党員は素朴にも次のように言っている――「以前は貧民たちは高い労賃を要求して、産業と富とをおびやかした。いまでは彼らの賃銀はあまりにも低くて、同じように産業と富とをおびやかしているが、しかし事態は当時とは違っており、おそらく当時よりもいっそう危険である（二二三）」。法定賃銀率が、都市と農村について、出来高仕事と日ぎめ仕事について確定された。農村労働者は一年契約で、都市労働者は「公開市場」で雇用されなければならない。法定賃銀よりも高く支払うことは禁固刑をもって禁止されるが、しかし法定よりも高い賃銀を受け取ることは、それを支払うことよりも重く処罰される。こうして、エリザベス徒弟法の第一八条[*1]および第一九条においてもなお、法定より高い賃銀を支払うものは一〇日の禁固刑を科されるのにたいして、これを受け取るものは二一日の禁固刑を科される。一三六〇年の一法令は、刑罰をいっそうきびしくし、さらに肉体的強制によって法定賃銀率で労働をしぼり取る権限をさえ雇い主に与えた。煉瓦積み工や大工を相互に団結させるいっさいの結合、契約、誓約などは無効と宣言されている。労働者の団結は、一四世紀から団結禁止法[*2]が廃止された一八二五年まで、重罪として取り扱われている。一三四九年の労働者法やそれに続いて誕生した諸法の精神は、労賃の最高限は国家によって命令されるが、しかし最低限は決して命令されないということから見て、まったく明らかである。

（二二三）〔J・B・バイルズ〕『自由貿易の詭弁。一法廷弁護士著』、ロンドン、一八五〇年、二〇六ページ。彼は意地悪く次のようにつけ加える──「われわれはつねに雇い主のために介入する用意をしていた。いま雇い人のためになにごともなしえないのか？」

＊１〔一五六三年、エリザベス一世治下第五年の法。本訳書、第一巻、六五〇ページの訳注＊１参照〕

＊２〔本訳書、第一巻、七九八─七九九ページの訳注＊２参照〕

一六世紀には、周知のように、労働者の状態は非常に悪化した。貨幣賃銀は上昇したが、貨幣の減価とそれに照応する物価の騰貴に比例しては上昇しなかった。したがって、賃銀は実際には下落した。それにもかかわらず、賃銀を引き下げるための諸法律は、「だれもこれを雇おうと欲しない」人々の耳切りや烙印とともに存続した。エリザベス治下第五年の法、第三号〔正しくは第四号〕の徒弟法によって、治安判事[*]は、一定の賃銀を確定し、季節や物価に応じてそれを修正する権限を与えられた。ジエイムズ一世はこの労働規制を、織布工、紡績工、およびありとあらゆる労働者の部類に拡張し[二二四]、ジョージ二世〔在位一七二七―一七六〇年〕は労働者の団結を禁止する諸法律をすべての製造業に拡張した。

（二二四）　ジェイムズ一世治下第二年〔正しくは第一年〕の法令、第六号の一条項を見れば、ある織布業者が、治安判事として自分自身の作業場で公式に賃銀率を命令したことがわかる。――ドイツでは、ことに三〇年戦争〔一六一八―一六四八年〕のあとでは、賃銀を抑制するための諸法令がしばしば出された。「人口希薄な土地の営農領主《グーツヘル》にとっては、僕婢や労働者の不足は非常にやっかいなことであった。すべての村民は、独身の男女に部屋を貸すことを禁止され、すべてのこのような同居人は役所に届けられなければならず、そして、彼らが僕婢になることを望まない場合には、たとえ日雇い賃銀で、農民のために種をまいたり、穀物を売買する、というようなほかの仕事で生計を立てている場合でも、投獄されなければならなかった（『シュレージエンにかんする皇帝の特権と勅令』、一の一二五）。きびしい条件に従おうとせず法定賃銀で満足しようとしない悪質で横着なならず者どもにかんする激しい苦情がまる一世紀を通じて、領主たちの法令のなかに、絶えず繰り返されている。個々の営農領主は、君侯国が賃銀表のなかで定めているよりも多く支払うことを禁止された。それでも〔三〇年〕戦争後の雇用条件のほうが、一〇〇年後のそれよりもよかったことがときおりあった。一六五二年にシュレージエンでは、僕婢は週に二度は肉を与えられたが、今世紀〔一九世紀〕になっても、同じシュレージエンで僕婢が年に三度しか肉を与えられない地方があった。日賃銀も〔三〇年〕戦争後のほうが次の諸世紀よりも高かった」（グスタフ・フライターク〔『ドイツ人の生活の新風景』、ライプツィヒ、一八六二年、三五、三六ページ〕）。

＊〔フランス語版では、ここに次のような挿入がある。「――念頭においておかなければならないことであるが、この判事とは言葉の本来の意味の判事ではなく、地主、製造業経営主、牧師、その他、判事の職能を果

たす用意のある富裕階級の成員である――〕〕

（768）本来的マニュファクチュア時代には、資本主義的生産様式は、労賃の法律的規制を実行不可能で不要なものにするのに十分な強さに達していたが、それでも、人々は非常事態にそなえて、古い兵器庫の武器なしですませようとは望まなかった。ジョージ二世治下第八年〔正しくは三世治下第七年〕の法も、ロンドンとその周辺の裁縫職人にたいして、公喪の場合をのぞき、二シリング七ペンス半よりも多い日賃銀を禁止した。ジョージ三世〔在位一七六〇―一八二〇年〕治下第一三年の法、第六八号も、絹織布工の労賃の規制を治安判事に一任した。一七九六年になっても、労賃にかんする治安判事の命令が、非農業労働者にも適用されるかどうかを決定するために、上級の裁判所の二つの判決が必要であった。一七九九年にもまだ、スコットランドの鉱山労働者の賃銀は、エリザベスの一法令と一六六一年および一六七一年〔正しくは「一六一七年および一六六一年」〕のスコットランドの二つの法律とによって規制されるということが、一つの議会制定法によって確認された。そうこうするうちに事情がいかに激変したかは、イギリスの下院における前代未聞の一事件によって証明された。下院では四〇〇年以上もまえから、労賃が絶対に超えてはならない最高限についての諸法律がつくられてきたが、この下院で一七九六年に、ウィットブレドが、農業日雇い労働者のために一つの法定最低賃銀を提案した。ピット〔当時の首相〕は反対したが、「貧民の状態が残酷である」ことは認めた。ついに一八一三年に、賃銀規制にかんする諸法律は廃止された。資本家が自分の私的立法によって工場を取り締まり、救貧税によって農村労働者の賃銀を不可欠な最低限まで補充させるようになってからは、これらの法律はこっけいな変則になっていた。雇い主と賃労働者との契約や期限つき解除予告、その他にかんして、契約を破った雇い主にたいしては民事訴訟しか許さないのに、契約を破った労働者にたいしては刑事訴訟を許す、このような労働者法*の諸規定は、こんにちにいたるまで完全に有効である〔一八七五年、ヴィクトリア治下第三八および三九年の法、第九〇号の実施まで〕。

*〔第三版および第四版では「労働法」となっている〕

団結を禁止する残酷な諸法律は、一八二五年にプロレタリアートの威嚇的態度にあって廃止された。とはいえ廃止されたのは一部分だけであった。古い諸法規のいくつかのうるわしい残片は、一八五九(769)年になってやっと消滅した。最後に一八七一年六月二九日の議会制定法は、〝労働組合〟の法律的承認〔ヴィクトリア治下第三四および三五年の法、第三一〇号〕によってこの階級立法の最後の痕跡を除去すると主張した。しかし、同じ日付の一議会制定法（〝暴力、脅迫、妨害にかんする刑法改正法〟〔ヴィクトリア治下第三四および三五年の法、第三二号〕）は、事実上、以前の状態を新しい形態で再現した。この議会的手品によって、ストライキやロック・アウト（工場主たちが同盟し、自分たちの工場を同時に閉鎖することによって行なうストライキ）にさいして労働者が用いうる手段は、普通法による取り締まりから特別刑法による取り締まりに移され、この刑法の解釈は、治安判事の資格をもつ工場主自身にゆだねられたのである。二年前には、この同じ下院と同じグラッドストン氏〔当時の自由党内閣の首相〕とが、周知の誠実なやり方で、労働者階級にたいするいっさいの特別刑法を廃止するため、一つの法案を提出していた。しかし、それは第二読会*1より先には進められず、こうして事態が長引かされて、ついに「大自由党」[*2]は、トーリー党との提携に勇気づけられて、自分を支配的地位に押し上げてくれたまさにそのプロレタリアートに、断固として敵対するにいたった。この裏切りだけでは満足しないで、「大自由党」は、支配階級に奉仕していつでも尻尾を振っているイギリスの裁判官たちに、「陰謀」を取り締まるための古ぼけた諸法律をふたたび掘り出して、それらを労働者の団結に適用することを許した。[*3]すなわち、イギリスの議会は、ただいやいやながら大衆の圧力のもとにストライキや〝労働組合〟を禁止する諸法律を放棄したが、それは、この議会みずからが五世紀の久しきにわたり、恥知らずの利己主義をもって、労働者に対抗する資本家たちの常設〝労働組合〟の地位を保持してきたあとのことであった。

＊1〔議会に提出された法案は、通例、第一から第三までの三読会を通過し、第三読会での議決を経たのち本会議で表決される〕

＊2〔一八三二年の第一次議会改革後に形づくられたイギリスの二大政党の一つ。新ホイッグ派と左翼トーリー派からなり、商工業層の利益を代表した〕

＊3〔「最後に一八七一年六月二九日の議会制定法」からここまでは、フランス語版にもとづき、第三版に追加された〕

革命の嵐が始まると同時に、フランスのブルジョアジーは、労働者がやっと獲得したばかりの団結権をふたたび彼らから取り上げた。一七九一年六月一四日の布告によって、ブルジョアジーはいっさいの労働者団結を「自由と人権宣言とにたいする侵害」だと宣言し、五〇〇リーヴルの罰金と一年間

（770）の公民権剥奪とをもって罰せられるべきものとした。（二二五）この法律は、資本と労働との競争戦を国家の警察権によって資本に好都合な限度内に押し込めるものであるが、それはいくつかの革命や王朝交替のなかを生き続けた。恐怖政治*でさえもこれには手を触れなかった。それはようやく最近になって〝刑法典〟から抹消された。このブルジョアのクーデターの口実以上に特徴的なものはない。〔この法律にかんする特別委員会の〕報告者であるル・シャプリエは次のように言う――「労賃が現在より高くなることによって、これを受け取る者が、生活必需品の欠乏にもとづく、ほとんど奴隷的従属である絶対的従属からまぬがれることは望ましいことである」が、しかし労働者が彼らの利害について了解し合って、共同で行動し、それによって彼らの「ほとんど奴隷状態である絶対的従属」を軽減することは許されない。なぜなら、彼らはまさにそうすることによって「彼らの〝かつての親方〟であるいまの企業家の自由」（労働者を奴隷状態に維持する自由！）を侵害するからであり、また、以前の同職組合親方の専制に対抗する団結は――なにを言いだすことやら！――フランス憲法によって廃止された同職組合の再建だからである！（二二六）と。

（二二五）　この法律の第一条は言う――「同じ身分および職業をもつ市民たちのあらゆる種類の結社を廃止することはフランス憲法の基礎の一つであるから、いかなる口実、またはいかなる形態のもとでもこれを復活することは禁止される」。第四条は宣言する――「同じ職業、営業、手工業に属する市民たちが、共同して彼らの営業または労働に従事することを拒否するか、または一定の価格でのみ供給しようとする目的で協議し、協約を結ぶならば、このような協議および協約は……憲法違反として、自由と人権宣言との侵害として、宣告をくだされるべきである……」。したがって、以前の労働者法におけるのとまったく同じように、国事犯である（『パリの革命』、パリ、一七九一年、第三巻、五二三ページ）。

（二二六）　ビュシェおよびルー『議会史』第一〇巻、〔一九三、〕一九五ページ。

＊〔一七九三年六月から一七九四年六月までのフランスのジャコバン独裁政治をさす〕

第四節　資本主義的借地農場経営者の創生記

われわれは、鳥のように自由なプロレタリアの暴力的創出、彼らを賃労働者に転化させた血なまぐさい訓練、労働の搾取度とともに資本の蓄積を警察力によって増進させた厭《いと》うべき元首と国家の行動、＊これらのことについて考察してきたが、次に問題になるのは、資本家たちは本源的にはどこからきたのか？　ということである。というのは、農村民の収奪は直接にはただ大土地所有者をつくり出すにとどまるからである。借地農場経営者の創生記については、われわれはいわば手探りで理解を深めていくことができる。なぜなら、それは、緩慢な、何世紀にもわたって繰り返し続いた過程だからである。農奴そのものも、また自由な小土地所有者も、非常にさまざまな所有諸関係のもとにおかれていたのであり、したがってまた非常にさまざまな経済的諸条件のもとで解放されたのである。

＊〔「元首と国家の行動」とは、ドイツ語で「大立ち回りの政治劇」を意味する古くからの慣用句であるが、ここでマルクスは言葉どおりの意味に使っている〕

(771)

イギリスでは、借地農場経営者の最初の形態は、それ自身も農奴だったベイリフ〔荘園の土地管理人〕であった。彼の地位は古ローマのウィリクス*の地位に似ており、活動範囲がこれよりも狭いだけである。一四世紀の後半には、ベイリフは、ランドロード〔大地主〕から種子や家畜や農具を供給される借地農場経営者に取って代わられた。この借地農場経営者の状態は、農民の状態とあまり違わない。ただ彼は多数の賃労働を搾取するだけである。彼はやがてメテイエ、すなわち分益借地農になる。彼が農業資本の一部分を提供し、ランドロードが他の部分を提供する。両者は、契約で定められた比率で総生産物を分配する。この形態はイギリスでは急速に消滅して、本来の借地農場経営者――彼自身の資本を賃労働者を使用することによって増殖し、剰余生産物の一部分を貨幣または現物でランドロードに地代として支払う者――の形態に席を譲る。

＊〔本訳書、第一巻、一二九九ページの原注四三参照〕

一五世紀を通じて、独立農民と、賃労働のかたわら同時に自作もする農僕とが自分の労働によってみずからを富ませているあいだは、借地農場経営者の境遇もその生産場面も同じように平凡なものであった。ところが一五世紀の最後の三分の一期に始まり、ほとんど一六世紀全体（とはいえ最後の二、三〇年をのぞいて）にわたって続いた農業革命は、農村民を貧しくするのと同じ速さで借地農場経営者を富ませていく。(二二七) 共同牧場などの横奪によって彼らはほとんど費用をかけずに自分の家畜をおおいにふやすことができ、他面、この家畜は土地耕作のためのいっそう豊富な肥料を彼に供給する。

(二二七)　ハリスンは彼の『イギリス記』のなかで次のように言う――「以前には四ポンドの地代を支払うことも

困難であった借地農場経営者が、いまでは四〇ポンドも五〇ポンドも一〇〇ポンドも支払い、しかも、借地契約の満期後に六―七年分の地代を貯えていないと、自分のもうけは思わしくいかなかったものと信じている」〔同書、一八八ページ。マルクスは、イーデン『貧民の状態』第一巻、一二〇ページから引用している〕。

一六世紀には一つの決定的に重要な契機がつけ加わる。当時は借地契約が長期で、九九ヵ年にわたるものもしばしばあった。貴金属の価値、したがってまた貨幣の価値が引き続き低下したことが、借地農場経営者に黄金の果実をもたらした。この低下は、さきに論じた他の事情はすべて別にしても、労賃を低落させた。労賃の一部は借地農場利潤にくり込まれた。穀物、羊毛、肉類、要するにすべての農業生産物の価格の継続的な上昇は、借地農場経営者がなにもしないでも彼の貨幣資本を膨張させたが、他面、彼が支払わなければならなかった地代は、旧来の貨幣価値で契約されていた。(二二八)こうして、
(772) 借地農場経営者は、彼の賃労働者と彼のランドロードとを同時に犠牲にして、自分を富ませた。したがって、イギリスが一六世紀末には、当時の事情から見れば富裕な「資本家借地農場経営者」という一階級をもっていたことは、少しも不思議ではない。(二二九)

（二二八）一六世紀における貨幣の減価が社会のさまざまな階級におよぼした影響については、『現在におけるわが国各界人のある種の一般的不平にかんする簡単な検討。W・Sという頭文字のジェントルマン著』（ロンドン、一五八一年〔松村幸一他訳「イングランド王国の繁栄についての一論」、出口勇蔵監修『近世ヒューマニズムの経済思想』、有斐閣、一九五七年〕）を見よ。この著作は、対話体で書かれていたために、久しくシェイクスピアの著とされ、一七五一年にも彼の名で新版が刊行された。この著作の著者は、ウィリアム・スタッフォー

ドである〔本書の著者は、その後の研究で、イギリスの政治家ジョン・ヘイルズ（?—一五七一年）またはサー・トマス・スミス（一五一三—一五七七年）であろうとされている〕。ある個所で騎士《ナイト》は次のように推論している。

　騎士—「私の隣人である農夫よ、商人よ、また銅鍛冶親方〔原文は「帽子製造業者」〕その他の手工業者たちよ、諸君は十分に諸君自身を救うことができる。というのは、あらゆる物が以前よりも高くなればなるほど、諸君は自分たちがふたたび売る商品や仕事の価格もそれだけ引き上げるからである。しかし、われわれは、自分がふたたび買わなければならない物とつり合いがとれるように、価格を引き上げることができるような売り物をなにももっていない」。別のある個所で騎士は博士に問う——「あなたが言うのは、どんな種類の人々のことなのか、聞かせていただきたい。そして、まず第一に、そのさい少しも損をしないのは、あなたの考えではだれなのか?」　博士——「売り買いで生活している人はみなそうだと思う。というのは、彼らは、高く買っても、あとでまた高く売るのだから」。騎士——「あなたの言うようにそのさい得をする人々の第二の種類は、どんな人々なのか?」　博士——「旧来の地代を払って借地農場に自分で手を加える」（すなわち耕作する）「人々はみなそうである。というのは、彼らは旧来の率で支払いながら新しい率で売るのだから——すなわち、自分の借地にはほんのわずかだけ支払い、その土地にできるものはすべて高く売るのだから……」。騎士——「そのさい自分が得た利益よりも大きな損をするとあなたが言うのは、どんな種類の人々なのか?」博士——「それは、貴族やジェントルマンやそのほか固定した地代や給与で生活している人々とか、自分の土地に自分で手を加える」（耕作する）「ことをしない人々とか、売買に従事していない人々とかは、みなそうである」〔同前訳、一七、八六—八七ページ〕。〔第二版への注〕

（二二九）　フランスでは、中世初期には封建領主への貢租の管理人であり徴収人であった〝レジスール〟〔家令〕がやがて〝事業家〟となり、これが強奪や詐欺などによって資本家に成り上がる。このレジスール自身が貴族であることも多かった。たとえば――「この計算書は、ブザンソンの騎士城主ジャック・ド・トレース氏が、一三五九年一二月二五日から一三六〇年一二月二八日までの、前記の城主に属する地代について、ブルゴーニュの諸侯伯のためにディジョンで会計をつかさどっている領主に、与えるものである」（アレクシ・モンテーイ*1『各種史書稿本論』〔第一巻〕、二三四、二三五ページ）。すでにここにも、社会生活のすべての部面で獅子の分け前は仲介者の手にはいるということが示されている。たとえば、経済界では金融業者や取引所仲買人や卸売商人や小売商人が事業のうまい汁を吸い取る。民事訴訟では弁護士が当事者からむしり取る。政治では議員は選挙人よりもえらく、大臣は君主よりもえらい。宗教では神は「仲保者」*2〔神と人との媒介者キリスト〕によって背後に追いやられ、この「仲保者」はまた僧侶によって押しのけられるが、僧侶もまた善き羊飼い*3〔キリスト〕と彼の羊とのあいだになくてはならない仲介者である。*4イギリスと同様、フランスでも大きな封建所領が無数に多くの小農地に分割されたが、それは、農村民にとって比べものにならないほど不利な条件のもとで行なわれた。一四世紀には借地農場、すなわちフェルムまたはテリエが現われた。その数は絶えず増加して、一〇万をはるかに超えた。それらは、生産物の一二分の一から五分の一までのさまざまな額の地代を貨幣または現物で支払った。これらのテリエは、土地の価値と広さとにしたがって、封土《フィエフ》や付属封土《アリエルフィエフ》などと呼ばれたが、その多くは数アルパン〔一アルパンは約一エーカー〕の広さしかなかった。すべてこれらのテリエは、その住民にたいしてなんらかの等級の裁判権を持っていた。裁判権には四つの等級があった。すべてのこのような小専制者のもとで農村民の受けた抑圧が察せられる。モンテーイは、こんにちでは四〇〇〇の裁判所（治安裁判所をも含めて）で足りているフランスに当時は一六万の裁判所があった、と言っている。

＊1〔本訳書、第一巻、一二三六ページの訳注＊1参照〕

＊2〔新約聖書、ヘブル、八・六、九・一五、一二・二四参照〕
＊3〔新約聖書、ヨハネ、一〇・一一参照〕
＊4〔「すでにここにも、」からここまでの文章は、フランス語版にもとづき第三版で追加された〕

(773)

第五節　工業への農業革命の反作用。産業資本のための国内市場の形成

断続的にそして絶えず新たに繰り返される農村民の収奪と追放とは、すでに見たように、まったく同職組合的諸関係の外部にあるプロレタリア大衆を繰り返し都市工業に供給したのであり、このありがたい事情こそが、老アダム・アンダースン（ジェイムズ・アンダースンと混同してはならない）に彼の商業史＊のなかで神の摂理の直接的干渉を信じさせている。われわれはなおしばらく本源的蓄積のこの要素について述べなければならない。ジョフロア・サン－ティレールが宇宙物質の一方における濃密化を他方におけるその希薄化によって説明しているように、(二三〇) 独立自営の農村民の希薄化には、工業プロレタリアートの濃密化が照応していただけではない。耕作者の数が減少したにもかかわらず、土地は以前と同量かまたはより多量の生産物を生み出した。なぜなら、土地所有諸関係における革命が耕作方法の改良、より大きな協業、生産手段の集積などをともなっていたからであり、また、農村賃労働者の労働の強度が高められただけでなく、(二三一) 彼らが自分自身のために労働する生産場面がますま

（774）すなわち、農村民の一部分が遊離させられるにつれて、この部分の以前の食料もまた遊離させられる。この食料は、いまや、可変資本の素材的要素に転化する。追い出された農民は、この食料の価値を自分の新しい主人である産業資本家から、労賃の形態で買い取らなければならない。国内で生産される、農業から生まれる工業原料についても、事情は生活手段の場合と同じであった。それは不変資本の一要素に転化した。

（二三〇）　彼の著書『自然哲学の……概念』、パリ、一八三八年、において。

（二三一）　サー・ジェイムズ・スチュアトが強調している点である〔『経済学原理の研究』第一巻、ダブリン、一七七〇年、第一篇、第一六章、中野訳、岩波文庫、㈠、二一一ページ以下参照〕。

＊〔『商業の起源の歴史的・年代記的由来』全二巻、ロンドン、一七六四年〕

たとえば、フリードリヒ二世〔在位一七四〇―一七八六年〕の時代に、たとえ絹は紡がなくとも〔なんの得るところもなくの意〕、あらゆる亜麻を紡いでいたヴェストファーレンの農民のうち、一部分は暴力的に収奪されて土地から追放されたが、あとに残った別の部分は大借地農場経営者の日雇い労働者に転化した、と想定しよう。時を同じくして大きな亜麻紡績工場や織布工場ができて、「遊離された人々」はいまではそこで賃労働をしているとしよう。亜麻は見たところ以前とまったく同じである。その繊維の一筋も変化していないが、しかし、一つの新しい社会的魂がその体内にはいり込んでいる。亜麻は、いまでは、マニュファクチュア経営者の不変資本の一部をなしている。それは、以前は、自分でそれを栽培して家族とともに少しずつ紡いでいた無数の小生産者のあいだに分配されていたが、いまでは、自分のために他人に紡がせたり織らせたりする一人の資本家の手に集積されている。亜麻紡績工場で支出される余分な労働は、以前は無数の農民家族の余分の収入として、あるいはまた、フリードリヒ二世の時代には〝プロイセン王のために〟〔なんの見返りもなしにの意〕租税として実現された。いまではそれは少数の資本家の利潤として実現される。紡錘や織機は、以前は広く農村に分散されていたのに、いまでは労働者と同じように、また原料とも同じように、少数の大きな作業場に詰め込まれている。そして、紡錘や織機や原料は、紡ぎ手や織り手の独立した生存の手段から、いまでは、彼らを指揮(二三二)し彼らから不払労働を吸い取るための手段に転化している。大マニュファクチュアを見ても、大借地農場と同じく、それらが多くの小生産場の合成されたものであり、多くの小独立生産者の収奪によって形成されたものであることはわからない。けれども、偏見のない直感*は惑わされることはない。革命の獅子ミラボーの時代には、大マニュファクチュアはなお〝合成マニュファクチュア〟、合成作業場と呼ばれていたが、それは、ちょうどわれわれが合成耕地というようなものである。ミラ(775)ボーは言う——「人は、ただ、数百人の人間が一人の指揮者のもとで労働していて、普通、合成マニュファクチュアと呼ばれている大きなマニュファクチュアのみを見る。これにたいし、非常に多数の労働者が分散して、各人が自分自身の計算で労働しているマニュファクチュアは、ほとんど一顧も与えられていない。それらはまったくなおざりにされている。これは非常に大きな誤りである。というのは、このようなマニュファクチュアのみが、国民の富の真に重要な一構成部分をなしているからである。……合成工場は一人か二人の企業家をおどろくばかり富ませるであろうが、しかし、労働者は、賃銀に多い少ないがあるだけで、みな日雇い労働者にすぎないのであり、企業家の幸福の分け前には少しもあずからない。これにたいし、分散工場では、なんぴとも富むことはないが、多数の労働者が幸福に暮らす。……勤勉で倹約な労働者の数は増加するであろう。なぜなら、彼らは賢い暮らし方を、すなわち勤勉を、自分たちの状態を本質的に改善する手段だと考えるのであって、わずかの賃銀引き上げを獲得するための手段とは見ないからである。このような賃銀引き上げは、決して将来のための重要な目的とはなりえないのであり、せいぜいその日暮らしをいくらか改善するだけである。たいていは小農業と結合されている分散的で個人的なマニュファクチュアは、自由なマニュファクチュアである」。

農村民の一部分の収奪および追放は、労働者とともに彼らの生活手段と労働材料とを産業資本のために遊離させるだけではなくて、国内市場をつくり出す。

（三二）資本家は言う——「私がおまえたちに命令する骨折りの報酬として、おまえたちが手もとにあるわずかなものを私によこすという条件で、おまえたちが私に仕える名誉をもたせてやろう」（ジャン・ジャック・ルソー『経済学論考』〔ジュネーヴ、一七六〇年、七〇ページ。阪上孝訳「政治経済論」、『ルソー全集』第五巻、白水社、一九七九年、九七一九八ページ。河野健二訳、岩波文庫、一九五一年、五八ページ）。

（三三）ミラボー『プロイセン王国について』第三巻、二〇—一〇九ページの各所。ミラボーが分散作業場を「合成」作業場よりも経済的であり生産的であると考え、後者を政府の保護下にある単に人為的な温室植物と見るとしても、大陸のマニュファクチュアの大部分の当時の状態から説明のつくことである。

＊〔フランス語版では「民衆の直感」となっている〕

実際、小農民を賃労働者に転化して、彼らの生活手段および労働手段を資本の物的要素に転化させる諸事件は、同時に資本のためにその国内市場をつくり出す。以前は、農民家族は生活手段や原料を生産し加工し、そのあとその大部分をみずから消費していた。これらの原料や生活手段はいまでは商品となった。大借地農場経営者がそれを売るのであり、彼はマニュファクチュアに自分の市場を見いだす。糸、リンネル、厚手の毛織物など、その原料をどの農民家族でも手に入れることができ、各農民家族によって自家用に紡いだり織ったりされていた物は、いまではマニュファクチュア製品に転化され、まさに農村地域がそれらの販売市場になる。これまでは自分の計算で労働する多数の小生産者に制約されていた多数の分散した買い手が、いまでは、産業資本によって賄われる一大市場に集められる。(776) （二三四）このようにして、以前の自営農民の収奪や彼らの生産手段からの分離とならんで、農村副業の破壊が、マニュファクチュアと農業との分離過程が進行する。そして、農村家内工業の破壊のみが、一国の国内市場に、資本主義的生産様式の必要とする広がりと強固な存続とを与えることができるのである。

（二三四）「労働者の家族が、ほかの仕事の合間に自身の勤勉によって目立たずに、年々の衣料に転化する二〇重量ポンドの羊毛――これは少しも人目を引かない。しかし、この羊毛を市場に運び、工場に送り、それから仲買人へ、それから商人へと移動させるならば、多大の商業的操作と、この羊毛の価値の二〇倍もの額で使用される名目資本とが現われるであろう。……このように、労働者階級は、悲惨な工場人口や、小売商人という寄生的階級や、架空的な商業・貨幣・金融制度を維持するために、搾取される」（デイヴィド・アーカート『常用語』、一二〇ページ）。

＊〔この段落は、フランス語版にもとづいて第三版でより詳しい叙述に置き換えられた〕

とはいえ、本来的マニュファクチュア時代には根本的な変化はなにも現われない。人々の記憶するように、それは、国民的生産をきわめて断片的に征服するにとどまり、都市の手工業と家内的・農村的副業とを広い背景としてつねにその上に立っている。それは、後者のものを、ある形態、特殊な事業部門、いくつかの地点では破壊するにしても、他のところではふたたび同じものを発生させる。なぜなら、それは、原料の加工のために一定の程度まではこれらのものを必要とするからである。だから、それは、耕作を副業として営み、生産物をマニュファクチュアに売る――直接に、または商人の手を経て――ための工業的労働を本業とする、小農村民の一つの新しい階級を生み出す。このことは、イギリス史の研究者を最初に混乱させる現象の、たとえ主要な原因ではないまでも、一つの原因である。その研究者は、一五世紀の最後の三分の一期以後は、農村での資本経営の増加や農民層の破滅累進についての苦情が、一定の間隔でとぎれはするが継続的に叫ばれているのを見いだす。しかし他方で彼は、つねにこの農民層を、その数は減少しますます悪化する形態であるにしても、繰り返し新たに見いだす。〔二三五〕その主要な原因は、イギリスが、時代の変遷のなかでときには主として穀物栽培国であり、ときには主として牧畜国であり、そして、その変遷につれて農民経営の規模が変動する、ということにある。大工業がはじめて、機械によって資本主義的農業の恒常的な基礎を与え、農村民の圧(777)倒的大多数を徹底的に収奪し、家内的・農村的工業の根――紡績と織布――を引き抜いて、それと農業との分離を完成する。〔二三六〕それだからまた、大工業がはじめて、産業資本のために国内市場全体を征服

する。（二三七）

（二三五）この点ではクロムウェル時代[*1]は例外である。共和国が存続中〔一六四九―一六六〇年〕、イギリスの人民大衆はどの層もチューダー王朝のもとでおちいっていた衰退から立ちなおった。

（二三六）本来的マニュファクチュアと農村的または家内的工業の破壊とから、機械の採用とともに大羊毛工業が生まれてくるということは、タケットの知るところであった（タケット『勤労人口の過去および現在の状態の歴史』第一巻、一四四ページ）。「犂《すき》や軛《くびき》は、神々が発明し英雄たちが使うものであった。織機や紡錘や紡車はこれほど高貴な出自ではないというのか？　諸君は、紡車と犂とを、紡錘と軛とを引き離して、工場と救貧院を、信用とパニックを、農業民と商業民という二つの敵対する国民を、もつことになる」[*2]（デイヴィド・アーカート、前出、一二二ページ）。ところが、そこへケアリがやってきて、イギリスは他の国をみなただの農業国民に変えてしまって自分はその工場主になろうとする、と言ってイギリスを非難するのは、確かに不当ではない。彼は主張する。このようにしてトルコは破滅させられた。なぜなら「土地の所有者と耕作者は、犂と織機との、ハンマーとまぐわとの自然的同盟によって自分自身を強くすることを、決して」（イギリスから）「許されなかった」からである（『奴隷貿易』、一二五ページ）。彼によれば、トルコでイギリスの利益のために自由貿易宣伝を行なったアーカート自身も、トルコを破滅させた主謀者の一人である。いちばん傑作なのは、そのうえ大のロシア追随者でもあるケアリが、保護貿易制度によって促進されるこの分離過程を、保護貿易制度によって阻止しようとしていることである。

（二三七）ミル、ロジャーズ、ゴールドウィン・スミス、フォーシットなどのような博愛主義的なイギリスの経済学者や、ジョン・ブライト一派のような自由主義的工場主たちは、神がカインに弟アベルのことを問うように[*3]、イギリスの土地貴族に、わが数千の〝自由土地保有者〟はどこに行ってしまったのか？　と問う。しかし、それなら〔そのように問う〕君たちはいったいどこから来たのか？　あの〝自由土地保有者〟の破滅のなかからである。なぜ君たちは、一歩を進めて、独立の織り手や紡ぎ手や手工業者たちはどこに行ってしまったのか、と問わないのか？

＊1〔クロムウェルは、一七世紀のイギリス革命のなかで登場した軍人・政治家。一六四九年に共和制が宣言された後、アイルランド、スコットランドを征服、一六五三―五八年の間、護国卿となって、全権をにぎった〕

＊2〔フランス語版では、ここまでは本文になっており、引用のあとに次の文章が加わっている――「しかし、この宿命的な分離の日をもって、労働の集団的諸力の必然的な発展が、また、旧習にとらわれた分割的生産から科学的な結合的生産への転化が始まる」〕

＊3〔旧約聖書、創世記、四・九参照〕

第六節　産業資本家の創生記

（778）

〔二二八〕産業資本家の創生記は、借地農場経営者のそれのように漸次的な仕方で進行したのではなかった。疑いもなく、同職組合の多くの小親方や、さらに多くの独立した小手工業者が、あるいはまた賃労働者さえもが小資本家に転化し、そして、賃労働の搾取の漸次的な拡大とそれに照応する蓄積とによって、〝文句なし〟の資本家に転化した。中世都市の幼年期には、逃亡した農奴のなかのだれが主人になり、だれが下僕になるかという問題は、たいていは彼らの逃亡の日時が早いか遅いかによって決まったが、資本主義的生産の幼年期にもしばしばこれと同じことが起こった。しかし、この方法のカタツムリのような歩みは、一五世紀末の諸大発見によってつくり出された新たな世界市場の商業的要求に照応するものでは決してなかった。しかし、中世は二つの相異なる資本形態、すなわち、きわめてさまざまな経済的社会構成体のなかで成熟して、資本主義的生産様式の時代以前にも〝とにかく〟資本として通用する二つの形態――高利資本と商人資本とを、伝えていた。「*現在では、社会のあらゆる富はまず資本家の手にはいる。……彼は土地所有者には地代を、労働者には賃銀を、租税および十分の一税徴収者にはその要求額を支払い、そして、労働の年生産物のなかの大きな部分を、実際にはもっとも大きな、そして日々増大する部分を自分自身のために取っておく。いまや資本家は、社会の富全体の最初の所有者であるとみなされうる。といっても、いかなる法律もこの所有の権利を彼に与えたのではないが。……所有におけるこの変化は、資本の利子を取ることによって引き起こされた。……そして、全ヨーロッパの立法者たちが高利禁止法によってこれを阻止しようとしたことは少なからず注目に値する。……一国のあらゆる富にたいする資本家の権力は、所有権における完全な革命であるが、それはどのような法律によって、またはどのような一連の諸法律によって引き起こされたのか？」(二三九)この著者は、革命は法律によっては行なわれない、と自答すべきであったろう。

(二三八)　ここで言う産業的とは、農業的と対立した言い方である。「カテゴリー上の」意味では、借地農場経営者は工場主と同じように産業資本家である。

(二三九)　『自然的所有権と人為的所有権との比較』、ロンドン、一八三二年、九八、九九ページ。この匿名の書の著者はトマス・ホジスキンである。

＊〔ここからこの段落末までは、初版、第二版では注であったが、フランス語版にもとづいて第三版で本文に組み込まれた。フランス語版では、この引用文の前に次の文章がある――「商業資本が演じた役割を気にとめようとしないあるイギリスの作家は、現在、次のように言っている」〕

高利と商業とによって形成された貨幣資本は、農村では封建制度によって、都市では同職組合制度によって産業資本への転化をさまたげられた。(二四〇) これらの制限は、封建家臣団の解体とともに、農村民の収奪や部分的追放とともに、なくなった。新たなマニュファクチュアが輸出港におこされ、あるいは古い都市制度やその同職組合制度の管理の外にある田園の諸地点におこされた。そのため、イギリスでは、これらの新しい工業養成所にたいする〝特権都市＊〟の激烈な闘争が起こった。

(二四〇)　一七九四年になってもなお、リーズの小織布業者たちは、いかなる商人も工場主になることを禁止する法律の制定を請願するため、代表者を議会に送った（エイキン博士『マンチェスター周辺三〇―四〇マイルにかんする記述』）。〔フランス語版では、この注は本文になっており、その前後に加筆されている〕

＊〔国王から市場や生産独占などの特権を与えられた中世の自治都市〕

(779)

アメリカ〔大陸〕における金銀産地の発見、先住民の絶滅と奴隷化および鉱山へのとじこめ、東インドの征服と略奪の開始、アフリカの商業的黒人狩猟場への転化、これらが資本主義的生産時代の曙光を特徴づけている。これらの牧歌的過程は本源的蓄積の主要な契機である。そのあとに続くのが、地球を舞台とするヨーロッパ諸国民の商業戦争である。それは、ネーデルラント〔オランダ〕のスペインからの離脱[*1]によって開始され、イギリスの反ジャコバン戦争で巨大な範囲に広がり、中国にたいするアヘン戦争[*2]などでいまなお続行されている。

*1〔一五六八―一六〇九年のネーデルラント革命は、絶対主義スペインに反対する民族解放戦争と反封建闘争が結合したものだった。革命は北部で成功し、そこに、ヨーロッパ最初のブルジョア共和国オランダ共和国が建設され、スペインから独立した。南部の諸州では革命は敗北し、スペインの支配が残された〕

*2〔イギリスとフランスが、一八五六―六〇年に、中国にたいして行なった第二次アヘン戦争のこと〕

さて、本源的蓄積のさまざまな契機は、多かれ少なかれ時間的な順序に従って、とくにスペイン、ポルトガル、オランダ、フランス、およびイギリスのあいだに配分される。イギリスでは、これらの契機は一七世紀末に植民制度、国債制度、近代的租税制度、および保護貿易制度において体系的に総括される。これらの方法は、一部は残虐きわまる暴力にもとづくのであって、たとえば植民制度がそうである。しかし、どの方法も、封建的生産様式の資本主義的生産様式への転化過程を温室的に促進して過渡期を短縮するために、国家権力、すなわち社会の集中され組織された強力を利用する。強力は、新しい社会をはらんでいるあらゆる古い社会の助産師である。強力はそれ自身が一つの経済的力能〔フランス語版では「経済の代理人」〕である。

キリスト教的植民制度について、キリスト教を専門とする一人の人物、W・ハウイットは言う――「いわゆるキリスト教徒的人種が、世界のあらゆる地域で、また彼らが征服することのできたすべての人民にたいして、演じてきた野蛮行為と無法な残虐行為とは、世界史上のどの時代にも、またどの人種のもとでも、それがどんなに未開で無教養であり、無情で無恥であっても、その比を見ない」(二四一)。オランダの植民地経営の歴史は——しかもオランダは一七世紀の典型的な資本主義国であったが——(780)「背信、買収、暗殺、卑劣のたぐいまれな絵巻を繰り広げている」(二四二)。ジャワで使う奴隷を得るために、セレベスで用いたオランダの人間盗奪の制度ほど特徴的なものはない。人間泥棒がこの目的のために訓練された。盗賊や通訳や売り手がこの取り引きにおける主役であり、土着の王侯は主要な売り手であった。盗まれてきた少年たちは、成長して奴隷船に送られるまでセレベスの秘密監獄に隠された。ある公式の報告書は言う——「たとえば、このマカッサルという一都市は秘密監獄で満たされ、とりわけ恐ろしい一つの監獄には、暴力的にその家族から引き裂かれて鎖につながれ、貪欲と暴虐との犠牲となった哀れな人々が詰め込まれている」。マラッカを手に入れるために、オランダ人はポルトガルの総督を買収した。総督は一六四一年に、オランダ人が市内にはいることを許した。彼らはすぐさま総督邸にかけ込んで総督を殺し、こうして二万一八七五ポンドの買収金額の支払いを「禁欲」した。彼らが足を踏み入れたところでは、荒廃と人口減少とが起こった。ジャワの一つの州であるバニュワンギは、一七五〇年には住民の数が八万を超えたが、一八一一年にはわずか八〇〇〇人にすぎなかった。これが〝おだやかな商売〟なのだ！

(二四一)　ウィリアム・ハウイット『植民とキリスト教。ヨーロッパ人による全植民地における先住民の取り扱いの通俗的歴史』、ロンドン、一八三八年、九ページ。奴隷の取り扱いについては、シャルル＊・コント『立法論』、第三版、ブリュッセル、一八三七年、によい資料がある。ブルジョアが自分の姿に似せて遠慮なく世界をかたどることができる場合に、自分自身と労働者とをどんなものにつくり上げるかを知るためには、こんなことまで詳しく研究しなければならない。

（二四二）　前ジャワ副総督トマス・スタンフォード・ラッフルズ『ジャワの歴史』、ロンドン、一八一七年〔第二巻、CXC、CXCIページ〕。

＊〔旧約聖書、創世記、一・二七〕

イギリスの東インド会社は、周知のように、東インドを政治的に支配したほか、茶貿易および中国貿易一般についての、そしてヨーロッパとのあいだの貨物輸送についての排他的独占権をもっていた。しかし、インドの沿岸航海、諸島〔東インド諸島〕間の航海、およびインド内地の商業は、会社の高級職員の独占となった。塩、アヘン、蒟醤《キンマ》＊、その他の商品の独占は、富の無尽蔵の鉱脈であった。職員たちは自分で価格を定め、不幸なヒンズー人をぞんぶんに傷めつけた。総督もこの私的な取り引きに加わった。彼のお気に入りの者たちは、錬金術師よりずっと巧妙に、無から金をつくるような条件で、契約を得た。大きな財産が茸《きのこ》のように一日ででき上がり、本源的蓄積は一シリングの前貸しもなしに進行した。ウォリン・ヘイスティングズ〔元ベンガル総督〕の裁判ざたには、そうした実例がいっぱいである。ここにその一例がある。あるアヘン契約がサリヴァンという男に与えられたのは、彼が、ちょうどアヘン地域から遠く離れたインドのある地方に――公務を帯びて――出発しようとしていると
（781）
きであった。サリヴァンはその契約を四万ポンドでベンという男に売り、ベンは即日にそれを六万ポンドで売り、そして、契約のこの最後の買い手である履行者はそのあとでなお莫大な利益を得たこと

を明らかにしている。議会に提出されたある表によれば、この会社とその職員たちは、一七五七年から一七六六年までにインド人から六〇〇万ポンドも自分たちに寄贈させた！　一七六九年から一七七〇年にかけて、イギリス人たちは、米を全部買い占め、そして法外な価格で売る以外の転売を拒絶することにより、飢饉をつくり出した。[二四三]

（二四三）　一八六六年には、オリッサ一州だけで一〇〇万人以上のヒンズー人が餓死した。それにもかかわらず、この餓死しかかっている人々に売られる食料の価格によってインドの国庫を富まそうというのであった。

＊〔こしょう科の植物。その葉は、かむ嗜好品として現地人に常習的に用いられる〕

もちろん、先住民の取り扱いがもっとも狂暴であったのは、西インド〔南北アメリカ大陸に挟まれたカリブ海の地域〕のように輸出貿易だけを目的とした栽培植民地や、メキシコおよび東インドのように強盗殺人にさらされた豊かで人口密度の高い地方であった。とはいえ、本来の植民地においても、本源的蓄積のキリスト教的性格は争われないものがあった。あの謹厳なプロテスタントの模範者であるニユー・イングランド〔アメリカ北東部、大西洋沿岸の地方〕の清教徒《ピューリタン》は、一七〇三年には彼らの〝集会〟の決議によって、インディアンの頭蓋皮〔戦勝記念品〕一枚または捕虜一人に四〇ポンドの賞金をかけ、一七二〇年〔正しくは一七二二年〕には頭蓋皮一枚に一〇〇ポンドの賞金を、一七四四年、マサチューセッツ・ベイ〔コロニーの一つ〕がある種族を反徒と宣言してからは、次のような賞金をかけた――一二歳以上の男の頭蓋皮には新通貨一〇〇ポンド、男の捕虜には一〇五ポンド、女性と子供の捕虜には五五[*1]ポンド、女性と子供の頭蓋皮には五〇ポンド！　それから数十年後に、この植民制度は、この間に〔本国イギリスにたいし〕反逆的となった敬虔なピルグリム・ファーザーズ[*2]の子孫に復讐した。彼らは、イギリス人に使嗾《しそう》され報酬をもらったインディアンの斧で殺された。イギリス議会は、ブラッドハウンド〔警察犬に使われる嗅覚の鋭いイギリス種の猟犬〕と頭蓋皮はぎとは「神と自然によりわが手に与えられた手段」だと宣言した。

＊1〔第三版以後、「五〇」と誤記されている〕

＊2〔一六二〇年、ニューイングランドに最初の植民地プリマス（現在のマサチューセッツ州）を建設した清教徒の一団〕

植民制度は商業と航海とを温室的に育成した。「独占会社」（ルター）[*1]は資本集積の強力な槓杆であった。成長するマニュファクチュアにたいし、植民地は販売市場と、市場独占によって強化された蓄積とを保障した。ヨーロッパの外で直接に略奪、奴隷化、強盗殺人によって獲得された財宝は、本国に還流し、そこで資本に転化した。植民制度を真っ先に十全に発展させたオランダは、すでに一六四八年[*2]にはその商業的繁栄の頂点に立っていた。この国は、「東インド貿易および、ヨーロッパ南西部
(782)
と北東部とのあいだの交易を、ほとんど排他的に所有していた。その漁業、海運、マニュファクチュアは、他のどの国のそれをも凌駕していた。この共和国の資本は、おそらく他のヨーロッパ全体のそれよりも大きかったであろう」[*3]。ギュリヒは次のことをつけ加えるのを忘れている。すなわち、オランダの人民大衆は、一六四八年にはすでに他のすべてのヨーロッパ諸国の人民大衆よりももっとひどい過度労働、貧困、残酷な抑圧のもとにあったのである。

＊1 〔本訳書、第一巻、五四七ページの原注二〇六および五四八ページの訳注＊2参照〕
＊2 〔一六四八年、ウェストファリア条約で、オランダの独立が正式に認められた〕
＊3 〔ギュリヒ『……商業、工業、および農業の歴史的叙述』第一巻、イェーナ、一八三〇年、三七一ページ〕

[＊1]こんにちでは産業的覇権が商業的覇権をともなう。これに反し、本来的マニュファクチュア時代には、商業的覇権が産業上の優勢を与える。だから、当時は植民制度が主要な役割を演じたのである。植民制度は、ヨーロッパの古い神々と祭壇にならんでいたが、ある日これらの神々を残らず葬り去った「異国の神[＊2]」であった。それは、貨殖こそ人類の最後で唯一の目的であると宣言した。

＊1 〔ここから四つの段落と二つの注は、フランス語版にもとづき第三版で追加された〕
＊2 〔ディドロ『ラモーの甥』、本多喜代治・平岡昇訳、岩波文庫、一九六四年、一一八ページ参照〕

公信用制度、すなわち国債制度――その起源をわれわれはジェノヴァやヴェネツィアではすでに中世に見いだす――は、マニュファクチュア時代に全ヨーロッパに普及した。海上貿易や商業戦争をともなう植民制度は、国債制度の温室として役立った。こうして、この制度はまずオランダで確立された。国債、すなわち国家の譲渡――専制国、立憲国、共和国のいずれであろうと――は、資本主義時代にその刻印を押す。いわゆる国民的富のうち現実に近代的国民の全体的所有にはいる唯一の部分――それは彼らの国債である（二四三a）。だから、ある国民は負債を負えば負うほど、富裕になるという近代的教説は、まったく当然のものである。公信用は資本の信条となる。そして国債制度の成立とともに、聖霊にたいするゆるされることのない罪[＊]に代わって、国債にたいする不信が登場する。

（二四三ａ）　ウィリアム・コベットが言うように、イギリスではいっさいの公共施設が「王立」と呼ばれるが、その代償として「国民の」債務というものがある。

＊〔新約聖書、マタイ、一二・三一―三二、ルカ、一二・一〇参照〕

（783）

公債は本源的蓄積のもっとも強力な槓杆の一つとなる。それは、魔法の杖を振るかのように、不生産的な貨幣に生殖力を与えてそれを資本に転化させ、しかも貨幣は、産業的投資や高利貸的投資にさえつきものの骨折りや危険を犯す必要がない。国家にたいする債権者は現実にはなにも与えはしない。というのは、貸し付けた金額は、容易に譲渡されうる公債証書に転化され、それは、ちょうどそれと同じ額の現金であるかのように、彼らの手中で機能し続けるからである。しかも、このようにして生み出される有閑金利生活者の階級を別にしても、また政府と国民とのあいだに立って仲介者の役割を演じる金融業者たちの即製の富や、あらゆる国債のかなりの部分を天から降ってくる資本のように利用する徴税請負人や商人や私的工場主の即製の富を別としても、国債は、株式会社やあらゆる種類の有価証券の取り引きや株式売買を、ひとことで言えば、取引所投機と近代的銀行支配とを、勃興させたのである。

国家的という肩書きで飾られた大銀行は、その出生の当初から、政府を援助して与えられた特権のおかげで政府に貨幣を前貸しすることができた私的投機業者たちの会社にすぎなかった。それだから、国債の蓄積の測定器としては、これらの銀行の株式の継続的騰貴以上に確かなものはないのであるが、これらの銀行の十分な発展はイングランド銀行の創立（一六九四年）に始まる。イングランド銀行は、最初にまず自分の貨幣を八％の利率で政府に貸し付けることから始めた。同時に、この銀行は、この資本をさらに銀行券という形態でもう一度公衆に貸し付けることにより、この同じ資本から貨幣を鋳造する権限を議会によって与えられた。イングランド銀行は、この銀行券をもって手形を割り引きし、商品担保貸付を行ない、貴金属を買い入れることを許された。まもなく、この銀行自身によって製造されたこの信用貨幣が鋳貨となり、この鋳貨でイングランド銀行は国家へ貸し付けをし、国家の計算で公債の利子を支払った。この銀行は、片方の手で与えておいて、他方の手でより多く受けもどしたというだけにとどまらない。この銀行は、受けもどしながらも、与えた最後の一銭にいたるまで依然として国民の永遠の債権者であった。それは、しだいに国内の蓄蔵金属の不可避的な貯蔵所になり、商業信用全体の重心になった。イギリスでは、魔女を火あぶりの刑にすることが廃止されたのと同じ時期に、銀行券の偽造者を絞首刑にすることが始まった。銀行貴族、金融業者、金利生活者、仲買人、株式取引人、証券投機師など、こうした連中が突然に出現したことが、当時の人々にどのような影響を与えたかは、その時代のいくつかの著書、たとえばボリンブルク〔一八世紀イギリスの政治家、トーリー党指導者〕の著書によって立証される。(二四三b)

(二四三b)「かりにこんにちタタール人がヨーロッパにあふれていたとすれば、彼らにわれわれのところの金融業者とはなにものであるかを理解させることは、かなり困難なことであろう」(モンテスキュー『法の精神』、〔『著者集』〕第四巻、三三二ページ、ロンドン版、一七六九年〔野田良之ほか訳、岩波文庫、下、一九八九年、三一一ページ〕)。

(784)
国債とともに国際的信用制度が発生したが、それはしばしば、あれこれの国民のもとでの本源的蓄積の隠れた源泉の一つをなしている。たとえば、ヴェネツィアの強奪制度のさまざまの卑劣行為は、衰退していくヴェネツィアから多額の貨幣を借りていたオランダにとっては、その資本的富のこうした隠れた基礎をなしている。同じような関係はオランダとイギリスとのあいだにもある。すでに一八世紀のはじめに、オランダのマニュファクチュアははるかに追い越されていて、オランダは支配的な商工業国ではなくなっていた。そこで一七〇一―一七七六年*のオランダの主要事業の一つとなったものは、巨額の資本の貸し出し、ことに自分の強大な競争者であるイギリスへの貸し出しである。同様なことは、こんにちではイギリスと合衆国とのあいだにも妥当する。こんにち合衆国で出生証書なしに登場する多くの資本は、きのうはじめてイギリスで資本化された児童たちの血液である。

＊〔一七〇一年は、スペイン継承戦争が始まった年で、オランダはイギリスなどと同盟してフランスと戦った。一七七六年はアメリカ独立戦争の年で、アメリカ独立を承認したフランスとイギリスが戦争を始めると、オランダは中立の立場をとった〕

国債は、[*1]その年々の利子などの支払いに充当すべき国家の収入を後ろだてとするものであるから、近代的租税制度が国債制度の必然的な補足物になった。国債によって、政府は納税者にただちにそれと感じさせることなしに、臨時の費用を支出することが可能になるが、しかしその結果としてやはり増税が必要となる。他方、つぎつぎに契約される負債の累積によって引き起こされる増税のために、政府は新たな臨時支出をするときにはいつでも新たに起債することを余儀なくされる。だから、生活最必需品にたいする課税（したがってその騰貴）を回転軸とする近代的国家財政は、それ自身のうちに自動的累進の萌芽をはらんでいる。過重課税は偶発事ではなく、むしろ原則である。だからこそ、この制度が最初に開始されたオランダでは、偉大な愛国者デ・ウィットが彼の箴言《しんげん》のなかでこの制度を称賛して、賃労働者を従順、倹約、勤勉にし……労働者に労働の重荷を背負わせるための最良の制度であるとした。[*2] しかし、ここでわれわれに関係があるのは、この制度が賃労働者の状態におよぼす破壊的な影響よりも、むしろこの制度によって引き起こされる農民や手工業者の、要するに下層中産階級のすべての構成部分の暴力的収奪である。この点については、ブルジョア経済学者のあいだにさえ意見の相違はまったくない。この制度の収奪的効果は、その制度の不可欠の構成部分の一つである保護貿易制度によってさらに強められる。

＊1〔この段落と次の段落は、フランス語版にもとづき第三版で追加された〕

＊2〔ヨハン・デ・ウィット『ホラントおよび西フリースラント共和国の有益な政治的原則および箴言を与う』、ライデン、一六六九年（英訳、ロンドン、一七四三年、第一部、第二四章、九二ページ）参照。マルクスは、カニンガム『工業および商業にかんする一論』、四九ページのデ・ウィットの引用を利用した〕

富の資本化と大衆の収奪とにおいて、公債やそれに照応する財政制度が果たす大きな役割は、コベット、ダブルデイ、[*] その他のような多数の著者たちに、近代諸国民の窮乏の根本原因をここに求めるという誤りを犯させることになった。

＊〔コベット『イングランドとアイルランドにおけるプロテスタント「宗教改革」史』、ロンドン、一八二四

年、および、ダブルデイ『真の人口法則。国民の食料との関連での証明』、ロンドン、一八四二年〕

(785)
保護貿易制度は、製造業者を製造し、独立した労働者を収奪し、国民の生産手段および生活手段を資本化し、古い生産様式から近代的生産様式への移行を強制的に短縮するための人工的な手段であった。ヨーロッパ諸国はこの発明の特許を得ようと競い合い、そして、ひとたび貨殖家に奉仕するようになってからは、間接には保護関税によって、直接には輸出奨励金〔や国内の独占販売――フランス語版〕などによって、この目的達成のために自国民から略奪しただけではなかった。属領ではあらゆる産業が強制的に根こそぎにされた――たとえば、アイルランドの羊毛工業がイングランドに根こそぎにされたように。ヨーロッパ大陸ではコルベール[*1]の先例にならって、この過程はなお非常に簡単化された。ここでは産業家の本源的資本の一部分は国庫から直接に流れ出てくる。[*2] ミラボーは叫ぶ――「なぜ七年戦争[*3]前のザクセン製造業の繁栄の原因を、そんなに遠くに求めようとするのか？〔君主が借りた〕一億八〇〇〇万の国債こそがそれなのだ！」(二四四)

(二四四)　ミラボー『プロイセン王国について』第六巻、一〇一ページ。

*1〔一七世紀フランスの政治家。財政改革の功により財政総監、のち事実上の宰相。東インド会社をつくり、重商主義政策を実施した〕

*2〔フランス語版では、この一文は次のようになっている――「本源的資本は前貸金や無償の贈与という形式のもとで、いかさま師のところへまっすぐ流れていったが、その魔法のような財源はしばしば国庫からきたものであった」〕

＊３〔一七五六―一七六三年、イギリス、プロイセンと、フランス、オーストリア、ロシア、スペイン、スウェーデンとの間で戦われた戦争。オーストリアとプロイセンを中心として戦われたヨーロッパの戦争と、フランス・イギリス間の北アメリカなどをめぐる植民地戦争がくり広げられた〕

植民制度、国債、重税、保護貿易、商業戦争など、本来的マニュファクチュア時代のこれらの若芽は、大工業の幼年期中に巨大に繁茂する。大工業の誕生は大仕掛けなヘロデ的な児童誘拐＊によって祝われる。イギリス艦隊と同じように、工場も強制徴募によって新兵を補充する。サー・Ｆ・Ｍ・イーデンは、一五世紀の最後の三分の一期から彼の時代である一八世紀末までの農村民からの土地収奪の残酷さにうんざりしており、また、資本主義的農業を確立して「耕地と牧場との真の比率を設定する」ために「必要な」この過程を一人よがりに祝賀しているが、それに反して彼は、マニュファクチュア経営を工場経営に転化させて資本と労働力との真の諸関係をつくり出すための児童略奪や児童奴隷化の必要性については、同様の経済学的洞察を発揮していない。彼は言う――「経営がうまくいくために、〝小屋〟や〝労役場〟から貧民の子供を略奪してきて、組に分けて交替させながら、夜間の大半を通して酷使し、その休息を奪わなければならないようなマニュファクチュア、そのうえ、年齢と性向を異にする多数の男女を寄せ集めて、実例によって放埒《ほうらつ》や淫蕩《いんとう》に感染せざるをえないようにするマニュファクチュア――そのようなマニュファクチュアが国民や個人の幸福の総和を増加させることができるのかどうか？　これらは、おそらく公衆の熟慮に値することであろう（二四五）」。フィールデン〔自分自身が紡績業者であった――フランス語版〕は次のように言う――「ダービシャー、ノッティンガム

(786)シャー、およびとくにランカシャーでは、最近発明された機械が水車を回すことのできる川に沿った大工場で使用された。都市から遠く離れたこれらの地で、にわかに何千人もの人手が必要になった。そして、とくに、当時まで比較的に人口が希薄で出生率の低いランカシャーは、いまではなによりもまず人口を必要とした。小さくて敏捷な指がなによりも要求された。すぐに、ロンドン、バーミンガム、その他あちこちのさまざまの教区〝労役場〟から徒弟（！）をつれてくる習慣が生じた。こうして、七歳から一三歳ないし一四歳までのこれらの小さな寄る辺ない生きものが、何千も何千も、北方に発送された。自分の徒弟に衣食を与え、工場に近い徒弟小屋に泊まらせることは、雇い主」（すなわち児童盗人）「の習慣であった。彼らの労働を監督するために、監視人がおかれた。児童たちを極度に酷使することが、これらの奴隷酷使者の利益となった。というのは、彼らの給料は児童からしぼり出すことのできた生産物の量に比例していたからである。残酷は当然の結果であった。……多くの工場地域、ことにランカシャーでは、工場主の手にゆだねられたこれらの罪のない孤独な生きものたちに、悲惨きわまる拷問が加えられた。彼らは死にかかるほどまでに過剰な労働に追い回された。……彼らはまたとない残酷な悪賢さで、鞭打たれ、縛られ、責められた。彼らは、多くの場合、骨と皮になるほどに飢えさせられながら、鞭で労働を強いられた。……実際、いくつかの場合には自殺にまで追いやられた！……ダービシャー、ノッティンガムシャー、ランカシャーの人里離れた美しいロマンティックな渓谷は、世間の目から遮断されて、拷問の――そしてしばしば殺人の！――陰惨な荒地となった。……工場主たちの利潤は莫大であった。そのこともただ彼らの人狼的渇望をかきたてるばかりであった。彼らは夜間労働というやり方を始めた。すなわち、彼らは一組の工員を昼間作業でへとへとに疲れさせたあとに、夜間作業のために別の一組を用意した。昼間組は夜間組がいま出たばかりの寝床にもぐり込み、またその逆に昼間組が出たあとに夜間組がもぐり込んだ。寝床の冷えることがない、とはランカシャーの一般の言い伝えである」[二四六]。

（二四五）　イーデン『貧民の状態』第二部、第一章、四二一ページ〔正しくは四二〇—四二一ページ〕。

（二四六）　ジョン・フィールデン『工場制度の呪詛』、五、六ページ。工場制度の初期の醜行については、エイキン博士（一七九五年）『マンチェスター周辺三〇—四〇マイルの地方にかんする記述』、二一九ページ、およびギズボーン『人間の義務にかんする研究』、一七九五年、第二巻を参照せよ。——蒸気機関は工場を田舎の落流から都市の真ん中に移したので、「禁欲を好む」貨殖家は、いまでは、〝労役場〟からの暴力的な奴隷供給によらないでも手近に児童材料を見いだした。——サー・R・ピール（「口達者な大臣」〔同名の首相〕の父〔綿工場主〕）が一八一五年にその児童保護法案を提出したとき、F・ホーナー（地金委員会の〝光明〟でリカードウの親友）は、下院で次のように述べた——「ある破産者の家財とともに、工場児童の一隊《ギャング》——こういう表現を使ってもよければ——が財産の一部として公告され競売されたことは周知のことである。二年前」（一八一三年）「に、忌まわしい一事件が、〝王座裁判所〟にもち出された。それは数人の男児にかんすることであった。ロンドンの一教区が彼らをある工場主のところに送ったが、この工場主がまた彼らを別の工場主に譲り渡した。最後に彼らは数人の慈悲深い人々によって、絶対的な飢餓状態にあるのを発見された。もう一つ、もっと恐ろしい事件が、議会の調査委員会の一員としての自分の耳にはいった。つい先年のこと、ロンドンの一教区とランカシャーの一工場主とが一つの契約を結んだが、それによると、この工場主は健常児二〇人につき知的障害児一人を一緒に買い取らなければならない、ということが取り決められていた」。

＊〔本訳書、第一巻、七〇八―七〇九ページの原注一四四および訳注＊2参照〕

（787）

マニュファクチュア時代を通じて資本主義的生産が発展するにつれ、ヨーロッパの世論は羞恥心や良心の最後の残りかすまで失ってしまった。諸国民は、資本蓄積の手段としてのあらゆる醜行を恥知らずにも自慢した。たとえば、正直者のA・アンダースンの素朴な商業年代記を読まれたい〔本訳書、第一巻、一三〇二ページ訳注＊参照〕。この書物では、イギリスがそれまではアフリカと英領西インドとのあいだだけで営んでいた黒人貿易を今後はアフリカとスペイン領アメリカとのあいだでも営むことができる特権を、ユトレヒトの講和[*1]のなかでアシエント協約[*2]によってスペイン人から奪い取ったことがイギリスの国策の勝利としておおげさに吹聴されている。イギリスは、一七四三年まで年々四八〇〇人の黒人をスペイン領アメリカに供給する権利を得た。これによって同時に、イギリスの密貿易を公のものと見せかける仮面が与えられた。リヴァプールは奴隷貿易を基盤に大きく成長した。奴隷貿易はリヴァプールにおける本源的蓄積の方法である。そして、こんにちにいたるまでリヴァプールの「名望家」は依然として奴隷貿易のピンダロス[*3]であり、この奴隷貿易は――前に引用した一七九五年のエイキン博士の著書を参照せよ――「商業的企業精神を情熱にまで高め、すばらしい海員を養成し、莫大な貨幣をもたらす」〔エイキン、前出、三三九ページ〕とされる。リヴァプールが奴隷貿易に使用した船は、一七三〇年には一五隻であったが、一七五一年には五三隻、一七六〇年には七四隻、一七七〇年には九六隻、一七九二年には一三二隻であった〔同前、三六九ページ〕。

*1〔スペイン継承戦争の終結にあたって一七一三年に結ばれた講和条約。この戦争は、一七〇一年、一方の側にスペインとフランス、他方の側にイギリス、オランダ、オーストリア、ポルトガル、プロイセンなどの反フランス連合諸国が立って、この二つの陣営のあいだでたたかわれ、後者の優位のもとに講和条約が結ばれた〕

*2〔一六―一八世紀にスペインがアメリカ大陸の自国領においてアフリカから連れてきた黒人奴隷を売買する特権を外国政府または外国人に供与した協定。ユトレヒト条約の結果、この特権はフランスからイギリスの手に移った〕

*3〔本訳書、第一巻、二六三ページの訳注＊参照。ここでは、奴隷貿易の礼賛者の意〕

綿工業はイギリスに児童奴隷制を導入したが、それは同時に、合衆国の従来の多かれ少なかれ家父長的であった奴隷経営を商業的搾取制度に転化させるための刺激をも与えた。一般に、ヨーロッパでの賃労働者の隠蔽された奴隷制は、その台座として、新世界での〝露骨な〟奴隷制を必要とした。(二四七)

(二四七)　一七九〇年には、西インドのイギリス領では自由民一人にたいして奴隷一〇人、フランス領では一人にたいして一四人、オランダ領では一人にたいして二三人であった（ヘンリー・ブルーム『ヨーロッパ列強の植民政策の研究』、エディンバラ、一八〇三年、第二巻、七四ページ）。

(788)　資本主義的生産様式の「永遠の自然法則」に道を切り開き、労働者と労働諸条件との分離過程を完成し、一方の極では社会的な生産手段および生活手段を資本に転化させ、反対の極では人民大衆を賃労働者に、近代史のこの芸術作品である自由な「労働貧民」(二四八)に、転化させるには、〝このような骨折りを必要とした〟[*1]のである。もしも貨幣が、オジエの言うように、「頬《ほお》にはじめから血斑をつけてこの世に生まれてくる」(二四九)のだとすれば、資本は、頭から爪先まで、あらゆる毛穴から、血と汚物とをしたたらせながらこの世に生まれてくる。(二五〇)

(二四八)「〝労働貧民〟」という表現は、賃労働者階級が注目に値するようになった瞬間からイギリスの法律に現われる。この「〝労働貧民〟」は、一方では「〝怠惰な貧民〟」すなわち物乞いなどに対立し、他方ではまだ毛をむしられた鶏でなく自分の労働手段の所有者である労働者に対立している。この「〝労働貧民〟」という表現は法律から経済学に移って、カルペパーやJ・チャイルドなどからアダム・スミスやイーデンにまで見られる。このことから、「〝労働貧民〟」という表現を「〝厭《いと》うべき政治的流行語〟」だと言う「〝厭うべき政治的流行語屋〟」エドマンド・バークの〝善意〟を評価されたい。この追従屋は、かつてアメリカの動乱〔独立戦争、一七七五―一七八三年〕の初期に北アメリカ植民地に雇われてイギリスの寡頭政府にたいし自由主義者の役割を演じたことがあり、それとまったく同様にイギリスの寡頭政府に雇われてフランス革命にたいしロマン主義者の役割を演じたこともあったが、徹頭徹尾凡庸なブルジョアであった。「商業の法則は自然の法則であり、したがって神の法則である」（E・バーク『食糧不足にかんする意見と実情』、三一、三二ページ〔永井義雄訳「穀物不足にかんする思索と詳論」、『世界大思想全集』社会・宗教・科学思想篇、11、河出書房、一九五七年、二六二ページ〕）。彼が神と自然との法則に忠実に従って、いつでも自分自身を最上の市場で売ったということは、なんら不思議ではない！　タッカー師の著作のなかには――タッカーは僧侶でトーリー党員であったが、その他の点では礼儀正しい人物で有能な経済学者であった――自由主義者であった時代のこのエドマンド・バークの非常に優れた性格描写が見いだされる。こんにちのように恥ずべき無節操が横行し、「商業の法則」がさも敬虔に信仰されるさいには、バークのようなやから――その後継者たちとはただ才能の点で違っているにすぎないようなやから――に、繰り返し焼き印を押すことは義務なのである！

（二四九）　マリ・オジエ『公信用について』〔パリ、一八四二年、二六五ページ〕。

（二五〇）　『クォータリー・レヴュー』の記者は次のように言う――「資本は騒乱と紛争とを避けるものであり、臆病な性質のものである。これは非常に真理に近いが、しかし完全な真理ではない。自然が真空を恐れるように、*2 資本は利潤のないことを、または利潤が非常に少ないことを恐れる。相当の利潤があれば資本は勇敢になる。一〇％の利潤が確実であるならば、資本はどこにでも充用できる。二〇％であれば、資本は活発になる。五〇％であれば、積極的に冒険的になる。一〇〇％であれば、人間の定めたあらゆる法律を踏みにじる。三〇〇％であれば、絞首刑の危険をおかしてでも資本が冒険しないような犯罪はない。騒乱と紛争とが利潤をもたらすならば、資本はその両方を鼓舞するであろう。その証拠は――密貿易と奴隷貿易である」（J・ダニング『労働組合とストライキ』、〔ロンドン、一八六〇年〕、三五、三六ページ）。

*1 〔ここでマルクスが引用しているのは、ウェルギリウスの詩句――「ローマ建国には、このような骨折りを必要とした」――である。『アエネイス』第一巻、三三行。泉井久之助訳、岩波文庫、上、一三ページ〕

*2 〔古代物理学の箴言。ラブレー『第一之書　ガルガンチュワ物語』第五章、一五三四年、同『第四之書パンタグリュエル物語』第六二章、一五四六年、参照（渡辺一夫訳、岩波文庫、第一之書、一九七三年、四七ページ、第四之書、一九七四年、二七七ページ）。この原理は、ガリレオやトリチェリにより、ポンプの揚水、水銀柱に利用され、デカルトやスピノーザによっても言及されている〕

（789）

第七節　資本主義的蓄積の歴史的傾向

資本の本源的蓄積、すなわち資本の歴史的な創生記とは、結局どういうことになるのか？　それは奴隷および農奴の賃労働者への直接的転化、したがって単なる形態変換でない限り、直接的生産者の収奪、すなわち自分の労働にもとづく私的所有の解消を意味するにすぎない。

[*]社会的・集団的所有の対立物としての私的所有は、労働手段と労働の外的諸条件とが私人に属する場合にのみ存立する。しかし、この私人が労働者であるか非労働者であるかに応じて、私的所有もまた異なる性格をもつ。一見したところ私的所有が示している無限にさまざまな色合いは、ただこの両極端のあいだに横たわる種々の中間状態を反映しているにすぎない。

＊〔この段落はフランス語版にもとづき第三版で追加された〕

労働者が自分の生産手段を私的に所有していることが小経営の基礎であり、小経営は、社会的生産と労働者自身の自由な個性とが発展するための一つの必要条件である。[*1] 確かに、この生産様式は、奴隷制、農奴制、およびその他の隷属的諸関係の内部でもまた存在する。しかし、それが繁栄し、その全エネルギーを発揮し、適切な古典的形態をとるのは、労働者が自分の使用する労働諸条件の自由な私的所有者である場合、すなわち農民が彼が耕す畑の、手工業者が練達した技能で彼が使いこなす用具の、自由な私的所有者である場合だけである。[*2]

＊1〔フランス語版では、この一文は次のようになっている――「労働者がその生産的活動の手段を私的に所有しているということは、農業または工業における小経営の必然的帰結であるが、この小経営は、社会的生産の苗床であり、労働者の手の熟練や工夫の才や自由な個性が磨かれる学校である」〕

＊2〔フランス語版では、このあとに次の章句を挿入している――「これはちょうど器楽の名手が、その楽器

の自由な所有者であるのと同じである」〕

この生産様式[*1]は、土地やその他の生産手段の分散を想定する。それは、生産手段の集積を排除するのと同じように、同じ生産過程のなかでの協業や分業、自然にたいする社会的な支配と規制、社会的生産諸力の自由な発展をも排除する。[*2]それは、生産および社会の狭い自然発生的な限界とだけ調和する。この生産様式を永遠化しようとするのは、ペクールが正しく言っているように、「万人が凡庸であることを命令する」[*3]ことであろう。特定の高さに達すれば、この生産様式は、それ自身を破壊する物質的手段を生み出す。この瞬間から、社会の胎内では、この生産様式を桎梏と感じる諸力と熱情とが動きだす。この生産様式は破壊されなければならないし、また破壊される。その破壊、個人的で分散的な生産手段の社会的に集積された生産手段への転化、それゆえ多数者による小量的所有の少数者（790）による大量的所有への転化、それゆえまた広範な人民大衆からの土地、生活手段、労働用具の収奪、この恐るべき、かつ非道な人民大衆の収奪こそは、資本の前史をなしている。この収奪は、一連の暴力的方法を包括しており、われわれはそのうちの画期的なものだけを資本の本源的蓄積の方法として順番にふり返った。直接的生産者の収奪は、無慈悲きわまる野蛮さで、もっとも恥知らずで汚ならしくて、もっとも狭量で憎むべき欲情の衝動によって遂行される。自分の労働によって得た、いわば個々独立の労働個人とその労働諸条件との癒合《ゆごう》にもとづく私的所有は、他人の、しかし形式的には自由な労働の搾取にもとづく資本主義的私的所有によって駆逐される。（二五一）

（二五二）「われわれは社会のまったく新しい状態のもとにある。……われわれは、あらゆる種類の所有をあらゆる種類の労働から分離しようとしている」（シスモンディ『経済学新原理』〔パリ、一八二七年〕、第二巻、四三四ページ〔第二版付録「生産と消費の均衡について」〕）。

＊1〔フランス語版ではこの段落にでてくる数ヵ所の「生産様式」は、すべて「経営制度」となっている〕

＊2〔フランス語版ではこの個所は次のようになっている――「大規模な協業、工場や農場における分業、機械の使用、自然にたいする人間の知的支配、労働の社会的諸力の自由な発展、集団的活動の目的や手段や努力における協和と統一をも排除する」〕

＊3〔コンスタンタン・ペクール（フランスの経済学者、空想的社会主義者）『社会的政治的経済学の新理論……』、パリ、一八四二年、四三五ページ参照。なお、この一文はフランス語版にもとづき第三版で追加された〕

この転化過程が旧社会を深さと広がりから見て十分に分解させてしまえば、労働者がプロレタリアに転化され彼らの労働諸条件が資本に転化されてしまえば、資本主義的生産様式が自分の足で立つことになれば、ここに、労働のいっそうの社会化、および、土地その他の生産手段の、社会的に利用される、したがって共同的な生産手段へのいっそうの転化、それゆえ私的所有者のいっそうの収奪が、新しい形態をとる。いまや収奪されるべきものは、もはや自営的労働者ではなく、多くの労働者を搾取する資本家である。

こうした収奪は、資本主義的生産そのものの内在的諸法則の作用によって、諸資本の集中＊によって、なしとげられる。一人の資本家がそれぞれ多くの資本家を打ち滅ぼす。この集中、すなわち少数の資本家による多数の資本家の収奪と相ならんで、ますます増大する規模での労働過程の協業的形態、科

（791）学の意識的な技術的応用、土地の計画的利用、共同的にのみ使用されうる労働手段への労働手段の転化、結合された社会的な労働の生産手段としての生産手段の使用によるすべての生産手段の節約、世界市場の網のなかへのすべての国民の編入、したがってまた資本主義体制の国際的性格が、発展する。この転化過程のいっさいの利益を横奪し独占する大資本家の数が絶えず減少していくにつれて、貧困、抑圧、隷属、堕落、搾取の総量は増大するが、しかしまた、絶えず膨張するところの、資本主義的生産過程そのものの機構によって訓練され結合され組織される労働者階級の反抗もまた増大する。資本独占は、それとともにまたそれのもとで開花したこの生産様式の桎梏となる。生産手段の集中と労働の社会化とは、それらの資本主義的な外被とは調和しえなくなる一点に到達する。この外被は粉砕される。資本主義的私的所有の弔鐘が鳴る。収奪者が収奪される。

＊〔フランス語版では「集積」のままであったが、第三版で「集中」に改められた〕

資本主義的生産様式から生まれる資本主義的取得様式は、それゆえ資本主義的な私的所有は、自分の労働にもとづく個人的な私的所有の最初の否定である。しかし、資本主義的生産は、自然過程の必然性をもってそれ自身の否定を生み出す。これは否定の否定である。この否定は、私的所有を再建するわけではないが、しかし、資本主義時代の成果――すなわち、協業と、土地の共同占有ならびに労働そのものによって生産された生産手段の共同占有――を基礎とする個人的所有を再建する。＊

＊〔「この否定は」以下の文章は、初版および第二版では、次のようになっていたが、第三版で現行の文章に改訂された。

「この否定は個人的所有を再建するが、しかし、資本主義時代の成果――すなわち、自由な労働者たちの協業と、土地にたいする彼らの共同所有ならびに労働そのものによって生産された生産手段にたいする彼らの共同所有――の基礎の上に再建する。」（傍点は初版のみ）

ドイツの著作家デューリングのマルクス攻撃および『反デューリング論』でのエンゲルスの反撃は、この文章によって行なわれている〕

諸個人の自己労働にもとづく分散的な私的所有の資本主義的な私的所有への転化は、もちろん、事実上すでに社会的生産経営にもとづいている資本主義的所有の社会的所有への転化よりも、比較にならないほど長くかかる、苦しい、困難な過程である。まえの場合には少数の横奪者による人民大衆の収奪が行なわれたが、あとの場合には人民大衆による少数の横奪者の収奪が行なわれる。（二五二）

（二五二）「ブルジョアジーをその意志のない無抵抗な担い手とする産業の進歩は、競争による労働者の孤立化の代わりに、結社による労働者の革命的団結をつくりだす。したがって、大工業の発展とともに、ブルジョアジーの足もとから、ブルジョアジーが生産して生産物を取得する基礎そのものが取り去られる。ブルジョアジーはなによりもまず自分自身の墓掘り人をつくりだす。ブルジョアジーの没落およびプロレタリアートの勝利は、ともに避けられない。……こんにちブルジョアジーに対立しているすべての階級のうち、ただプロレタリアートだけが真に革命的な階級である。他の諸階級は大工業の発展とともに零落して没落するが、プロレタリアートは大工業のもっとも固有な産物である。中間層、すなわち小工業者、小商人、手工業者、農民――彼らはみな中間層としてその存在を没落から守るために、ブルジョアジーとたたかう。……彼らは反動的である。というのは、彼らは歴史の車輪を逆に回そうとするからである」（カール・マルクスおよびフリードリヒ・エンゲルス『共産党宣言』、ロンドン、一八四八年、一一、九ページ〔服部文男訳、古典選書『共産党宣言／共産主義の諸原理』、新日本出版社、一九九八年、七〇、六六―六七ページ、邦訳『全集』第四巻、四八七、四八五ページ〕）。

＊〔「社会的生産経営にもとづいている」は、初版では「生産手段の社会的利用にもとづいている」となっている〕

第二五章　近代的植民理論（二五二）

（二五三）ここで扱うのは、本当の植民地、すなわち自由な移住者によって開墾される未開拓地である。合衆国は、経済的な意味では、いまなおヨーロッパの植民地である。そのほかに、奴隷制の廃止が事情を一変させた古い栽培植民地もこのなかにはいる。

経済学は、非常に異なった二種類の私的所有——一方は生産者の自己労働にもとづくもの、他方は他人の労働の搾取にもとづくもの——を原理的に混同する。経済学は、後者が単に前者の正反対をなすだけでなく、前者の墳墓の上でのみ成長することを忘れている。*

＊〔初版および第二版では、冒頭からここまでは次のようになっている——「経済学は、自己労働にもとづく私的所有と、その否定にもとづく正反対の資本主義的な私的所有との、きわめて好都合な混同に、原理的に固執しようとつとめている」。以下、段落なしに続いている〕

経済学の故郷であるヨーロッパの西部では、本源的蓄積の過程は多かれ少なかれ完了している。資本主義的支配体制は、ここでは、国民的生産全体を直接に自分に従属させているか、または、諸関係がまだ発展していないところでは、この体制とならんで存続してはいるがしだいに衰退していく社会層、時代遅れの生産様式に従属している社会層を、少なくとも間接には統制しているか、どちらかである。この完成した資本の世界にたいして、経済学者は、事実が彼のイデオロギーを声高に面罵すればするほど、ますます気づかわしげな熱心さといっそうもったいぶった口調で、前資本主義世界の法観念および所有観念を引き合いに出すのである。

植民地では違う。資本主義的支配体制は、そこではいたるところで、自分自身の労働条件の所有者として、自分の労働により、資本家をではなく、自分自身を富ませている生産者の妨害にぶつかる。この二つの正反対の経済制度の矛盾が、ここでは両者の闘争のなかで実践的に確証される。資本家が背後に母国の権力をもっているところでは、彼は、自己労働にもとづく生産様式および取得様式を暴(793)力的に一掃しようとする。資本の追従屋である経済学者に、母国では資本主義的生産様式を理論的にそれ自身の反対物として説明させる利害関係――その同じ利害関係が、植民地では彼を追い立てて「〝なにもかもぶちまけ〟」させ、二つの生産様式の対立を声高く宣言させる。この目的のために、彼は、労働の社会的生産力の発展、協業、分業、機械の大規模な応用などは、労働者たちの収奪とそれに照応する彼らの生産手段の資本への転化なしでは、不可能であることを指摘する。いわゆる国民的富のために、彼は人民の貧困をつくり出す人為的手段をさがし求める。彼の弁護論的甲冑は、植民地ではもろくなった火口《ほくち》のようにつぎつぎに崩れていく。

E・G・ウェイクフィールドの大きな功績は、植民地についてなにか新しいことを発見したことではなく（二五四）、植民地のうちに母国の資本主義的諸関係についての真理を発見したことである。保護貿易制度が、その起源では（二五五）母国での資本家の製造につとめたように、一時はイギリスが法律によって実行しようとしたウェイクフィールドの植民地理論は、植民地における賃労働者の製造につとめる。これを彼は「組織的植民」と名づける。

（二五四）植民地そのものの本質についてのウェイクフィールドのちょっとだけ気のきいた個所は、重農主義者である父親の方のミラボーによって、またずっと以前に〔カルペパー、チャイルドなど一七世紀の――フランス語版〕イギリスの経済学者たちによって、完全に先鞭をつけられている。

（二五五）保護貿易制度は、のちには国際競争戦における一時的な必要物となる。しかし、その動機はなんであれ、その結果は同じままである。

（794）

ウェイクフィールドは、植民地でまず第一に、ある人が貨幣、生活手段、機械その他の生産手段を所有していても、その補足物である賃労働者――自分自身を自由意志で売ることを余儀なくされている別の人間――がいなければ、この所有はまだその人に資本家の刻印を押すものではない、ということを発見した。彼が発見したのは、資本は物ではなく、物を通じて媒介された人と人とのあいだの社会的関係である、ということである（二五六）。彼がわれわれに嘆き訴えているが、ピール氏は五万ポンドの額の生活手段や生産手段をイギリスから新オランダのスワン川[*1]にたずさえて行った。ピール氏は周到にも、そのほかに男性や女性や児童からなる労働者階級三〇〇〇人[*2]をつれて行った。ところが目的地に着いてみると、「ピール氏には、彼の寝床を用意したり、彼のために川から水をくんだりしてくれる一人の召し使いもいなかった」（二五七）。かわいそうなピール氏、彼は、なにもかも用意したが、イギリスの生産関係をスワン川に輸出することだけは抜かったのだ！

（二五六）「黒人は黒人である。一定の諸関係のなかで彼ははじめて奴隷となる。綿紡績機械は綿花を紡ぐための機械である。一定の諸関係のなかでのみ、それは資本となる。この諸関係から引き離されると、金がそれ自体としては貨幣ではなく、砂糖が砂糖価格でないのと同じように、綿紡績機械は資本ではない。……資本もまた、一つの社会的生産関係である。それは一つの歴史的生産関係である」[*3]〔カール・マルクス「賃労働と資本」、『新ライン新聞』一八四九年四月七日付、第二六六号〔服部訳、古典選書、四九―五〇ページ、邦訳『全集』第六巻、四〇三ページ〕〕。

（二五七）　E・G・ウェイクフィールド『イギリスとアメリカ』第二巻、三三ページ〔前出、中野訳、㈡、一三七ページ〕。

＊1〔西オーストラリアの南西部を流れインド洋にそそぐ川。オランダの探検家により一七世紀末に発見され命名された。「新オランダ」も、オーストラリア西部を航海したオランダ人によってこの地にたいし名づけられた〕

＊2〔ウェイクフィールドの原文では「三〇〇人」となっている〕

＊3〔『新ライン新聞』では、「ブルジョア的」となっている〕

ウェイクフィールドの以下の諸発見を理解するために、二つの前置きをつけておく。周知のように、生産手段および生活手段は、直接的生産者の所有物としては資本ではない。それらが同時に労働者の搾取手段および支配手段として役立つという諸条件のもとでのみ、それらは資本となる。ところが、それらのこのような資本主義的魂は、経済学者の頭のなかではそれらの素材的実体ときわめて緊密に結合されているので、経済学者はそれらのものを、どのような事情のもとでも、それらが資本の正反対物である場合でさえ、資本と命名する。ウェイクフィールドの場合もそうである。さらに彼は、多数の互いに独立した自営労働者の個人的所有物としての生産手段の分散を、資本の均等な分割と呼んでいる。これでは経済学者も封建的法学者と同じようなものである。後者は、純粋な貨幣関係にさえ彼の封建的な法的レッテルを貼りつけた。

ウェイクフィールドは次のように言う——「もし資本が社会の全成員のあいだに均等に分配されているとすれば〔……〕だれも自分の手で使用することができる以上の資本を蓄積することには関心をもたないであろう。これが、ある程度まで、アメリカの新植民地の状態なのであり、そこでは土地所有への熱情が賃労働者階級の存在をさまたげている（二五八）」と。したがって、労働者が自分自身のために蓄積することができるあいだは——そして彼にそれができるのは、彼が自分の生産手段の所有者である限りなのであるが——資本主義的蓄積と資本主義的生産様式とは不可能である。そのために不可欠な賃労働者の階級が欠けているのである。それならば、古いヨーロッパでは、労働者からの労働条件の収奪は、したがって資本と賃労働とは、どのようにしてつくり出されたのか？　まったく特異な種類の〝社会契約〟によってである。「人類は……資本の蓄積を促進する簡単な方法を採用した」が、もちろんそれは、アダムの時代から人類の定在の究極かつ唯一の目的として、人類の念頭にあったものである。「人類は資本の所有者と労働の所有者とに分割された。……この分割は自由意志による了解と結合との結果であった（二五九）」。ひとことで言えば——人類大衆は「資本の蓄積」の栄光のために自分自身を収奪したのである。ところで人々はこう思うかもしれない——この狂信的な自己犠牲本能は、とくに植民地では自由勝手にふるまうに違いない、なぜなら、〝社会契約〟を夢の国から現実の国に移

(795)

すことができるような人間と環境とは植民地のみに存在するのだから、と。しかし、それでは、自然発生的植民に対立する「組織的植民」はいったいなんのためのものなのか？　ところが、しかし、「アメリカ連邦の北部諸州では、人口の一〇分の一も賃労働者の部類にはいるかどうか疑わしい。……イギリスでは……人民大衆の大部分が賃労働者からなっている(二六〇)」。それどころか、資本の栄光のための労働人類の自己収奪本能などはほとんど存在しないのであり、そのため奴隷制度が、ウェイクフィールドの言うところでも、植民地の富の唯一の自然発生的な基礎なのである。彼の言う組織的植民は〝応急手段〟でしかない。なぜなら、いま彼が問題にしているのは自由民であって奴隷ではないからである。「サント・ドミンゴ[*1]への最初のスペイン人移住者たちは、スペインからは一人の労働者も得られなかった。しかし、労働者なしでは」（すなわち奴隷制度なしでは）「資本は破滅するか、または少なくとも、各個人が自分自身の手で使用することができるほどの小量に萎縮してしまったであろう。これは、イギリス人によって建設された最後の植民地[*2]では実際に起こったことであって、そこでは種子や家畜や用具からなる一大資本が、賃労働者の欠乏のために滅んでしまった。そして、そこではどの移住者も、自分自身の手で使用することができる以上の資本はもっていない(二六一)」。

(二五八)　ウェイクフィールド、同前、第一巻、一七ページ〔同前訳、㈠、三〇ページ〕。
(二五九)　同前、一八ページ〔同前訳、㈠、三一ページ〕。
(二六〇)　同前、四二、四三、四四ページ〔同前訳、㈠、五〇、五一ページ〕。
(二六一)　同前、第二巻、五ページ〔同前訳、㈡、一一四ページ〕。

＊1〔ドミニカ共和国のカリブ海沿岸の都市。一四九六年にコロンブスによって基礎をおかれたアメリカ最古のヨーロッパ人移住地〕
＊2〔ウェイクフィールドは、前出のオーストラリアのスワン川植民地を「最後の植民地」と述べている〕

（796）
すでに見たように、人民大衆からの土地の収奪は、資本主義的生産様式の基礎をなしている。逆に、自由な植民地の本質は、大量の土地がまだ人民の所有であり、だから移住者はだれでもその一部分を自分の私的所有と個人的生産手段に転化することができる――あとからくる移住者が同じ行為をすることをさまたげることなく――という点にある（二六二）。これが植民地の繁栄の秘密でもあれば、その癌腫――資本の移住にたいするその反抗――の秘密でもある。「土地が非常に安くてすべての人間が自由であるところでは、すなわち、各人が欲するままに一片の土地を自分のために入手することができるところでは、生産物のうち労働者が取る分け前から見て、労働が非常に高価であるばかりでなく、どのような代価を払っても結合労働を入手することは困難である（二六三）」。

（二六二）「土地は、植民の要素となるためには、未耕地であるばかりでなく、私的所有に転化されうる公有地でなければならない」（ウェイクフィールド、同前、第二巻、一二五ページ〔同前訳、㈢、五七ページ〕）。

（二六三）同前、第一巻、二四七ページ〔同前訳、㈡、二七ページ〕。

植民地では、労働条件とその根底である土地からの労働者の分離がいまだ存在していないか、または、散在的あるいは非常に局限された範囲でしか存在しないのであるから、工業からの農業の分離も農村家内工業の破壊もまだ存在しないのであり、そうするといったい資本のための国内市場は、どこから出てくるのであろうか？　「奴隷と、特定事業のために資本と労働とを結合する奴隷使用者とをのぞくと、アメリカの人口のどの部分も農業を専業としてはいない。土地を耕している自由なアメリカ人は、他の多くの仕事をも営んでいる。彼らが使用する家具や道具の一部分は、通常、彼ら自身の手でつくられる。彼らはしばしば自分自身の家を建て、また自分自身の勤労による生産物をどんなに遠い市場にでも運んでいく。彼らは紡ぎ手でもあれば織り手でもあり、また、自家用の石鹸やろうそく、靴や衣服もつくる。アメリカでは土地の耕作がしばしば鍛冶屋、製粉屋、商店主の副業となっている」[二六四]。こんな変わり者たちのあいだに、資本家にとっての「禁欲の場」などはどこに残されているだろうか？

（二六四）　ウェイクフィールド、同前、第一巻、二一、二二ページ〔同前訳、㈠、三四ページ〕。

資本主義的生産の大きな長所は、それが賃労働者を賃労働者として絶えず再生産するばかりでなく、資本の蓄積に比例してつねに賃労働者の相対的過剰人口を生産するというところにある。こうして、労働の需要供給の法則は正しい軌道のうえにすえられ、賃銀の変動が資本主義的搾取に適合する制限内に拘束され、そして最後に、必要不可欠な資本家への労働者の社会的従属が確保される。この絶対
（797）的な従属関係を、母国では経済学者は、買い手と売り手との――資本という商品の所有者と労働という商品の所有者との、同じくらい独立な商品所有者の――自由な契約関係であるとなんとかごまかすことができる。しかし、植民地ではこの美しい妄想はずたずたに引き裂かれてしまう。[*1] そこでは多くの労働者が成人としてやってくるので、絶対的人口は母国でよりもはるかに急速に増加するが、それ

でもなお労働市場はいつも供給不足である。労働の需要供給の法則はこなごなに砕かれてしまう。一方では、旧世界が、搾取に飢え、禁欲を求める資本を絶えず投げ込んでくる。他方では、賃労働者としての賃労働者の規則的な再生産が、まったく手に負えず、一部は克服もできない障害にぶつかる。まして、資本の蓄積に比例する過剰な賃労働者の生産などとは！　こんにちの賃労働者は、あすは独立自営の農民または手工業者となる。彼は労働市場から消え去る、とはいえ――〝労役場〟にはいるのではない。このような、賃労働者の独立生産者への不断の転化、すなわち、資本のためにではなく自分自身のために労働し資本家の旦那ではなく自分自身を富ませる独立生産者への不断の転化は、それはそれで、また労働市場の状態に、*2 まったく有害な反作用を及ぼす。賃労働者の搾取度が不当に低くとどまっているだけではない。そのうえに、賃労働者は、禁欲する資本家への従属関係とともに従属感情をも失ってしまう。こうしたことから、わがE・G・ウェイクフィールドがあのように正直に、あのように雄弁に、そしてあのように感動的に描いているいっさいの不都合が生まれる。

*1 〔シラー「鐘によせる歌」の一句。小栗孝則訳、『世界名詩集大成』6、平凡社、一九六〇年、一三六ページ参照〕

*2 〔フランス語版では、ここに「したがって賃銀率にたいして、」を挿入している〕

　賃労働の供給が、恒常的でも、規則的でも、十分でもない、と彼は嘆いて言う――それは「つねに少なすぎるばかりでなく、不確実でもある」(二六五)。「労働者と資本家とのあいだで分配される生産物は大きいが、労働者がきわめて大きい分け前を取るので、彼はすぐに資本家になってしまう。……これにた

（798）

いし、特別長生きしたとしても、多量の富を蓄積することのできる者はあまりいない」(二六六)。労働者は、自分たちの労働の最大部分への支払いを資本家が禁欲することを、断じて許さない。資本家が、自分の資本で自分自身の賃労働者までヨーロッパから輸入するくらい抜け目がなくても、それはなんの役にも立たない。「彼らはやがて賃労働者ではなくなり、やがて独立の農民に転化するか、[*1]または賃労働市場そのものにおいて自分たちのもとの雇い主の競争者にさえ転化する」(二六七)。なんという恐ろしいことだ！　実直な資本家は、自分の大枚のお金を払って、わざわざ自分自身の生身《なまみ》の競争者そのものをヨーロッパから輸入したのだ！　これでは万事おしまいだ！　ウェイクフィールドが、植民地には賃労働者の従属関係も従属感情もない、と嘆くのも、なにも不思議ではない。彼の弟子のメリヴェイルは次のように言う――[*2]賃銀が高いために、植民地にはもっと安くてもっと従順な労働を求め、資本家が条件を押しつけられるのではなく資本家のほうから条件を課しうるような一階級を求める熱烈な渇望がある。……古い文明諸国では、労働者は自由ではあっても自然法則的に資本家に従属しているが、植民地では、この従属が人為的手段によってつくり出されなければならない(二六八)。

（二六五）　ウェイクフィールド、同前、第二巻、一一六ページ〔同前訳、㈢、五〇ページ〕。

（二六六）　同前、第一巻、一三一ページ〔同前訳、㈠、一二六ページ〕。

（二六七）　同前、第二巻、五ページ〔同前訳、㈡、一一三ページ〕。

（二六八）　メリヴェイル『植民および植民地にかんする講義』第二巻、二三五―三一四ページの各所。温和な自由貿易論者で俗流経済学者のモリナリでさえ次のように言う――「奴隷制は廃止されたものの、強制労働がそれに相当する量の自由労働で置き換えられなかった植民地では、すでに見たように、日々われわれの目の前で起こっているのとは反対のことが行なわれた。単純な労働者のほうが産業的企業家を搾取しているのが見られた。というのは、労働者は、生産物のうち自分たちに帰属する正当な分け前とは比例しない賃銀を企業家に要求したからである。農園主たちは、自分の砂糖を売っても賃銀の騰貴を埋め合わせるに足りるだけの価格を得られなかったので、その超過額を、はじめは自分たちの利潤のうちから、次には自分たちの資本そのもののうちから、支弁せざるをえなかった。多くの農園主がこうして破滅したが、他の者も、迫りくる破滅をまぬがれるために、自分たちの経営を閉鎖した。……もちろん、何世代もの人間の破滅を見るよりも、資本蓄積の破滅を見るほうがましである」（なんというモリナリ氏の寛容さであろうか！）。「しかし、どちらも破滅しないですんだなら、もっとよいのではないだろうか?」（モリナリ『経済学研究』、五一、五二ページ）。モリナリ氏よ、モリナリ氏よ！　もしヨーロッパで「〝企業家〟」が労働者にたいし、西インドでは労働者が〝企業家〟にたいし、相手の〝正当な分け前〟を減らすことができるとすれば、十戒[*3]は、モーセと予言者たち[*4]は、需要供給の法則は、いったいどうなるのですか?　そして、あなたの告白によれば、ヨーロッパの資本家が日々支払っていないというこの「〝正当な分け前〟」とは、いったいどんなものですか?　資本家を「搾取する」ほど労働者が「単純」だというかなたの植民地において、モリナリ氏は、よそでは自動的に作用する需要供給の法則を警察力によって正常に働くようにしたくてむずむずしているのである。

＊1〔ここから以下は、ウェイクフィールドの原文では、「労働市場で自分のもとの雇い主の競争者にならなかったとしても、独立の地主になったであろう」となっている〕

＊2〔第四版以外の各版では、ここから以下文末まで、メリヴェイルの文として引用符でくくられている〕

＊3〔神によってシナイ山でモーセに示されたと言われる、人間の神にたいする道、人と人とのあいだの道の

基本的おきて。旧約聖書、出エジプト記、二〇・一―一七参照〕

＊4〔本訳書、第一巻、一〇三八ページの訳注＊1参照〕

（799）

では、ウェイクフィールドによれば、植民地におけるこのような不都合の結果はなんだろうか？　生産者と国民財産との「分散という野蛮な制度」（二六九）＊1である。無数の自営的所有者のあいだへの生産手段の分散は、資本の集中を破壊する＊2とともに結合労働のすべての基礎を破壊する。数年間にまたがる固定資本の投下を必要とするどの長期的企業も、遂行の障害にぶつかる。ヨーロッパでは資本は一瞬もためらわない。というのは、労働者階級は資本の生きた付属物をなしていて、つねに過剰に存在し、いつでも自由に利用できるからである。ところが、植民地ではどうだ！　ウェイクフィールドは一つのまったくいたましい逸話を語っている。彼は、カナダとニューヨーク州――これらの地方ではおまけに移住の波がしばしば停滞して、「過剰」労働者の残滓《ざんし》を沈澱させている――の数人の資本家と話し合った。このメロドラマの登場人物の一人は次のように嘆息して言う――「われわれの資本は、完了までにかなりの期間が必要な多くの作業をいつでも開始できるように、用意されていた。しかし、すぐにもわれわれに背を向けることがわかっている労働者たちを使って、このような作業を始めることができようか？　もしこのような移住者たちの労働を確保できることが確実であったならば、われわれは喜んで即座に彼らを高値で雇い入れたであろう。いや、たとえ彼らが去っていくことが確かであったとしても、われわれの必要に応じて新しい供給があるという確信があったならば、やはりわれわれは彼らを雇い入れたであろう」（二七〇）と。

（二六九）　ウェイクフィールド、前出、第二巻、五二ページ〔前出訳、㈡、一五三ページ〕。
（二七〇）　同前、一九一、一九二ページ〔同前訳、㈢、一一三―一一四ページ〕。
＊1〔ウェイクフィールドの原文では「野蛮な制度」は「野蛮な傾向」となっている〕
＊2〔初版、第二版およびフランス語版では「資本主義的集積」となっていたが、第三版で「資本の集中」に改められた〕

ウェイクフィールドは、イギリスの資本主義的農業とその「結合」労働とを、アメリカの分散的な農民経営とはなばなしく比べて見せたあとで、うっかりメダルの裏側まで見せている。彼はアメリカの人民大衆を裕福で独立的で企業心に富み、比較的教養のあるものとして描いているが、これにたいして、「イギリスの農業労働者は哀れなろくでなしで、受救貧民である。……北アメリカやいくつかの新植民地をのぞけば、どの国で、農村で使用される自由労働の賃銀が労働者の必要最低生活維持手段をいくらかでも超えているであろうか？……疑いもなく、イギリスの耕作馬は、貴重な財産なので、イギリスの土地耕作者よりもはるかによいものを食わされている（二七一）」。しかし、〝心配することはない〟。国民的富はもともと人民的貧困と同じものなのだ。

（二七一）　ウェイクフィールド、同前、第一巻、〔二四、〕四七、二四六ページ〔同前訳、㈠、三六、五四ページ、㈡、三六ページ〕。

それでは、植民地の反資本主義的な癌腫はどうすれば治療できるか？　もしすべての土地を一挙に人民的所有＊1から私的所有に転化しようとすれば、なるほど病源を壊滅させるであろうが、しかしまた

(800)

――植民地をも壊滅させてしまうであろう。術策とは一石二鳥ということだ。政府の職権で未開拓地に需要供給の法則に左右されない人為的な価格をつけ、この価格のせいで、移住者は土地を買って(二七二)独立農民になるのに十分な貨幣をかせぐことができるまでに、いまよりもっと長期間賃労働に従事せざるをえないとしよう。他方で、政府は、賃労働者にとって相対的にほとんど手が出ないほどの高値で地所を売ることから生じる基金を、すなわち神聖な需要供給の法則を侵害することで労賃からしぼり取られるこの貨幣基金を利用して、その増加と同じ程度でヨーロッパから植民地に貧民を輸入し、資本家殿のために彼の賃労働市場をいっぱいにしておくとしよう。こういう事情のもとでは、〝能う限りの最善の世界においては、万事が最善に仕組まれている〟[*2]ということになるであろう。これが「組織的植民」の大きな秘密なのである。ウェイクフィールドは意気揚々として叫んで言う――「この計画によれば、労働の供給は恒常的で規則正しくなるに違いない。というのは、第一には、どの労働者も貨幣を得るために労働したあとでなければ土地を入手できないので、すべての移住労働者は、賃銀を得るために結合して労働することにより、自分たちの雇い主のために、より多くの労働を使用するための資本を生産することになるであろうからである。第二には、賃労働を放棄して土地所有者になる者だれもが、まさに土地を購入することにより、新たな労働を植民地に誘致するための基金を保証することになるであろうからである(二七三)」。国家によって裁定される土地価格は、もちろん「十分」(〝十分な価格〟)でなければならない。すなわち「労働者たちにとって、他の人々が現われて、賃労働市場で彼らに取って代わるまでは彼らが独立農民になるのをさまたげるほど(二七四)」高くなければならない。

（801）この「十分な土地価格」というのは、労働者が賃労働市場から田園に引退する許可料として資本家に支払う身代金を婉曲に言い換えたものにほかならない。労働者は、まず、資本家殿がより多くの労働者を搾取できるように「資本」をつくってやらなければならず、次には、労働市場に自分の「身代わり」を立てなければならないのであって、この身代わりを、政府は、労働者の負担で、彼の昔の主人であった資本家のために海を越えて送ってくるのである。

（二七二）「自分の腕しかもたない人間が仕事をみつけて収入を得るのは、土地および資本の占有のおかげだ、と諸君はつけ加える。……ところが、逆に、自分の腕しかもたない人間があるということこそ、土地の個人的占有の結果である。……諸君がある一人の人間を真空中に置くとすれば、諸君は彼から空気を奪うわけである。諸君が土地を奪い取る場合も、これと同じことをやっているのだ。……すなわち、諸君の意志に従わなければ生きていけないようにするために、いっさい富のない真空中に彼を置くことである」（コラン『経済学』第三巻、二六七―二七一ページの各所）。

（二七三）ウェイクフィールド、前出、第二巻、一九二ページ〔前出訳、㈢、一一四ページ〕。

（二七四）同前、四五ページ〔同前訳、㈡、一四七ページ〕。

＊1〔フランス語版では「公的所有」となっている〕

＊2〔本訳書、第一巻、三三九ページの最初の訳注＊参照〕

イギリス政府が、このウェイクフィールド氏によってとくに植民地用として処方された「本源的蓄積」の方法を多年にわたり実行してきたということは、きわめて特徴的である。もちろん、その大失敗は、ピールの銀行法の大失敗[＊1]と同様に不面目なことであった。移民の流れは、イギリス領の諸植民地から合衆国へと方向を変えられただけのことであった。そのあいだに、ヨーロッパにおける資本主義的生産の進展は、政府の圧力の増大とも相まって、ウェイクフィールドの処方を不用にした。一方では、年々歳々アメリカに向けて追い立てられる巨大な途切れることのない人間の流れが、合衆国の東部に停滞的な沈澱を残すことになる。というのは、ヨーロッパからの移民の波は、西部への移民の波が彼らを一掃しうるよりも急速に東部の労働市場に人間を投げ込むからである。他方では、[*2]アメリカの南北戦争は、その結果として莫大な国債をともなったのであり、それとともに租税負担、もっとも下劣な金融貴族の創造、鉄道や鉱山などの開発のための投機会社への公有地の巨大部分の贈与——要するにもっとも急激な資本の集中をともなった。こうして、この大共和国は、移民労働者にとって約束の地[*3]であることをやめた。そこでは、賃銀引き下げや賃労働者の従属はまだヨーロッパの標準的水準には落ちていないとはいえ、資本主義的生産は巨人の歩みで前進している。ウェイクフィールド自身によって激しく非難された、イギリス政府による貴族や資本家への植民地の未耕地の恥知らずな捨て売りは、ことにオーストラリアでは、（二七五）〝金鉱採掘〟によって引き寄せられる人間の流れや、イギリス商品の輸入が最小の手工業者にさえ仕掛ける競争と相まって、十分な「相対的過剰労働者人口」をつくり出しているのであって、ほとんど毎回の郵便汽船がオーストラリア労働市場の供給過剰——（802）glut of the Australian labourmarket——という凶報をもたらすほどであり、そこでは売春が、所によってはロンドンのヘイマーケット[*4]にも劣らず繁盛しているのである。

（二七五）　オーストラリアが自分自身の立法者[*5]となるやいなや、もちろん移住者に有利な法律を制定したが、イギリスによってかつて行なわれた土地の捨て売りがじゃまになっている。「一八六二年の新土地法がめざす第一の主要な目標は、人民の移住をいっそう容易にする点にある」（『ヴィクトリア土地法、公有地大臣G・ダフィー著』、ロンドン、一八六二年〔三ページ〕）。

＊1〔イギリス政府は、首相ロバート・ピールの提案によって、一八四四年七月に新しい銀行法を制定した。この法律は、銀行券発行の集中化を目標にするとともに、イングランド銀行を、純粋な銀行業務を行なう銀行部と銀行券の発行を行なう発行部という二つの独立した部局に分割した。銀行券には特別な金準備という形で確実な保証がなければならなかった。金で保証されていない銀行券の発行は一四〇〇万ポンドに制限された。しかし、銀行券の流通量は、実際には準備金によってではなく、流通部面の需要によって定まるものであった。金融の逼迫がとくにひどかった経済恐慌（一八四七年、一八五七年、一八六六年）にさいして、イギリス政府はピール銀行法の効力を一時停止し、金で保証されていない銀行券の発行総額を引き上げた。本文の「大失敗」とはそのことをさす。『ニューヨーク・デイリー・トリビューン』所載のマルクスの諸論説（邦訳『全集』第九巻、二九〇ページ以下、第一二巻、二九七ページ以下、五一二ページ以下）、『経済学批判』（邦訳『全集』第一三巻、一六〇―一六一ページ）参照〕

＊2〔ここから「約束の地ではなくなった。」までは、フランス語版にもとづいて第三版に取り入れられた〕

＊3〔本訳書、第一巻、一二七三ページの訳注＊参照〕

＊4〔ロンドンのウェストエンドの繁華街〕

＊5〔オーストラリアの各地方は、一八五〇年代以後、限定的な自治権をもつようになった〕

しかし、ここでわれわれは植民地の状態を問題にはしていない。もっぱらわれわれが関心をもつのは、旧世界の経済学が新世界で発見し、声高く宣言したあの秘密――すなわち、資本主義的生産様式および蓄積様式は、したがってまた資本主義的な私的所有も、自己労働にもとづく私的所有の絶滅、すなわち労働者の収奪を条件とするということである*。

*〔初版では、この後に区分線が引かれ、第二部への移行を説明する次の一文があった。

「最後にわれわれは、手短に、蓄積の考察に移るさいに触れずにおいた問題をふたたび取り上げなければならない。仮に、資本家が五〇〇〇ポンドを前貸しし、生産過程において、四〇〇〇ポンドを生産手段に、一〇〇〇ポンドを、労働の搾取度一〇〇%で労働力に使ったとしよう。そうすると、生産物、たとえばxトンの鉄の価値は、六〇〇〇ポンドになる。資本家は、この鉄をその価値どおりに売れば、一〇〇〇ポンドの剰余価値を、すなわち、鉄価値に物質化された不払労働を実現する。しかし、鉄は販売されなければならない。資本主義的生産の直接的な結果は、剰余価値をはらんだ商品であるとはいえ、商品である。したがって、われわれはわれわれの出発点、商品に、そして商品とともに流通部面に投げ返される。とはいえ、われわれが次の部で考察しなければならないのは、もはや単純な商品流通ではなく、資本の流通過程である。」

冒頭の「蓄積の考察に移るさいに触れずにおいた」との言葉は、第七篇の最初の、「資本がその流通過程を正常に通過すること」を前提とし、「この過程のより詳しい分析は第二部で行なわれる」（本訳書、第一巻、九八一ページ）としたことをさしている〕

マルクス　新版《しんぱん》 資本論《しほんろん》　第《だい》4分冊《ぶんさつ》

2020年 3 月20日　初　版
2022年 1 月25日　第3刷

監修者　日本共産党中央委員会社会科学研究所
発行者　田　所　　稔

郵便番号　151-0051　東京都渋谷区千駄ヶ谷 4-25-6
発行所　株式会社　新日本出版社
電話　03（3423）8402（営業）
03（3423）9323（編集）
info@shinnihon-net.co.jp
www.shinnihon-net.co.jp
振替番号　00130-0-13681
印刷・製本　光陽メディア

落丁・乱丁がありましたらおとりかえいたします。

ISBN978-4-406-06378-4 C0033　Printed in Japan